Este
El fracaso
del *mestizo*

es para
María Inés,
con admiración
a su trabajo
y mi amistad

[signature]

Nov
2014

Pedro Ángel Palou

El fracaso del *mestizo*

Ariel

Diseño e ilustración de portada: Miguel Ángel Chávez y Alma Núñez / Grupo Pictagrama Ilustradores

© 2014, Pedro Ángel Palou
c/o Guillermo Schavelzon & Asoc., Agencia Literaria
www.schavelzon.com

Derechos mundiales exclusivos en español para América Latina

© 2014, Ediciones Culturales Paidós, S.A de C.V.
Bajo el sello editorial ARIEL M.R.
Avenida Presidente Masarik núm. 111, 2o. piso
Colonia Chapultepec Morales
C.P. 11570, México, D.F.
www.paidos.com.mx

Primera edición: septiembre de 2014
ISBN: 978-607-9377-77-9

No se permite la reproducción total o parcial de este libro ni su incorporación a un sistema informático, ni su transmisión en cualquier forma o por cualquier medio, sea éste electrónico, mecánico, por fotocopia, por grabación u otros métodos, sin el permiso previo y por escrito de los titulares del *copyright*.
La infracción de los derechos mencionados puede ser constitutiva de delito contra la propiedad intelectual (Arts. 229 y siguientes de la Ley Federal de Derechos de Autor y Arts. 424 y siguientes del Código Penal).

Impreso en los talleres de Infagón Web, S.A. de C.V.
Alcaicería 8, Colonia Zona Norte Central de Abastos
Delegación Iztapalapa, México, D.F., C.P. 09040
Impreso y hecho en México – *Printed and made in Mexico*

Índice

Agradecimientos	11
La patria del mestizo (Obertura)	13
Santa, el cuerpo del delito, la ciudad pecaminosa *Al filo del agua*, México antes de la tormenta Encarnación y geografía de lo mestizo	39
Los olvidados y el Estado ético *El luto humano* y la miseria del Estado El mestizo de la posrevolución	63
Por qué es imposible filmar *Pedro Páramo* Juan Rulfo y la crisis del proyecto nacional	87
Balún Canán, del indio del etnógrafo al indio y el ladino de la autoetnografía Mestizaje y aculturación	103
Los caifanes, la ciudad mestiza y *La región más transparente*, la ciudad de la afrenta Instrucciones para habitar la urbe	123
El castillo de la pureza, la naturaleza de las ratas y *Las batallas en el desierto*, el mestizo frente a la impureza de la modernidad	145
Amores perros, el rencor del mestizo *Lodo*, la filosofía como crimen Venturas y desventuras del mestizo neoliberal	163
Japón y la postidentidad *Perros héroes*, la fragmentación infinita de la utopía Mestizo Land/No land	185
(Coda)	205

Alta traición

*No amo mi patria.
Su fulgor abstracto
es inasible.
Pero (aunque suene
mal)
daría la vida
por diez lugares suyos,
cierta gente,
puertos, bosques de
pinos,
fortalezas,
una ciudad deshecha,
gris, monstruosa,
varias figuras de su
historia,
montañas
—y tres o cuatro ríos.*

José Emilio Pacheco

Agradecimientos

Un libro como este es producto de mi lectura y de la de muchos otros que me acompañaron en el camino. Al terminar *La culpa de México, la invención de un país entre dos guerras*, mi reflexión sobre cómo las élites políticas e intelectuales mexicanas del siglo XIX renunciaron a la vocación popular de la revolución de Independencia de Morelos y construyeron una patria para ellas mismas, desdeñando todo lo que no fuera o *civilizado* o *liberal* o *bien pensante*, me seguía punzando la duda de por qué un país indígena y mestizo había negado la pluralidad étnica y cultural. La Revolución mexicana construyó en ese sujeto, el mestizo, su proyecto político, pero la conclusión sobre nuestro siglo XX no es muy distinta de la que apuraba yo en aquel primer libro. En este busco, a través de ciertas películas y novelas, ahondar en esa fractura estructural de nuestro país. La culpa es de las élites, podría decirse ya sin empacho, de que el proyecto mismo del mestizo como sujeto social haya vuelto a fracasar. En la aventura de investigar y redactar este libro no puedo dejar de mencionar a Benjamin Randolph, quien más que mi asistente fue una fuente de diálogo e inspiración todo un caluroso verano en Dartmouth College, donde fui invitado como escritor en residencia. Allí se gestó la idea gracias al apoyo de José del Pino, Raúl Bueno y Beatriz Pastor. En Tufts University recibí la excepcional acogida del poeta y crítico José Antonio Mazzotti, y en sus aulas pude desarrollar varias ideas provocativas gracias a Alfonso Enríquez y Jameelah Morris, dos talentosos alumnos de mi seminario. La constante conversación con Ignacio Sánchez Prado ha nutrido también muchas de estas páginas; seguimos discutiendo apasionadamente desde hace casi veinte años, lo que es un privilegio. Debo agradecer también la atenta lectura de Ixchel Barrera, su editora, quien ayudó a mejorar esta reflexión sobre nuestro país. Con todos ellos, siguiendo a Agamenón, he querido compartir mis sentimientos y no mis furias, pero no con la diplomacia mexicana de la que se burlaba Alfonso Reyes cuando decía que nosotros, por negociadores, deshacemos pero nunca cortamos el nudo gordiano. Ojalá estas páginas aviven el debate, tan necesario.

La patria del mestizo
(Obertura)

Este es un libro de teoría cultural y política que se interroga sobre la construcción, el auge y la caída del Estado mexicano moderno. Lo hace a través de dos prácticas materiales de la cultura: la literatura y el cine, y no desde el discurso político o el cuestionamiento de sus instituciones democráticas. Privilegiar así dos manifestaciones culturales tiene un doble sentido: permite ahondar en cómo se dio la creación del mito genial del mestizo, en tanto sujeto privilegiado del Estado soberano, y también indagar en por qué fracasó, sobre todo después de 1982, esa utopía ideológica.

En el orden simbólico creado a partir de su carácter de *evento*, la Revolución mexicana (1910-1921) es el acto fundacional de la nacionalidad. El país no era, el mexicano no pertenecía, y de pronto existió como ciudadano de un proyecto estatal en tanto sujeto político. Más aún, en tanto que *mestizo*, cuerpo político del proyecto ideológico que unifica y sostiene el proyecto estatal, es la encarnación de la *mexicanidad*, al tiempo factual —biotipológica y biopolítica— que ideal —como sujeto construido por la propia empresa política que la revolución *instaura* y que, como tantas otras cosas en realidad recuperó del antiguo régimen, como sus formas de propaganda y distribución de lo sensible.

La nuestra quiso ser, siempre utópicamente, la *patria del mestizo*. La del viejo sueño del liberalismo de Justo Sierra que podemos leer en las últimas páginas de *Evolución política del pueblo mexicano*: «Convertir al terrígena en un valor social (y solo por nuestra apatía no lo es), convertirlo en el principal colono de una tierra intensivamente cultivada, identificar su espíritu y el nuestro por medio de la unidad de idioma, de aspiraciones, de amores y de odios, de criterio mental y de criterio moral; encender ante él el ideal divino de una patria para todos, de una patria grande y feliz; crear, en suma, el alma nacional, esta es la meta asignada al esfuerzo del porvenir».[1] Ese *terrígena*, ese habitante de la Tierra, habría de convertirse en el sujeto de la interpelación de todos los discursos políticos, en la *persona* del proyecto político de la entonces inminente revolución. Para hacerlo persona, sin embargo, habría necesidad de desterritorializarlo, sacarlo de su tierra, hacerlo urbano, y mediante el recurso de la raza, desacralizarlo, neutralizándolo. Al convertirlo en *mestizo* se le borraría lo indio; al hacerlo habitante de la ciudad moderna se le sacaría del atraso.

La patria grande y feliz, la patria de todos, requería la creación de un *alma* nacional y su artífice llegaría pronto. José Vasconcelos era un loco que se creía José Vasconcelos, podemos decir parafraseando a Cocteau. Cuando desde el exilio —Obregón le había arrebatado la gubernatura de Oaxaca, robándole las elecciones— escribe su delirante *La raza cósmica*, se encuentra en realidad trasladando al papel una doctrina que ya había convertido en proyecto educativo y cultural. Desde su fugaz pero decisiva época de rector a la de ministro de Educación (de la mano de Henríquez Ureña o Gabriela Mistral), es decir, desde las campañas de alfabetización que se llamaron, nada gratuitamente, *misiones* culturales, hasta los *monotes* de Rivera en los muros de la ciudad de México, el proyecto racial —mestizófilo— de Vasconcelos había venido plasmándose en política pública, convirtiéndose en razón de Estado.

El Estado mexicano se consolida ideológicamente —políticamente estaba a punto de lograrlo al institucionalizar la revolución— gracias a la invención de la mexicanidad. El significante maestro que contiene y actualiza todos los sentidos de esta nueva empresa educativa y cultural es el de *mestizo*. A través de este descubrimiento, que parte indudablemente de la realidad biotipológica de los antropólogos (especialmente Manuel Gamio), y de su uso por los intelectuales orgánicos del sistema (Vasconcelos, Sáenz), el Estado logra convertir su control biopolítico en una empresa utópica. No importa que sea en el lema de su universidad nacional, «Por mi raza hablará el espíritu» (programa nada encubierto del vasconcelismo), o posteriormente en el símbolo del Instituto Mexicano del Seguro Social; carece de relevancia si es mediante el uso indiscriminado de la música y el arte nacionales (Mary Coffey ha estudiado la forma en la que las artes plásticas revolucionarias

---

[1] Justo Sierra, *Evolución política del pueblo mexicano*, Caracas, Ayacucho, p. 457.

se convirtieron en propaganda oficial), o incluso de la artesanía (como ha mostrado Rick López para el caso de las cajas de laca de Olinalá en su *Crafting Mexico*), o si se logra mediante la figura del charro y del mariachi en demérito de otras prácticas y grupos étnicos (como ha estudiado con esmero Ricardo Pérez Montfort[2]). Lo real es que un cierto tipo de mexicano, una forma de música, unas características étnicas se imponen como realidades y se transfiguran en modelos. Lo mexicano se unifica, pasa a ser lo mestizo. Y el Estado, por supuesto, se abroga el derecho de definirlo (y redefinirlo) a su conveniencia.

El Estado mexicano moderno se construyó en torno a una innegable realidad empírica que se convirtió en identidad construida y en eje de su control biopolítico en el siglo XX, *el mestizaje*, pero construida como meta suprema, racial y vital, social y cultural. Vasconcelos en *La raza cósmica*,[3] publicada en 1925, consideraba el mestizaje como salvación, la mezcla pacífica de las razas en una nueva, biológica y culturalmente más fuerte. Si bien esa utopía autoritaria devino discurso y política pública, el origen mismo de la idea de mestizaje representaba una aporía insoluble: incorporar al indígena a la nueva realidad productiva; convertirlo en ciudadano implicaba modernizarlo, hacerlo partícipe del único modo de producción posible para ese liberalismo, el capitalismo industrial, cuya bonanza mundial en el porfiriato (1876-1911) y su indudable expansión hasta finales de la década de 1920 era sinónimo de ese orden y progreso que los gobiernos liberales, seculares, revolucionarios propiciaron y continuaron, como ha mostrado con perspicacia John Mason Hart.[4]

La Revolución mexicana (o como prefiero llamarlas, las *revoluciones* de la Revolución mexicana) son, eminentemente, un proyecto de democratización fracasado. El origen mismo del movimiento maderista es, simplemente, electoral: *Sufragio efectivo, no reelección*, el lema del Plan de San Luis, se convierte en letra muerta una vez que las guerras revolucionarias dan lugar a la mal llamada *pax priista* (que si bien empieza en 1921 con Obregón nunca nos tuvo en paz). Es innegable el carácter social, agrario, de algunas

---

[2] Ricardo Pérez Montfort, *Expresiones populares y estereotipos culturales en México: Diez ensayos*, México, Ciesas, Publicaciones de la Casa Chata, 2007.
[3] José Vasconcelos, *La raza cósmica*, México, Espasa Calpe, 2010.
[4] John Mason Hart, *Revolutionary Mexico: The Coming and Process of the Mexican Revolution*, Los Ángeles, University of California Press, 1997.

de esas *revoluciones*, como la zapatista, que se negó siempre a ser nacional y se veía a sí misma como solución de un particular tipo de problema, la posesión legal de la tierra en un contexto específico, la hacienda azucarera de Morelos. Pero el agrarismo mexicano será engullido también por el ejido cardenista y el reparto agrario, y posteriormente será incorporado a la misma matriz capitalista que el liberalismo revolucionario institucional —la verdadera ideología del sistema político del Estado mexicano moderno.

Ignacio Sánchez[5] ha demostrado en una interesante revaloración de ese libro de Vasconcelos, *La raza cósmica*, su papel como discurso utópico, es decir, no como concepto descriptivo de la diversidad cultural latinoamericana equivalente a transculturación o heterogeneidad, por ejemplo, sino como ideal político y como proyecto espiritual (en el sentido de Plotino, Vico y Bergson, los filósofos que más interesaron a Vasconcelos), lo que le permite ser usado, incluso, como texto central para el ideario chicano en el Plan Espiritual de Aztlán. Sin embargo, tal revalorización no impide que nos demos cuenta y nos sorprenda que «la idea de que un libro identificado en tesis eugenésicas, basado en la extraña premisa de que las razas del mundo se purificarán naturalmente a través de la mezcla y escrito en un tono que parece lindar con el delirio, haya sido (y siga siendo) una guía espiritual y crítica en la lucha por la descolonización del continente».[6]

El ideario vasconcelista antes de transformarse en libro fue política educativa, primero en la Universidad Nacional y luego en el Ministerio de Educación, atrayendo a México a personajes como Gabriela Mistral o Pedro Henríquez Ureña, y reclutando para su causa a los jóvenes intelectuales de entonces, particularmente a Jaime Torres Bodet y Carlos Pellicer. A los viajes por el interior de México de esa gran cruzada por la alfabetización iniciada por Vasconcelos y sus apóstoles, de hecho se les llamó «misiones culturales».

Es el eje discursivo de un hermoso, pero bastante similar, opúsculo escrito en 1944, en pleno auge del nacionalismo priista, y a petición del entonces secretario de Educación, el poeta y discípulo

---

[5] Ignacio M. Sánchez Prado, «El mestizaje en el corazón de la utopía: la raza cósmica entre Aztlán y América Latina», en *Revista Canadiense de Estudios Hispánicos*, Montreal, McGill University Press, vol. 33, núm. 2, 2009, pp. 381-404.
[6] *Idem*.

de Vasconcelos, Jaime Torres Bodet: la *Cartilla moral*, de Alfonso Reyes. En esas breves páginas la élite letrada se permitía, además, el condicionamiento del otro, su incorporación al sistema de valores liberal[7] —la moral— mediante la enseñanza, la lectura y la reflexión. Escribe Reyes:

> El primer grado o categoría del respeto social nos obliga a la urbanidad y a la cortesía. Nos aconseja el buen trato, las maneras agradables; el sujetar dentro de nosotros los impulsos hacia la grosería; el no usar del tono violento y amenazador sino en último extremo; el recordar que hay igual o mayor bravura en dominarse a sí mismo que en asustar o agraviar al prójimo; el desconfiar siempre de nuestros movimientos de cólera, dando tiempo a que se remansen las aguas. La sanción contra la violación de este respeto se entrega a la opinión pública. Se manifiesta en la desestimación que rodea a la gente grosera. Pero el cortés y urbano recibe una compensación inmediata y de carácter doble; dentro de sí mismo, cumple la voluntad moral de superación, encaminándose de la bestia al hombre; fuera de sí mismo, acaba por hacerse abrir todas las puertas.[8]

El mismo conjunto de valores que profesaban los miembros del Ateneo de la Juventud (al que Vasconcelos y Reyes pertenecían), que pretendían instaurar con su sociedad de conferencias una Atenas del pensamiento en medio de la *pax porfiriana*. Lo que esos entonces jóvenes no podían intuir por su privilegiada posición en los campos intelectual y del poder, es que pocos meses después de su primera conferencia programática iniciaría la primera revolución social del siglo XX.

---

[7] Utilizo términos como *liberal* o *liberalismo* bajo la óptica de Roberto Schwarz (*Misplaced Ideas: Essays on Brazilian Culture*, Londres, Verso, 1992), quien los llama, justamente, *misplaced ideas*, ideas mal colocadas que pueden significar, en contextos nuevos, cosas totalmente distintas. Es tan liberal Carlos Monsiváis, quien hizo repetidos elogios del *liberalismo* mexicano desde su posición de izquierda, como liberal es un intelectual de derecha neoliberal, como Enrique Krauze, porque ambos utilizan los términos mal colocados, sacados de su contexto. Lo mismo valdría para todo el siglo XIX mexicano y la pugna entre liberales y conservadores. No deja de ser curioso que el candidato de izquierda a la presidencia por segunda ocasión, Andrés Manuel López Obrador, hiciera referencia constante a este libro de Reyes en su segunda campaña presidencial (2012), y que se haya referido a los valores morales del amor y el respeto al prójimo entresacados del libro en sendas entrevistas con Carmen Aristegui y Joaquín López Dóriga, dos periodistas que serían las antípodas, de izquierda y de derecha.
[8] Alfonso Reyes, *Cartilla moral*, México, Fondo de Cultura Económica, 2004, p. 38.

La renovación de Reyes era pretendidamente moral, buscaba urbanizar, civilizar el cuerpo individual y social. La de Vasconcelos, de larga historia en México, estaba sustentada en una realidad empírica, biotipológica, si queremos usar el término que la Sociedad Mexicana de Eugenesia[9] empleaba en esos mismos años para intentar superar los conceptos de raza y de etnia.

La revolución vasconcelista ha conocido importantes intérpretes (Claude Fell, *Los años del águila*; José Joaquín Blanco, *Se llamaba Vasconcelos*), que si bien han aclarado su carácter mesiánico y su filiación con ideas pronazis, como mostrará más adelante de manera nada velada en su revista *Timón* (1940), pocas veces en la historiografía mexicana se ha cuestionado su completa inadecuación frente a la realidad social de la posrevolución. Y es que los famosos Clásicos Verdes de la UNAM (recién reeditados por la editorial del Estado, el Fondo de Cultura Económica), por solo mencionar un aspecto, eran los textos para la campaña de alfabetización. Vasconcelos ponía en manos del nuevo lector, sin mediación alguna, a los clásicos grecolatinos que lo habían formado a él y a su generación.[10]

Porque la paradoja empieza allí justamente, en los términos de la ecuación. El letrado es siempre más, es quien porta el conocimiento, la verdad, el futuro: los términos de esa igualdad desigual, como la propia política económica que sus pares políticos, los llamados Siete Sabios, habrían de instaurar. El período al que nuestros autores pertenecen es conspicuo; corresponde al que Ángel Rama[11] ha llamado el del «arte de la democratización», que va de

---

[9] Encontré a Alfredo M. Saavedra, el director de dicha *sociedad*, gracias a Alexandra Stern («Mestizofilia, biotipología y eugenesia en el México posrevolucionario: hacia una historia de la ciencia y el Estado», en *Relaciones*, Zamora, El Colegio de Michoacán, invierno 2000, pp. 57-92). El libro que menciona estos «biotipos» es *Una lección de trabajo social*. Dice Stern que en él afirmó «que la clave para la integración nacional, la armonía étnica y el desarrollo de agencias de bienestar social era la biotipología» (p. 59). Muy distinto énfasis que el de los *colonizadores* que estudia Joshua Lund («The Mestizo State: Colonization and Indianization in Liberal Mexico», en *PMLA* núm. 123.5, 2008, pp. 1418-1433), a la cabeza de quienes está el político y activista del porfirismo, Luis Alva, y quienes pretendían *utilizar* al indio biopolíticamente como medio de producción, integrándolo. Véase también Martin Stabb, «Indigenism and Racism in Mexican Thought: 1857-1911», en *Journal of Inter-American Studies* 1, 1959, pp. 405-423.

[10] Yo mismo pude ver una antigua caja de esos *clásicos* en la biblioteca municipal de Zacatlán, aún guardados en su primigenio envoltorio. El paquete, verde por el moho e ilegible ya ante la humedad de la sierra de Puebla, era el síntoma, para mí, de una enfermedad: la del intelectual liberal que no pudo comprender nunca la realidad sociopolítica de la sociedad que buscaba estudiar-gobernar-civilizar.

[11] Ángel Rama, *Las máscaras democráticas del modernismo*, Montevideo, Fundación Ángel Rama, 1985.

1870 a 1920, y que conlleva una incipiente pero esencial modernización exógena, producto no de una lógica evolución interna —como hubiera querido un intelectual anterior a Vasconcelos, el Justo Sierra de *Evolución política del pueblo mexicano*—, sino producto de las presiones externas y del crecimiento económico, que será responsable de la ingente urbanización de nuestros países y de la inicial autonomía de medios de los intelectuales letrados, quienes por vez primera podían vivir del periodismo o la enseñanza. Para que existan el nacionalismo de Vasconcelos y su idea de mestizaje, se requirió, entonces, si seguimos a Rama, el antecedente de sus mayores, lo que él llama el momento de la cultura moderna internacionalista, 1870-1910 (representada en México por los escritores e intelectuales agrupados primero en *Savia Moderna* y luego en la *Revista Azul*), con su incipiente autonomía de campo, donde el literato sustituye al intelectual. Son los tiempos de nuestro personal modernismo que se verá truncado por la violencia social de las revoluciones que llamamos Revolución mexicana. Después de esos años de lucha, el letrado volverá a ser intelectual, y ahora, además, orgánico. Se le pedirá participar con los generales y los caudillos en la reinvención del país. Coincidirá, nuevamente, con la etapa de esa modernización en la que Rama reconocerá la intensificación de los nacionalismos (1910-1940), en ese juego permanente de la formación de nuestros sistemas literarios que Antonio Cándido en su *Literatura e Sociedade*[12] (1965) bautizó como la disputa dialéctica entre localismo y cosmopolitismo.

Los intelectuales de nuestro nacionalismo, con Vasconcelos a la cabeza, no solo producen un discurso utópico, como ya mostramos, sino que debido a sus tareas como funcionarios públicos de la que primero se llamará a sí misma revolución nacional (PNR) y luego revolución institucionalizada (PRI), participan activamente en la puesta en práctica de ese nacionalismo basado en sus ideas de mestizaje. Deben pasar, pues, de las ideas a la representación cultural. Del capital cultural al capital simbólico, a la eficacia simbólica que las convierta en *habitus*, para usar la terminología sociológica de Pierre Bourdieu.[13]

---

[12] Uso la edición Antonio Cándido, *Literatura e Sociedade*, Rio de Janeiro, Ouro sobre Azul, 2006.
[13] Bourdieu desarrolla su concepto de *habitus* para intentar superar las ideas de sujeto o conciencia, como respuesta al estructuralismo althusseriano que había reducido el papel del agente al de expresión inconsciente de la estructura, el *habitus* como conjunto de disposiciones genera

El *habitus* no solo es un sentido del juego, o un sentido práctico, sino una serie de disposiciones que generan prácticas y percepciones, incorporando las propias condiciones sociales, objetivas, de su inculcación o reproducción. No hay *habitus* sin reproducción, para lo cual la escuela será central. La vasta obra educativa de Vasconcelos requiere lo mismo la educación formal —la cartilla de alfabetización—, que la informal —el muralismo, por ejemplo—, porque busca producir esa utopía cultural, el mestizaje, como ya hemos demostrado.

Acaba de aparecer la edición del curso de Bourdieu en el Collège de France que comprende los años 1989-1992, *Sur L'État* (2012). Se trata, a mi juicio, de una obra que producirá, debido a su gran perspicacia teórica, muchas relecturas sociológicas de la cultura y el poder.[14] Me parece desde ya pertinente para la formulación de este trabajo no solo su idea de que el Estado es el punto de vista de los puntos de vista, sino que produce, entonces, una realidad. Seamos claros: una ficción social no es ficticia, que es una de la condiciones de su eficacia, teatralizando un espectáculo de las verdades públicas en las que la totalidad de la sociedad es censada y se reconoce. En lo que Bourdieu llama la retórica de lo oficial, el Estado, por tanto, se presenta como una suerte de reserva simbólica, de un orden simbólico que él mismo establece mediante la reproducción de la educación. La invención cultural produce, si logra su eficacia —su dominación—, una unificación. Eso que la escuela enseña como universal es, piensa Bourdieu, un instrumento de constitución de emociones nacionales. «Los estados nación se construyen según procesos del mismo tipo, por una suerte de construcción artificial de una cultura artificial».[15] Y por ello la cultura es un instrumento de legitimación y de dominación. Entonces, siguiendo la idea de Weber, para quien la religión provee a los dominantes de una teodicea de sus propios privilegios, Bourdieu propone un nuevo concepto sociológico al preferir hablar de *sociodicea*, cuya eficacia

estructuras. De hecho lo define como: «sistema de esquemas adquiridos que funcionan en estado práctico como categorías de percepción y apreciación o como principios de clasificación al mismo tiempo que como principios organizadores de la acción», Pierre Bourdieu, *Cosas dichas*, Barcelona, Gedisa, 1997, p. 25.

[14] Nosotros nos hemos valido del marco conceptual de Bourdieu antes, demostrando a nuestro parecer su completa adecuación a nuestra realidad. (Véase Pedro Ángel Palou, *La casa del silencio. Aproximación en tres tiempos a* Contemporáneos, Zamora, El Colegio de Michoacán, 1998; *Escribir en México durante los años locos: 1910-1940*, Puebla, BUAP, 2001.)

[15] Pierre Bourdieu, *Sur l'État: Cours au Collège de France, 1989-1992*, París, Seuil, 2012, p. 251.

permite ofrecer una legitimación del orden social tal cual es. Tal proceso requiere, no sin dificultades y ambigüedades —pues pasa por las regiones, los derechos locales, las costumbres autóctonas, las lenguas locales, etcétera—, un esfuerzo de concentración y unificación sin precedentes para llegar a una lengua única, un derecho único, un país único. El mestizaje proporcionará la argamasa, la amalgama de esa pretendida unidad nacional.[16]

La concepción del mestizo como sujeto articulador del discurso político no nace con Vasconcelos. Ya algunos de los llamados Científicos del porfiriato, como Vicente Riva Palacio o Francisco Pimentel, hablaban del mestizo como una combinación híbrida, viril y vigorosa. Pero fue Andrés Molina Henríquez en 1909 con *Los grandes problemas nacionales*, quien articuló el discurso del mestizo como eje de la nación. Agustín Basave ha estudiado con esmero aquel libro que predicaba el triunfo de una raza o color, pero que, como afirma, a su vez se fincaba en doctrinas «diseñadas para legitimar el imperialismo de la raza blanca».[17]

Esta idea sobrevivió a la revolución gracias a Manuel Gamio, el llamado padre de la antropología mexicana, quien puso énfasis en el indio —como los llamados colonialistas decimonónicos— cuya asimilación «en la sociedad constituía la única manera de asegurar una exitosa homogeneización del cuerpo político».[18] Como demuestra Kelley Swarthout en su perspicaz *Assimilating the Primitive*,[19] ambos, Vasconcelos y Gamio, si bien construyen ideas efectivas y longevas de la mexicanidad, yerran al importar paradigmas europeos de desarrollo y de identidad.

El utopista Vasconcelos utiliza la raza egipcia para ilustrar su búsqueda: «Se presupone entonces —escribe— que ya para la época del Segundo Imperio se había formado una raza nueva, mestiza, con caracteres mezclados de blanco y de negro, que es la que

---

[16] «La cultura sucede a la religión con funciones a todas luces similares: ella otorga a los dominantes el sentimiento de ser fundados dentro de su dominación, lo mismo a la escala de una sociedad nacional que a la escala de la sociedad mundial; los dominantes o los colonizadores, por ejemplo, pueden con toda buena conciencia sentirse portadores de lo universal […] las cosas serían más fáciles si el imperialismo de lo universal no fuera del todo pequeño puesto que eso que dice es eso que a la misma vez cree». Pierre Bourdieu, *Sur l'État...*, p. 254. (Esta traducción y todas las del inglés y francés en el resto del libro son mías).
[17] Agustín Basave, *México Mestizo: Análisis del nacionalismo mexicano en torno a la mestizofilia de Andrés Molina Henríquez*, Mexico, Fondo de Cultura Económica, 1992.
[18] Alexandra Stern, *Mestizofilia, biotipología y...*, p. 61.
[19] Kelly Swarthout, *Assimilating the Primitive: Parallel Dialogues on Racial Miscegenation in Revolutionary Mexico*, Nueva York, Peter Lang, 2004.

produce el Segundo Imperio, más avanzado y floreciente que el primero. La etapa en la que se construyen las pirámides y en la que la civilización egipcia alcanza su cumbre, es una etapa mestiza».[20] Para Gamio, el mestizaje era una obra en marcha, no por nada el título de su libro fundacional es *Forjando patria*; en Vasconcelos se trata, en cambio, de un proyecto a futuro, más cercano a Tomás Moro que a la etnografía empírica o la escuela rural.

Para comprender por qué las ideas de Vasconcelos han tenido tan poderosa eficacia simbólica, a pesar de que en ocasiones, como dice Sánchez Prado, rayen en el delirio, debemos referirnos al educador que reproduce mediante la educación ese ideario utópico y lo convierte en cartilla escolar. Esa persona es el subsecretario de Educación de la época del presidente Calles, Moisés Sáenz, seguidor de John Dewey, formado en Columbia University, con ideas del liberalismo anglosajón nada cercanas al ideario político de Vasconcelos, y finalmente tampoco a las de su siguiente jefe en el ministerio, Narciso Bassols, quien iniciaría la llamada escuela socialista en México. Lo importante de ese liberalismo de origen protestante es que busca una integración distinta por medio del trabajo, no de la biología. Sáenz es autor de un libro importantísimo, y quizá el menos leído de todos, para entender la construcción del nacionalismo posrevolucionario, *México íntegro*.[21] En él reconocía esa incapacidad del Estado mexicano para incorporar a todos sus ciudadanos, o como quería utópicamente Arguedas para el caso peruano, para lograr vivir felices todas las patrias. Sáenz había visto en la escuela rural, en el trabajo con los campesinos y los indígenas, el vehículo privilegiado para esa integración, por eso mencionaba encendidamente los obstáculos a los que se había enfrentado cuando decía:

> La aristocracia —la sangre azul, excesiva posesión de tierras, privilegio social, exclusivismo político, privilegio religioso— contra el pueblo, contra el indio y el mestizo, el peón y el miserable —el semiesclavo—; contra el conglomerado de seres humanos que han vegetado México, extraños hambrientos en una tierra de plenitud. Se hallan frente a frente, decimos, en México rebelde y reaccionario. ¡Lo que un nombre significa! Esencialmente un reaccionario en México es el hombre que por privilegio social ha tenido demasiado

---

[20] José Vasconcelos, *La raza...*, p. 16.
[21] Moisés Sáenz, *México íntegro*, Lima, Imprenta Torres Aguirre, 1939.

que comer. Un rebelde es aquel que por un siglo y más ha sufrido hambre.²²

Sáenz, el político y el educador, se daba cuenta desde entonces de que la inclusión tenía que ver más con la capacidad adquisitiva y con la inequidad social que con el origen étnico o la raza. Poco después, al visitar una de sus escuelas rurales en Puebla, comprobó, como repitió muchas veces, que el problema mexicano, por ende, no era educativo sino civilizatorio, ante el que la escuela no puede nada. Porque la educación no resuelve el rezago económico, político ni el hambre. Fue el único, incluso, en decir que la escuela tradicional, occidental, chocaba contra los usos y costumbres indígenas y representaba, además, un choque —por tratarse de una cultura estrictamente escrita— con la tradición oral de las comunidades originarias. En su libro, aún hoy muy interesante, Sáenz declara sin ambages:

> Soy partidario ferviente de la incorporación del indio a la familia mexicana, si esto quiere decir, en lo biológico, el proceso natural del mestizaje; en lo político, dar al indio cabida libre, con un criterio igualitario y democrático, al campo de la ciudadanía, y en lo cultural, una amalgama consciente y respetuosa, a la vez selectiva e inteligente, de los rasgos y valores autóctonos con los elementos típicos y normativos del diseño cultural mexicano.²³

Curiosamente, los historiadores y los antropólogos mexicanos que han estudiado el fenómeno no han podido ver cómo estas ideas han pasado de su eficacia simbólica a formar parte constitutiva de nuestras disposiciones sociales, a *habitus*. En otro terreno sí se ha avanzado. Rick López en *Crafting Mexico*²⁴ ha estudiado con perspicacia cómo las élites convirtieron la artesanía en un lenguaje de comunicación con los indígenas y de reconocimiento (particularmente las llamadas lacas de Olinalá). Conocimiento y

---

²² Moisés Sáenz, *México...*, p. 4. La mejor obra hasta hoy para comprender el papel de Sáenz como educador es la de Guillermo Palacios, «Postrevolutionary Intellectuals, Rural Readings and the Shaping of the 'Peasant Problem' in Mexico: El Maestro Rural, 1932-1934», en *Journal of Latin American Studies*, mayo 1998, vol. 30, núm. 2, pp. 309-339, un estudio exhaustivo de la revista *El Maestro Rural*.
²³ *Idem*.
²⁴ Rick A. López, *Crafting Mexico. Intellectuals, Artisans, and the State after the Revolution*, Durham, Duke University Press, 2010.

reconocimiento son fundamentales para producir un *habitus* y de incorporación de un objeto —y su eficacia simbólica— a la vida cotidiana. En México, otro tanto ha hecho Ricardo Pérez Montfort[25] con la música popular (la radio, el mariachi, el son jarocho, entre otros) y las representaciones plásticas nacionalistas populares, que lo mismo produjeron estampas en las cajetillas de fósforos que bandejas anunciando cervezas. Más que metáforas raciales, espirituales a la Bergson —como Vasconcelos—, Sáenz utiliza términos liberales, como familia, ciudad, civilización. El mestizaje no es —dice una y otra vez en el libro— un asunto de raza sino de incorporación. De *habitus*, diríamos nosotros.

Lo cierto es que el discurso del mestizaje funcionó para el PNR y posteriormente para el PRI, siempre y cuando una realidad empírica lo acompañara, la movilidad social. En medio del capitalismo industrial en expansión de las primeras cinco décadas del siglo XX, México —y sus revolucionarios, que inteligentemente ni acabaron con la planta productiva ni con su mecanismo de transporte, el tren— recibiría la bonanza del capitalismo mundial. Dicho bienestar se traduciría en un Estado protector cuya ideología (el mestizaje) tenía una realidad empírica para producir sus amplias clientelas electorales (la movilidad social).

Solo así Sáenz logra su objetivo: que el proyecto educativo integre y unifique, al menos inicialmente en el período de Cárdenas (1934-1940), aunque luego esa homogeneización sea utilizada como fuerza de trabajo en la expansión alemanista (1946-1952). Pero se ha producido ya el efecto de sociodicea del que habla Bourdieu. Los agentes sociales se conocen y reconocen en esa identidad construida que es todo menos ficticia, aunque haya nacido de una ficción.

Comprobamos, sin embargo, que todos estos proyectos —el de Manuel Gamio, el de Moisés Sáenz y el de Vasconcelos— terminan siendo compatibles por complementarios, al estudiar los volúmenes que recogen las conferencias pronunciadas en la Harris Foundation en 1926, en misión diplomática. Los textos de Gamio y Vasconcelos recogidos bajo el título *Aspects of the Mexican Civilization*, el de Sáenz más modestamente llamado *Some Mexican Problems*.[26]

---

[25] Ricardo Pérez Montfort, *Avatares del nacionalismo cultural*, México, Ciesas, Colección Historias, 2000. Ricardo Pérez Montfort, *Expresiones populares y...*
[26] University of Chicago Press, 1926, por los dos libros.

Para los años cincuenta, son ya de tal penetración estas ideas en el *habitus* cultural de los mexicanos que Octavio Paz puede abrir la década con un libro como El *laberinto de la soledad*,[27] donde analiza una serie de tipos sociales o culturales interpretándolos como realidades empíricas. Tal ilusión —Hegel decía que la ilusión nunca es ilusoria— ha sido producida por la reproducción educativa que se inició dos décadas antes. Paz regresa del extranjero y ve máscaras y disfraces —tipos convertidos en resultado del mestizaje cultural iniciado por las ideas raciales de los antropólogos mexicanos e institucionalizadas por Vasconcelos y Sáenz—. Eso que Paz ve es la puesta en juego del *habitus*; por eso, las que él llama máscaras del mexicano son materia cotidiana, baile folclórico, afiche de las cervecerías, reutilización de la indumentaria indígena y su colorido, entronización del mariachi y del jarabe tapatío. El estatuto icónico del libro de Paz se debe no tanto a su capacidad de interpretación de lo mexicano como estereotipo, sino a que los términos de la sociodicea han dado sus frutos. Se ha ejercido la violencia simbólica que impide ver la arbitrariedad de las producciones simbólicas y las admite como legítimas. Es lo que Bourdieu llama la nobleza del Estado; los dones que el tránsito escolar otorga como derecho de entrada a la sociedad son también legitimadores de la reproducción social y desempeñan un papel fundamental en la aceptación de los individuos de su destino social, como determinado por su destino escolar que juzga, y otorga el don, la entrada, la nueva nobleza estatal.

El contrato social de ese desigual pacto que duró setenta años estaba basado en una idea curiosa: recoger las migajas del bienestar para una mayoría que era educada en los centros de enseñanza públicos (la Universidad Nacional misma como eje de ese discurso, «Por mi raza hablará el espíritu»), y podía acceder a trabajos impensables para los padres. Trabajos en la esfera liberal: abogado, doctor, contador, dentista; por supuesto, nunca detentar los medios de producción de ese capitalismo industrial en ascenso. En un reciente artículo, Paul Garner afirma que es válida la sugerencia de Claudio Lomnitz en el sentido de que

> La antropología en el México porfiriano y su institucionalización en la era posrevolucionaria no han logrado dar voz a las masas de mexicanos silenciosos o incorporarlos como ciudadanos [...] esta es

---

[27] Octavio Paz, *El laberinto de la soledad*, México, Fondo de Cultura Económica, 1950.

una metáfora profunda que se encuentra en el centro de las distorsiones, fantasías y, sobre todo, del fracaso persistente del proyecto de construcción de nación. [...] Los líderes del México revolucionario y posrevolucionario no son menos culpables que sus predecesores porfirianos en cuanto a la incapacidad de crear prácticas de nacionalidad incluyentes.[28]

Este diagnóstico coincide con el análisis que he venido haciendo hasta aquí, en el sentido de que los aparatos que permitieron la reproducción tanto de los ideales mestizófilos en la vida cotidiana, que a su vez fue esencial para la aceptación de las desigualdades, como de los inherentes a la sociedad y sus estratificaciones justificadas. Aunque se identifique la Revolución con el cardenismo, no cuajan hasta el alemanismo, cuando la modernización capitalista se instaure de manera eficiente.

En estos términos coincido con Mauricio Tenorio en que el mestizaje desde finales del siglo xx entró en crisis como proyecto nacional de igualdad y desarrollo, un proyecto que fue el embuste más exitoso de cuantos proyectos ideológicos mundiales de inclusión social, redistribución de servicios y oportunidades y canalización de la otra mentira, la de la raza, tan cara a Vasconcelos haya habido. Una raza que sería, justamente, la de la mezcla: la raza cósmica que tanto le debe a Molina Henríquez.

El mestizaje, sin embargo, no ha fallado como realidad empírica, comprobable, sino como proyecto de las élites para garantizar la reproducción de su condición hegemónica. El mestizaje en México fue siempre un proyecto intelectual. El mestizaje puede ser una realidad biológica pero su proyecto de Estado —con la movilidad social como eje— fracasó, como lo expresa Tenorio:

> [...] el Estado (cuya legitimidad esencial, en una sociedad desigual, había sido el mestizaje) ya significa poco, ni la posibilidad de una casa, ni de un trabajo, ni de acceso a educación gratuita que garantice movilidad social, ni siquiera un mínimo de seguridad. El mestizaje no era un mito unificador por ser una verdad absoluta —no nos volvimos iguales y no era cierto que nadie reparaba más en colores

---

[28] Paul Garner, «Reflexiones sobre la historia patria y la construcción de la nación mestiza en el México porfiriano, o cómo interpretar las Fiestas del Centenario de 1910», en *20/10: Memoria de las Revoluciones en México*, núm. 1, 2008, p. 194.

de piel—, sino por dotar a un proyecto de Estado de un principio político que era al mismo tiempo darle dirección intelectual a lo que eran hechos consumados.[29]

En otras palabras, una tipología como la que estudia Paz es esencial para el poder, el que requiere que existan las malinches o los pachucos, porque esos *habitus* encarnados son fundamentales para el control de los cuerpos individuales y de los grupos sociales que el Estado necesita para perpetuarse.

Precisamente por esa eficacia simbólica el 68 no fue, como han querido hacernos ver otra vez algunos intelectuales, la ruptura de ese discurso de la patria como matria, madre protectora cuyo símbolo primigenio está en la seguridad social mexicana, el logotipo del IMSS (Instituto Mexicano del Seguro Social). No, ocurrió después de la crisis del 84, cuando se terminó el llamado milagro mexicano, es decir, cuando colapsa el modelo de modernización capitalista sustentado por el proyecto mestizófilo y fracasa la idea del Estado nutricio.

Por eso no es gratuito que el libro *México profundo* de Guillermo Bonfil Batalla[30] —otro antropólogo, como Gamio— sea el texto icónico de la siguiente década. Es un texto cuyo diagnóstico enuncia que el México real no es el México moderno, sino que el mestizaje representa la contradicción interna de la modernización y el fracaso del proyecto mestizófilo. Si en los ochenta sigue existiendo un México profundo se debe a que el capitalismo industrial y urbano del Estado de bienestar del priismo fue incapaz de incorporar al indígena, al campesino y a amplias regiones geográficas del país. Claudio Lomnitz ha producido la más intensa y argumentada crítica a las tesis de Bonfil, porque dice que distingue entre un país imaginario y otro profundo, basado además en la idea de que lo indígena y lo mestizo sí son una unidad y que la perversión occidental desde la conquista ha consistido en desindianizar al indio —cuyo pasado ha sido cercenado— en una reescritura del viejo tropo tradición *versus* modernidad, pero que oculta, en realidad, una imaginería que eventualmente descansará en una serie de refinadas discriminaciones, en las cuales «ciertos sujetos

---

[29] Mauricio Tenorio Trillo, *Historia y celebración*, México, Tusquets, 2008, pp. 189, 194-195.
[30] Guillermo Bonfil Batalla, *México profundo: Una civilización negada*, Mexico, Conaculta-Grijalbo, 1987.

privilegiados, usualmente intelectuales o políticos reconocidos, son colocados en la posición de interpretar el verdadero sentimiento nacional».[31] Lomnitz, sin embargo, aclara que su perspectiva crítica no le impide reconocer que enormes sectores de la población mexicana han sido marginados, silenciados y están ausentes de las formas dominantes del discurso político. Formas de exclusión que son, indudablemente, sutiles formas de racismo, o de lo que él denomina *colonialismo interno*.

El libro de Bonfil ya es sintomático de ese proceso en el que, a partir de 1984 y debido a la crisis económica, se desmoronó la ideología mestizófila. Los conflictos de discurso y de hegemonía política se debieron no a la madurez de una sociedad civil en ciernes —esa es una lectura anacrónica de la realidad de autores como Carlos Monsiváis o Elena Poniatowska—, sino a que la gente percibió la caída económica y sus consecuencias en el bolsillo y en la vida cotidiana, rompiendo la eficacia simbólica del discurso de movilidad social que permitió la reproducción de las ideologías mestizófilas. El conflicto surgió por la distribución de lo poco que quedaba por repartir. Es la época del reparto de la escasez, del apriétate el cinturón, que duró desde el gobierno de Miguel de la Madrid (1982-1988) hasta el de Ernesto Zedillo (1994-2000) —con la aparente prosperidad global de Carlos Salinas de Gortari (1988-1994) como paréntesis circulatorio, aunque, después lo supimos, profundamente irreal, si recordamos el llamado «error de diciembre» que afectó la realidad mexicana con tal fuerza como la recesión económica de 2008 el capitalismo mundial—. En ese nuevo estado de crisis, la inclusión de todos los mexicanos en un discurso unificador, estatal, pierde todo sentido. Ya no existen esos pequeños espacios de movilidad social que permitieron que después de los estudios de abogacía en la UNAM, por ejemplo, una persona accediera a la clase media y sus bondades. Ahora, sin empleo, sale a la calle a luchar en condiciones desiguales, en un mercado pauperizado o incluso inexistente.

No digo que las tensiones existentes antes del nuevo discurso —el de la administración de la escasez, no de la abundancia, como antes cuando México era una cornucopia— no pugnaran por un nuevo estado de cosas. Claro que no. Lo que quiero afirmar es

---

[31] Claudio Lomnitz, *Deep Mexico, Silent Mexico: An Anthropology of Nationalism*, Mineápolis, University of Minnesota Press, 2001, p. 264.

que no se volvieron patentes —eran solo latentes— hasta que el discurso del mestizaje[32] del Estado mexicano dejó de tener un referente empírico en el que basarse: la movilidad social.

No es casual que en estos momentos surja el diagnóstico del fin de la mexicanidad en la obra de Roger Bartra, *La jaula de la melancolía*,[33] quien deconstruye los términos del imaginario simbólico que he venido describiendo hasta aquí y propone la categoría *condición posmexicana* para hablar de eventos como el TLCAN y el zapatismo, que desde mi perspectiva no son sino manifestaciones del colapso definitivo del contrato social mestizófilo que sostuvo al Estado mexicano.[34]

El análisis que he propuesto plantea lagunas importantes en las formas en las que tradicionalmente se ha analizado el siglo XX mexicano. Los estudios sobre México por lo general han estado atrapados por los términos de esa misma eficacia simbólica de los que he hablado aquí. Es decir, las concepciones culturales de Gamio y de Sáenz se siguen leyendo, de la misma manera en que lo hizo Paz en su momento, como si se trataran de realidades empíricas. Solo por mencionar dos ejemplos: se puede estudiar la larga vida que ha tenido el concepto de *raza cósmica* en los estudios chicanos y el reciente libro de Jorge Castañeda, *Mañana o pasado. El misterio de los mexicanos*,[35] que sigue diagnosticando los problemas de México como si se tratara solo de conflictos culturales y no como conflictos socioeconómicos, desplazando hacia la esfera cultural los problemas estructurales de la propia constitución del México moderno, reproduciendo así la misma hegemonía que muchas veces dicen criticar.

En este sentido podemos ver que incluso cuando estos discursos han sido desautorizados por la misma élite que los produjo, siguen siendo no obstante factores de reproducción de la estructura hegemónica del país construido por la modernidad capitalista desde el alemanismo. No hemos desarrollado una forma para pensar

---

[32] Tomo el término *mestizofilia* del libro de Agustín Basave, *México Mestizo*.
[33] Roger Bartra, *La jaula de la melancolía: identidad y metamorfosis del mexicano*, México, Grijalbo, 1987.
[34] Es de enorme relevancia comparar este diagnóstico mexicano con el que Raúl Bueno establece en su ensayo «Genocidios virtuales. Mestizaje y modernización como imágenes del desarrollo», en *Promesa y descontento de la modernidad*, Lima, Universidad Ricardo Palma, 2010, pp. 123-136, que estudia lo que Bueno llama «antihistórico y absurdo deseo de homogeneidad racial y cultural» a la luz de sus representaciones literarias.
[35] Jorge G. Castañeda, *Mañana o pasado. El misterio de los mexicanos*. Mexico, Aguilar, 2011.

el Estado mexicano, hasta hoy, fuera de las categorías que ese mismo Estado ha producido para reproducirse.[36]

Por eso me parece necesario avanzar en el estudio de las biopolíticas del mestizaje mexicano vistas desde las praxis sociales, entendidas como efectiva sociodicea. Porque no entendemos la cultura sino como resultado de las tensiones existentes en el campo de poder, producto de realidades materiales que no solo pasan sino que están profundamente determinadas por las condiciones económicas que las generan. Lo que podemos comprobar al analizar el cine mexicano del siglo XX en contraste con las novelas centrales de nuestra narrativa fundacional, son los cambios en los modos de percepción de la realidad y en la construcción social de la realidad misma. Como afirma atinadamente Gareth Williams:

> En el siglo XX mexicano el espectáculo histórico de la Revolución —la convergencia entre la llegada de la reproducibilidad técnica y la enérgica entrada de las masas en el dominio de la soberanía— mudó la imagen fuera del reino de la distinción estética hacia la función social y la acompañó en un cambio fundamental de la percepción colectiva. La vasta producción fotográfica y fílmica de la década revolucionaria y el inventario de la acción humana, y la atención imagística de las condiciones concretas de la vida en su (muchas veces cruel) inmediatez, así como la exposición de una nueva óptica política que revolucionó la función social del arte en México y más allá.[37]

Para nosotros es esencial situar dicha representacionalidad revolucionaria dentro de un contexto mayor. El cine mexicano está ligado, desde sus orígenes, a la creación y perpetuación de esa sociodicea. Si bien es cierto que en 1895 llega al país el primer kinetoscopio inventado por Edison y en 1896 se inaugura la primera

---

[36] En *El país de uno* (México, Aguilar, 2012), versión caricaturesca del tópico, Denise Dresser lleva al extremo lo peor de los argumentos esencialistas de Castañeda. En él Dresser afirma, incluso, que nuestros problemas se deben a nuestra manera de ser y de vivir. Lo mexicano, para ella, es la mancha de nuestro subdesarrollo. Mucho más rico, en cambio, es el trabajo reciente de Gareth Williams. Su aguda comprensión de los problemas culturales de nuestro Estado moderno es suficiente para leerlo con atención.
[37] Gareth Williams, *The Mexican Exception: Sovereignty, Police and Democracy*, Nueva York, Palgrave Macmillan, 2011, p. 41.

sala cinematográfica, y aún más cierto que las inversiones y el éxito del nuevo medio no se hacen esperar, lo interesante es que el porfiriato utiliza el cine con fines propagandísticos inmediatos, bien para la inauguración de una nueva línea de ferrocarril o para ver pasear al anciano dictador por el bosque de Chapultepec, y la mayoría de las cintas exhibidas son, claro, francesas, italianas y en menor medida estadounidenses.

La primera película mexicana con guion original se produjo en 1908 y su director fue Felipe de Jesús Haro, quien también la protagonizó. *El grito de Dolores* va al pasado —y al padre de la patria, nada menos— para dejar claro que el cine, en nuestro país, será utilizado primordialmente en su papel unificador de la nacionalidad y su proyecto político. Salvador Toscano Barragán agrega, además, desde el inicio el otro componente, el *documental*, al filmar miles de metros sobre la Revolución mexicana (antes había sido un exitoso exhibidor de los hermanos Lumière).

Un hombre que convirtió su propia vida —y su empresa militar y política— en mito, Francisco Villa, habría de protagonizar conspicuamente la historia más curiosa de esos inicios del país en la cinematografía al firmar en 1914 un contrato con la Mutual Film Corporation para darle los derechos de filmar en exclusiva, *en vivo*, sus batallas, particularmente la de Ojinaga (Parra, 2005, en su *Writing Villa´s Revolution* da cuenta de esto que ahora, incluso, ha sido contado en una película de Antonio Banderas). Pero también el zapatismo fue filmado en *Sangre hermana* (1914), un documental de tres mil metros fílmicos estrenado en el famoso Teatro Lírico el 14 de febrero de ese mismo año. Y la tentación histórica que corrió pareja con el documental, como ya hemos dicho —ambos géneros utilizaron estéticas comunes—, estrenó el primer largometraje filmado en México, otra vez sobre la independencia, *1810 o los libertadores de México*, producido en Yucatán.

Mezclando la ficción y el documental —nuestros dos géneros centrales—, en 1919 se filma *El automóvil gris*, un coche utilizado por las tropas carrancistas para robar en la ciudad de México (la corrupción tenía ya un nombre inicial, *carrancear*, en la joven nación constitucional). Mientras que nuestros años locos, los veinte, consolidaban apenas una joven industria fílmica, Hollywood españolizó a Dolores Martínez Asúnsolo como Dolores del Río (cuya familia había perdido su riqueza a manos de los revolucionarios), y no será hasta la llegada del cine sonoro cuando el mexicano empiece a desplazar al estadounidense en el *gusto* del público. La novela más leída e impresa de la literatura mexicana, *Santa*, de Federico Gamboa, será llevada a la pantalla en nuestra primera cinta sonora, estrenada en 1931 (se ha filmado, posteriormente, otras cinco veces, la última con el título *Latino Bar* dirigida por Paul Leduc en 1990). Los años 1915-1923, sin embargo, han sido llamados la época de oro del cine silente mexicano (se produjeron alrededor de 250 cintas), marcados quizá por la firma de los hermanos Stahl —Jorge y Carlos— y sobre todo por Miguel Contreras Torres, a quien debemos, entre otros, *De raza azteca* (1921) y *Hombre sin patria* (1922). Los títulos de estas películas son ilustrativos de la obsesión nacional por la identidad y la mexicanidad de la que hemos hablando en esta introducción.

Carl J. Mora, en su útil *Mexican Cinema, Reflections of a Society, 1896-2004* (2005), ha intentado incluso una *periodización* de la cinematografía mexicana que también es relevante para nuestro propósito. Entre 1930-1939 no solo se da, a su juicio, la llegada del sonido, sino sobre todo se genera el *prototipo*, si queremos llamarlo así, de lo que será el cine mexicano posterior. Marcado a nuestro juicio por el doble juego documental-histórico que hemos descrito, pero además tocado por un discurso nacionalista y mestizófilo, este cine será utilizado hasta el cansancio por el Estado como vehículo privilegiado de propaganda política e ideológica. No es gratuito que el cine sonoro arranque, casi, con el cardenismo y su énfasis en la creación de lo nacional como categoría casi ontológica, privilegiando las artes y la educación como vehículos centrales para consolidar esa *sociodicea mestiza*. La presencia del cineasta ruso Sergei Eisenstein y del español Luis Buñuel no solo internacionaliza el cine mexicano sino que le añade una estética que será su marca y que tendrá en el fotógrafo Gabriel Figueroa a su artista más consumado y el inventor de su paisaje en blanco y negro.

El año de *Santa* es también el del debut de dos importantes cineastas, el mexicano Fernando de Fuentes (1894-1958), *El compadre Mendoza* (1933) y *Vámonos con Pancho Villa* (1935), y Arcady Boytler (1893-1965), un emigrado ruso que había estudiado con Stanislawski y en México trabajó bajo las órdenes de Eisenstein. *La mujer del puerto* (1933), de este último, conseguirá un gran éxito de crítica y público —el guion es del poeta Xavier

Villaurrutia—, y permitirá que exista una alternativa al cine estrictamente nacional, de carácter patrio. La película de Boytler es personal y sus personajes tienen redondez y fuerza, son independientes y no *alegorizan*, como ocurre en muchos otros de los filmes de la época, al servicio de un mensaje particular. Los filmes de De Fuentes, en cambio, continúan cinematográficamente el género novelístico por excelencia en esos años, el de la Revolución mexicana utilizando, además, su misma estética.

El Estado mexicano producirá durante el cardenismo dos filmes interesantes, *Redes* (1934) y *Janitzio* (1934), con música de Silvestre Revueltas y con la participación del fotógrafo norteamericano Paul Strand, así como del director austriaco Fred Zinnerman. El proyecto, desde el principio, fue ideado por el secretario de Educación, Narciso Bassols, y por el compositor Carlos Chávez, quien trabajaba en el ministerio. No solo se trata de cintas de *contenido social*, como las llama Emilio García Riera en su *Historia documental del cine mexicano*, sino de discusiones desde el socialismo sobre el monopolio y el capitalismo, así como sobre la corrupción política. El gobierno mexicano subsidió la industria cinematográfica al considerarla de primordial interés a sus fines de reproducción ideológica. CLASA (Cinematográfica Latinoamericana, SA, que no hay que confundir con CLASA Films, otra productora también muy cercana al gobierno) será una productora *consentida* y el éxito comercial de películas como *Redes* y *Janitzio* permitirá rentabilizar esa apuesta política. La participación del Estado en la producción cinematográfica irá aumentando paulatinamente hasta ser central en el sexenio de Luis Echeverría Álvarez (1970-1976), cuando el Estado controlaba la producción y la exhibición al ser dueño de todas las salas comerciales.

La película que marcó la *internacionalización*, o mejor, la latinoamericanización del cine mexicano fue *Allá en el rancho grande* (1936), produciendo además un receptor particular y generando ciertas expectativas de lo que el cine nacional debía contar y la estética desde donde se construía el filme mismo. La *comedia ranchera* permitió ficcionalizar el género histórico del cine de la revolución y convertirlo en melodrama, el género central de la cinematografía mexicana, su tronco robusto que alimentará a los subgéneros quizá hasta la década de 1990 (para muestra un botón, en 1937 se produjeron 38 cintas y 60% trataba temas folclóricos o nacionales, y cantantes como Tito Guízar o Jorge Negrete emergieron de ese género mitad actuado y mitad cantado). México se convirtió en el Hollywood de Latinoamérica produciendo esos filmes nacionalistas y de la mano de su cómico por excelencia, Mario Moreno Cantinflas, como ha estudiado minuciosamente Robert McKee Irwin con Maricruz Castro Ricalde en su ya indispensable *Global Mexican Cinema, its Golden Age* (2013). De esa comedia ranchera, al cine de arrabal y sus melodramas citadinos o al cine de ficheras en los burdeles hay un solo paso.[38]

Sin embargo los temas de la mexicanidad y el mestizaje serán centrales en todos esos géneros. Una película que puede servirnos para ilustrar lo que hemos dicho es *María Candelaria*, de Emilio el Indio Fernández,[39] y nuevamente con la fotografía de Gabriel Figueroa, en la cual la mujer —mitad china poblana, cuadro del folclor y santa o nueva virgen de Guadalupe— representaba el *arquetipo femenino* del mestizo, la mestiza humilde, fiel y llena de dignidad. Allí donde terminaba *Janitzio*, el Indio Fernández comienza *María Candelaria* (1943). En Xochimilco la *india bonita*, la india mestiza, si se quiere usar el término —o el oxímoron—, vende flores y es hija de una prostituta (bien podría ser la hija suburbana de *Santa*, también). La mujer enferma de malaria y su esposo, el mestizo fiel y honesto, bueno y digno, debe robar la medicina, por lo que es encarcelado. Pero el melodrama se complica pues el rumor del pueblo chico, infierno grande que es Xochimilco propaga que la india natural —la buena salvaje interpretada por Dolores del Río— ha posado desnuda para el criollo de la ciudad que la *retrata* pues representa a la india ideal (como la protagonista de *Janitzio*, María Candelaria morirá apedreada en alusión bíblica a su impureza, al posible adulterio). Si bien es cierto que con excesiva falta de modestia el Indio Fernández alguna vez dijo: «El cine mexicano soy yo», lo cierto es que junto con Figueroa inventó un paisaje —que podríamos llamar la *Apoteosis del maguey*, para usar uno de los subtítulos de Eisenstein—, construyó un discurso fílmico —el melodrama nacional— y consolidó una estética similar a la que los muralistas habían producido en las artes plásticas,

---

[38] Una reciente revisión de la época puede leerse en el libro de Laura Isabel Serna, *Making Cinelandia, American Films and Mexican Film Culture Before the Golden Age*, Durham, Duke University Press, 2014.
[39] Véase el excepcional libro de Dolores Tierney, *Emilio Fernández, Pictures in the Margins*, Manchester, Manchester University Press, 2007, 198 p.

la del nacionalismo mestizo, que se impusieron como marcas de fábrica y como productos de exportación cultural.

La modernización del país —el milagro alemanista— producido por la administración de Miguel Alemán (1946-1952) dio como resultado un cine imitativo que Andrea Noble, en su *Mexican National Cinema*[40] describe así: «Alentadas por la formación de una clase media emergente, cuyos valores en gran medida imitaban los de Estados Unidos, estas películas se enfocaron en la desintegración del núcleo familiar tradicional al calor del despertar de las costumbres modernas, disparando diversos grados de ansiedad acerca del proceso», como veremos en nuestro estudio, primero de *Los caifanes* (1966), pero sobre todo del excepcional filme de Arturo Ripstein, *El castillo de la pureza* (1972).[41]

Después de 1968, la llamada *apertura democrática* del echeverrismo, a la que ya hemos aludido, permitirá que dicha cinematografía se abra al cine de autor y al cine social no programático del Estado, particularmente con *Canoa*, de Felipe Cazals (1975), y *Fin de fiesta* (1971), la película contracultural de Gabriel Retes. Pero dicha apertura era, en realidad, un engaño. Películas de verdadera denuncia como *Rojo amanecer*, de Jorge Fons, que sí trataban directamente la masacre de Tlatelolco fueron *enlatadas* y no se distribuyeron ni exhibieron hasta 1990. De 1971 es también *Mecánica nacional*, de Luis Alcoriza, quizá la más lograda sátira de la sociedad mexicana junto con su continuación, *México ra ra ra* (1974). Sin embargo, ha sido solo recientemente cuando se ha valorado la comedia romántica o el cine comercial de las décadas posteriores. El primer libro en encargarse con seriedad del tema es *Screening Neoliberalism, Transforming Mexican Cinema 1988-2012*, de Ignacio Sánchez Prado.[42]

Sánchez Prado piensa que, de hecho, lo ocurrido a finales de los ochenta y en adelante representa eso, una completa reinvención

---

[40] Andrea Noble, *Mexican National Cinema*, Routlegde, Nueva York, 2005, p. 102.
[41] Véase también el libro de Charles Ramírez Berg, *Cinema of Solitude, A Critical Study of Mexican Film 1967-1983*, Austin, University of Texas Press, 1992.
[42] Ignacio Sánchez Prado, *Screening Neoliberalism, Transforming Mexican Cinema 1988-2012*, Vanderbilt University Press, Nashville, 2012. Véase también el exhaustivo libro de Misha Mac Laird, *Aesthetics and Politics in the Mexican Film Industry*, Nueva York, Palgrave Macmillan, 2013. Aunque una revisión de lo más reciente puede encontrarse también en el de Frederick Luis Aldama, *Mex-Ciné, Mexican Filmmaking, and Consumption in the Twenty-first Century*, Ann Arbor, The University of Michigan Press, 2013.

del cine nacional producto, entre otras cosas, de una transformación mayor de las políticas de distribución comercial del cine mexicano. La *desincorporación* de la distribuidora y exhibidora del estado (COTSA) y la privatización de las salas de cine son contemporáneas de la *nueva ola* encabezada por *Como agua para chocolate*, *Danzón* o *Cronos*, tres películas marcadas por la impronta neoliberal del sexenio de Carlos Salinas de Gortari (1988-1994). Sánchez Prado es claro: «El primer paso hacia el renacimiento comercial del cine mexicano consistió en liberar su producción de los imperativos nacionales que caracterizaron a la industria desde su nacimiento en el período posrevolucionario, para lograr reflejar las experiencias de los nuevos grupos sociales que iban emergiendo junto con el proceso de modernización provocado por el nuevo proyecto político y económico del neoliberalismo».[43]

El fracaso del mestizo, entonces, que el neoliberalismo mostró en toda su magnitud, alcanza su dimensión de ruina de la revolución traicionada con *Amores perros* (2000), la película de Alejandro González Iñárritu que vuelve a lanzar internacionalmente el cine mexicano el mismo año en el que el país se libera del régimen de partido único y comienza su incipiente democratización ciudadana. No nos llamemos a engaño, sin embargo, porque no se trata de la posibilidad de una libertad verdadera lejos del Estado y su hegemonía cultural; lo que ha ocurrido es que se ha privatizado esa hegemonía, la empresa compite por el poder y le gana al poder del Estado; el mercado controla ya, como afirma Pierre Bourdieu (2005), la totalidad de las relaciones de intercambio entre los agentes en competencia. El mercado —no el México profundo de Bonfil Batalla— ha roto la hegemonía de la mexicanidad. El individuo que ha emergido de dicha desigual batalla no es más libre, como muestran las tres historias de *Amores perros*, antes bien permanece alienado para siempre. El antiguo militante de izquierda del 68, el Chivo, es ahora un matón a sueldo; la moral de la familia burguesa proporciona el líquido de contraste en el que se miden todas las historias, incluso las del adulterio o el abandono. El melodrama liberal ha sustituido al *melodrama social* (*Santa*), a la *comedia ranchera* (*Allá en el rancho grande*), pero sigue siendo *melodrama*, ahora neoliberal. Como se verá al final de este

---

[43] Ignacio Sánchez Prado, *Screening Neoliberalism...*, p. 5.

estudio, la tarea esencial sigue siendo deshacer la mexicanidad, liberarnos de la identidad hegemónica y del *tipo* construido por ella, el mestizo. Tiene razón Sánchez Prado cuando afirma que el cine nacional estaba exhausto cuando se estrena *Amores perros*, por eso es quizá más trágico que siga siendo un melodrama nacional enmarcado por las fuerzas avasallantes del mercado. El cineasta ha renunciado a cualquier política revolucionaria —o mejor, a cualquier política— y con ello ha conseguido las audiencias globales que se proponía. Aún queda por filmarse la antiépica del mestizo, su franca y verdadera disolución, la que anuncia magistralmente *Japón* (2002), la ópera prima de Carlos Reygadas con la que este libro cierra sus análisis. La película no es una *excepción* del cine mexicano, como se ha querido ver, sino su disolución verdadera ante la muerte de la madre mestiza, ante el borramiento de la Revolución como significante maestro. La tarea postidentitaria sigue pendiente y es el acto político más urgente.

Santa, el cuerpo del delito, la ciudad pecaminosa. *Al filo del agua*, México antes de la tormenta. Encarnación y geografía de lo mestizo

> Santa considerábase reina de la entera ciudad corrompida [...] pero pecadora, cien veces pecadora; manchada por los pecados del amor de razas idas y civilizaciones muertas [...] manchada por los pecados de amor de conquistadores brutales, que indistintamente amaban y mataban; manchada por los pecados de amor de varias invasiones de guerreros rubios y remotos [...] manchada por los pecados complicados y enfermizos del amor moderno.[1]

En la primera mitad del siglo xx mexicano no hubo un texto literario más influyente que la conservadora cuarta novela de Federico Gamboa, *Santa*. Lo prueban no solo sus adaptaciones cinematográficas sino su peso en el imaginario colectivo y en las regalías de su autor quien, no deja de ser curioso, dedica grandes entradas de su famoso *Diario* al empeño de contarlas, cobrarlas y aumentarlas, siendo quizá el primer autor comercial de nuestras letras, y el suyo, indudablemente, el primer *bestseller*.

¿De dónde viene la fascinación por la prostituta de Chimalistac y su trágica suerte? Algunos piensan que se debe al retrato de la decadencia porfiriana, a su visión naturalista de las taras sociales, pero olvidan que Gamboa, como la mayoría de los intelectuales porfirianos, era un higienista, un convencido de las formas de control estatal: del cuerpo, vía la regulación médica, la higiene, e incluso la eugenesia; de la expresión, a través de los manuales de urbanidad y «buenas maneras», y del orden social por medio de la ley (la fascinación por el tema constitucional en América Latina es ya lugar común en los estudios sobre el siglo xix). Y es que *Santa* es la última novela decimonónica, la clausura de un modo de decir. Pero tal aserto tampoco es suficiente para evaluar su eficacia simbólica. La recepción inicial de la novela, de hecho, no fue del

---

[1] Federico Gamboa, *Santa*, México, Utopía, 1979, p. 51.

todo fácil. Mientras Gamboa espera el éxito de ventas y de crítica, las reseñas la juzgan soez, amoral. Luis Lara y Pardo, médico y tratadista pionero de la prostitución en México, denuesta el libro,[2] y el poeta José Juan Tablada apenas lo salva en público aunque lo defenestre en privado con los mismos adjetivos que sus colegas periodísticos. La sociedad porfiriana de 1904 se hallaba embelesada en su sueño de progreso y redención por medio de la educación y la ciencia como para aceptar tácitamente el retrato de un México enfermo y de una ciudad destructora.

Otros más, por encontrar insuficientes esos argumentos sienten que el éxito de la novela radica en su carácter melodramático, en las intenciones ocultas tras la descripción científica de lo social del credo naturalista. Como si *Santa* fuera más *La dama de las camelias* que *Naná*. La estructura interna de la novela justifica sus análisis. La pura y virginal jovencita de Chimalistac es seducida por el joven alférez que la deja preñada y la abandona. El escenario —tropos a la vez que geografía de la degeneración— ya no es el campo sino el Pedregal de San Ángel. Allí es donde Santa pierde por vez primera. La deshonra individual —Santa es huérfana— se ahonda con el rechazo familiar. Son los hermanos y la madre quienes la convierten en una *perdida*. Y si la mujer se ha perdido, el único camino que le queda es el del infierno de la ciudad. Ya los había amenazado, de hecho, con que ese sería su destino si la expulsaban del paraíso. El castigo del melodrama está personificado por el burdel de la Gachupina. La india —o mejor, la mestiza— ha sido de nuevo esclavizada por el extranjero. Santa no es solo Eva, es Malinche. No es gratuito, en ese mismo orden de ideas, que su primer salvador sea español. Es de la mano del Jarameño, un diestro de renombre, como se da esta vicaria redención de la mujer. El idilio terminará abruptamente con la *infidelidad* de Santa, quien ha tomado como amante a Marcelino. Quiere la suerte que

---

[2] Debo a Rosalina Estrada Urroz («Tan violentas como las heridas. Palabras dichas en la Puebla porfiriana», en *L'Amérique Latine et l'histoire des sensibilités*, Caravelle núm. 86, Presses Universitaires du Mirail, junio 2006, pp. 103-123) la pista de Lara y Pardo, cuyo clásico libro fue editado en París por la viuda de Bouret en 1908.

Sobre el tema de la prostitución y el crimen véase también: Adela Pineda Franco, «La que mata y la que muere por segunda vez. Algunas escenas del imaginario amenazado del porfiriato», en *Revista Iberoamericana*, vol. LXXI, núm. 2010, enero-marzo 2005, pp. 77-90, y «¿Qué quieres que te regale cuando te mueras? La muerte de una bella mujer sobre el mapa de la ciudad», en *Santa, Santa nuestra* [Rafael Olea Franco, ed.], México, El Colegio de México, 2005, pp. 171-180.

el torero se arrepienta de matarla gracias a la simbólica caída de una imagen de la Virgen y su superstición; pero el Jarameño no la perdona, la deja. Nuevamente abandonada, regresa a su oficio. Será *salvada* por segunda ocasión por un hombre de la burguesía que la toma como amante oficial, como *segundo frente*. Pero cuando ya la *tiene* deja de desearla y la vuelve a abandonar. El deseo está siendo alimentado por el carácter colectivo de la prostituta —es una entre muchas, el *cliente* la escoge y le paga—. Marcada por su profesión y su deshonra, Santa no puede ser amada sino por un ciego, Hipólito —a quien ella no ama, le tiene lástima—, quien será el que por fin la salve más vicariamente aún al morir durante la operación. La histerectomía —cuestionada fuertemente por la medicina de la época— es otro símbolo del Estado y su control biopolítico de los ciudadanos, pero sobre todo de la prostitución como oficio que enferma y del que hay que higienizar al cuerpo social. Hipólito cumple su promesa —es el único de los hombres de Santa capaz de hacerlo— de llevarla a enterrar a Chimalistac. Ella regresa al paraíso muerta, acaso perdonada por Dios.

Es indudable, como hemos visto, el carácter melodramático de la obra garante de parte de su fuerza. Sin embargo, tal predisposición de género (*Santa* podría ser nuestra prototelenovela, de allí la fascinación por las versiones fílmicas) no asegura su continuidad en el imaginario mexicano. La novela de Gamboa no es solo el primer *bestseller* sino acaso nuestro mejor *longseller*. José Emilio Pacheco, uno de los más conspicuos estudiosos del *Diario* gamboino sugiere otra hipótesis: el carácter de *cautionary tale* de la novela. Si *Santa* es una larga admonición, como apunta, entonces la sociedad pacata de la época recibe con la novela un alegato moral. No niego que hay gran parte de verdad en la intuición de Pacheco. *Santa* es un *retrato* naturalista de la moral burguesa del porfiriato y alerta sobre los riesgos de la mujer que no se casa bien, que pierde la virginidad con el primero que le promete amor. Pero la novela no es solo una disección de la ingenuidad de la provinciana y de su contraparte, el *aprovechado* alférez. Revestido de la autoridad militar del rango, Santa es seducida lo mismo por la promesa de amor eterno que por el uniforme. Doblemente Malinche, uno de los mitos fundadores más productivos de la *mexicanidad*, Santa se *entrega* al guerrero, a quien nuevamente es dueño de las armas y de la violencia. En este sentido es aún más pertinente la pregunta de José Emilio sobre quién leyó inicialmente la novela. En un México donde 80% de la población era analfabeta y el relato melodramático de la prostituta chocaba con el público masculino, como podemos colegir de las reseñas iniciales, el lector de *Santa* fue lectora. Las mujeres porfirianas que no habían pisado nunca un burdel lo hacían de la mano del novelista. *Santa* fue, guardadas las proporciones, nuestra *Fifty Shades of Gray* inicial. La novela no buscaba escandalizar, aunque lo logró, sino fotografiar a la manera de Zola la realidad de la prostitución porfiriana. Si estiramos nuestro argumento, las lectoras de *Santa* no solo entraban por vez primera al prostíbulo, lo hacían de la mano de Gamboa para ver a sus maridos en ese intercambio carnal.

Retrato de la degeneración de la burguesía porfiriana, melodrama, relato admonitorio. Todo eso es nuestra novela, qué duda cabe. Pero insisto. Ninguna de estas tres razones garantiza su longevidad en el *gusto* y la *sensibilidad* que la novela misma prefigura y traza. Es, creo yo, el carácter alegórico del relato la condición superior del texto. Santa es la patria mancillada, de allí que en plena lucha armada sea adaptada por vez primera al cine silente y que en plena etapa *celebratoria* de la Revolución, aquella que ya está en vísperas de institucionalizarse, vuelva a ser filmada por Antonio Moreno. Como afirma Emilio García Riera en su *Historia documental del cine mexicano*, 1931 es el año de *Santa*, a tal grado que sin ser la primera o la única película sonora del año, su popularidad la bautiza desde entonces como la *primera* película sonora mexicana.

En el México cinematográfico de entonces —Eisenstein seguía filmando entre nosotros; Ortiz de Montellano, Villaurrutia y otros fundaban el primer cine club para asegurar la buena exhibición de buenas películas europeas, americanas y asiáticas, «películas de vanguardia», escriben en el acta constitutiva—, *Santa* es, a decir de García Riera, «la piedra inaugural de la industria del cine mexicano».[3]

Si bien la presencia de Eisenstein o Pudovkin en México y las intenciones del Cine Club México aseguraban el cine de calidad o de *vanguardia*, la permanencia del cine mexicano necesitaba productoras económicamente solventes. *Santa* está pensada desde el principio en términos comerciales. Juan de la Cruz Alarcón

---

[3] Emilio García Riera, *Historia documental del cine mexicano* (18 volúmenes), Guadalajara, Universidad de Guadalajara, 1992-1997, vol. 1, p. 47.

—distribuidor de cine extranjero— da el paso fundamental al crear la Compañía Nacional Productora de Películas, formando su capital inicial con la venta de acciones. Además compran los antiguos estudios México Cine, construidos en pleno inicio de la *pax* obregonista, en 1922, por Jesús H. Abitia. Sabemos por García Riera que en esos estudios se filmaron alrededor de 35 películas (de *Santa* a *La Valentina* en 1938). Las condiciones técnicas de la incipiente industria cinematográfica mexicana obligaron a reunir un equipo profesional (los hermanos Roberto y Joselito Rodríguez son los encargados de la banda sonora paralela; Lupita Tovar fue importada de Hollywood al igual que Donald Reed, el fotógrafo Alex Phillips, y el propio director, Antonio Moreno; el dueño de la productora es el más convencido de filmar esa y no otra película ya que había intentado sin éxito vender los derechos de la adaptación de la novela a la Paramount, la Universal y la Warner Brothers).

Pero quizá el mayor éxito del equipo de producción radique en la elección del guionista, Carlos Noriega Hope. Si bien *Santa* ya se había filmado en 1918,[4] aquella adaptación inicial continuaba y magnificaba el melodrama del libro. Noriega Hope, un intelectual y periodista posrevolucionario (su labor en *El Universal Ilustrado* es encomiable) no solo adapta la novela al cine, sino que la convierte en otra cosa. Dulcifica a Hipólito, el ciego —cuyo modelo literario en Gamboa es igual de cruel que en el de *El Lazarillo de Tormes*—, quien salvará finalmente a la desdichada prostituta, romantiza la infidelidad de Santa con Marcelino. Como el alférez

---

[4] Producida por Germán Camus, dirigida por Luis G. Peredo e interpretada por Elena Sánchez Valenzuela. García Riera cita a Salvador Elizondo en su perspicaz crítica de esta cinta silente: «En 1918 arranca el cine profesional mexicano con la primera versión de la novela 'naturalista' de Federico Gamboa, *Santa*. El tema —Zola romanticón y sin estilo— se circunscribe a la vida —a la 'carrera'— de una prostituta. La vida del burdel a través de sus iniciaciones precarias, sus momentos de gloria y su final agrio y fácil revelaba ya una actitud que propendía a formular endebles moralejas. ¿Por qué en 1918 el cine mexicano escogía este deplorable folletín? Porque quería a toda costa convertir en moraleja algo que apenas era, cuando más, un documento costumbrista rudimentario. Desde sus orígenes nuestro cine sentaba sus reales en el ámbito de las costumbres, sin darse cuenta de que estas no son más que las mixtificaciones sistemáticas de una época y una sociedad [...]». Emilio García Riera, *Historia documental...*, p. 49.

Además de en la clásica obra de Emilio García Riera, baso mucho de mi lectura «narrativa» del cine mexicano en el libro de Carl J. Mora, *Mexican Cinema. Reflections of a Society, 1896-2004*, Jefferson, NC, McFarland, 2004. En él, Mora se atreve a una interpretación sociológica de las grandes etapas de nuestro cine. Algo similar hará también Sergio de la Mora en su *Cinemachismo. Masculinities and Sexuality in Mexican Films*, Austin, University of Texas Press, 2006. Refiero al lector a ambos textos para una comprensión general de la cinematografía nacional.

es su único amor, es capaz de arriesgar su precaria salvación inicial. En la novela, en cambio, el regreso a los brazos de Marcelino cuando ha sido *redimida* por el Jarameño es justificado como una decisión producto del *vicio* del oficio aprendido. Cada uno de esos cambios en los personajes y sus decisiones es esencial en la aceptación que tendrán la película y el mito de *Santa* en el México posrevolucionario. En la novela, Santa se acuesta con Hipólito, a pesar de su repugnancia, algo que tampoco ocurrirá en el filme.

Santa se estrenará con gran éxito: seis semanas en cartelera, algo inédito. El actor Juan José Martínez Casado lo relata de primera mano: «Aquello fue increíble, unos 'llenazos' enormes, fue un éxito; yo que estaba afuera, veía salir a las mujeres llorando; en realidad la película se hizo para la gente *high-life*, pero el pueblo fue el que se identificó con ella».[5]

En el México de 1904 una novela era leída por unos cuantos. El *público* de Gamboa —las señoras *high-life* de las que habla el actor— iba de *voyeuse* al burdel de La Gachupina para imaginar a sus maridos. El nuevo público masivo de la película se identificaba con Santa y lloraba con su drama. Federico Gamboa recibiría cinco mil pesos por los derechos y 5% de las utilidades.

Sobre esa versión de la novela se superponen las lecturas posteriores —los horizontes de expectativas de sus lectores—, haciendo de la obra de Gamboa algo que originalmente no era pero que inevitablemente ya es: nuestra novela fundacional, nuestra *national romantic fiction*, para seguir la intuición de Doris Sommer.[6]

Sin embargo, se aparta de las originales ficciones fundacionales latinoamericanas no solo por el carácter de su heroína (es de hecho una antiheroína), o la enseñanza moral de su entereza física y emocional. Al sustituir a Altamirano y su *El Zarco* en el imaginario fundacional mexicano, *Santa* produce un salto al vacío. No será un indígena sino una mestiza el pilar de esa reversión constitutiva de nuestra identidad que es *Santa*. O si se quiere, la antiheroína naturalista de Gamboa se ha vuelto heroína romántica. El escalpelo naturalista buscaba desnudarla, a ella y a la sociedad porfiriana; la idealización romántica de Noriega Hope la vuelve símbolo de la patria, alegoría de nuestro destino, espejo humeante

---

[5] Emilio García Riera, *Historia documental...*, p. 50.
[6] Doris Sommer, *Ficciones fundacionales. Las novelas nacionales en América Latina*, Bogotá, Ediciones Fondo de Cultura Económica, 2004.

de nuestras derrotas. La película hace ambigua a Santa y esa operación la inmortaliza.

Por supuesto que tal reversión producida por el guionista ya estaba en germen en el libro, como muestra la cita con la que comenzamos este capítulo. Gamboa, en estilo indirecto libre, nos dice no solo que Santa se consideraba la reina de la ciudad corrompida, sino receptora de todas las manchas acumuladas en el cuerpo femenino de México. Manchada por los pecados de amor de sucesivas generaciones de «guerreros rubios y remotos». Y por los pecados complejos del amor moderno, escribe que ella piensa.

Lo que está en germen en la novela es actualizado por el filme. La mujer puede ser vista como sacrificio santo y sucio a la vez (virgen, madre de Dios y Malinche). El cruel ciego de la novela —personaje más salido de la picaresca, como ya dijimos, que de la observación naturalista de Gamboa— es quien puede *verla*, con el riesgo que ello implica. Su devoción es, sin ironía, ciega. Santa es para él objeto de culto y cuidará sus restos, que él mismo ha depositado en Chimalistac, devolviéndola a la inocencia primera, la tierra. La escena final de la película no puede, en ese sentido, ser más conspicua. Hipólito arrodillado frente a la tumba de Santa que a un tiempo la inmortaliza y *santifica*, limpiando su nombre. Hipólito que llora, pero sobre todo reza. Y su plegaria es a santa María, siempre virgen. Santa y virgen terminan siendo los términos importantes de la ecuación. Paradójicamente es en la muerte donde Santa no es abandonada sino idolatrada.

Porque, en contraste, ha sido retratada después de la vejación de Marcelino como Malinche. Abandonada que abandona: por sus hermanos, por ella misma. Traiciona porque se ha enamorado. Su enamoramiento, su rapto romántico, ha ocurrido, además, con el invasor militar, con el líder (Hernán Cortés/Marcelino). El abandono del conquistador, en el doble sentido del término, la fuerza a la prostitución, la arroja a la perdición. Es la primera caída. En ambos casos —la novela y la película—, aunque le cause repulsión el mero prospecto de ese destino (el viejo que la pide en su primera noche en casa de La Gachupina), terminará aprendiendo y ejerciendo el oficio (y siendo comprada/solicitada).

No necesitamos estirar gran cosa el argumento para darnos cuenta de las implicaciones simbólicas del relato fundacional. No solo que la mujer mestiza moderna es seducida por la novedad de la urbe y traiciona la inocencia bucólica de Chimalistac, eso sería insuficiente. Hay una profunda dialéctica entre lo blanco y lo indígena dentro de la mestiza (que la elección de Lupita Tovar en la película no hace sino reforzar), producto del bricolaje simbólico de la religión católica y la conquista. Ella es *parcialmente* inocente/santa, por tanto blanca, y parcialmente promiscua/enferma/prostituida, luego indígena. El mestizaje sería ese espacio *in-between* imposible para Santa.

Pero esa identidad en vilo —el mestizaje— es la condición de su liberación. La mujer mestiza puede ser al mismo tiempo la figura materna idealizada y la conquista sexual justificada de la masculinidad mexicana posrevolucionaria. Ella se merece/quiere tener relaciones sexuales. Es esa mestiza que es el *medio* para dar a luz al nuevo México.[7]

Esta paulatina deconstrucción del papel cinematográfico/simbólico de Santa nos lleva, indudablemente, a muchas otras consideraciones de importancia. En ese México celebratorio —celebrar es también adorar, rezo laico al tiempo que inmortalidad del mito—, el 20 de Noviembre se convierte no solo en efeméride, en fecha, sino en representación teatral de la mexicanidad.[8] Santa celebra, de la misma manera que los desfiles atléticos del cardenismo, la transición del Antiguo Régimen a la esperanza de la Revolución institucionalizada.

Marcelino, el militar, es el símbolo del Antiguo Régimen porfiriano, quizá el personaje con peor *tratamiento* en el guion de Noriega. El hombre del que se enamora Santa la abandona. Hay una impresión generalizada sobre lo militar en la película, una casta que no se interesa por la gente, la utiliza y la desecha. El doctor, en cambio, es el símbolo del nuevo Estado mexicano encarnado en su control biopolítico pero garante de su liberación. No solo le provee salud gratuita a Santa, sino que hace lo posible por salvarla al final de la película (en la novela, en cambio, la medicina no sale tan

---

[7] Para ponerlo en žižekiano aunque suene prosaico en el contexto de Santa, no lo es simbólicamente: le rezamos/la adoramos cuando literalmente la violamos hasta la muerte, lo que sería la fantasía última masculina. El mejor trabajo al respecto, por lo que abarca, es el de Debra A. Castillo, *Easy Women: Sex and Gender in Modern Mexican Fiction*, Mineápolis, University of Minnesota Press, 1998. Confróntese también al respecto el capítulo que Sergio de la Mora dedica a *Santa* y al género de la prostitución en el cine mexicano, bajo el sugerente título de «Midnight Virgin», en su imprescindible *Cinemachismo*...

[8] Véase el texto de David E. Lorey, «The Revolutionary Festival in México: November 20 Celebrations in the 1920s and 1930s», *The Americas*, vol. 54, núm. 1, julio 1997, pp. 39-82.

bien parada, lo que justifica la molestia que ya comentábamos de alguien como Lara y Pardo). Y he aquí, creo yo, el corolario más importante: el México nuevo ha remplazado su antigua fuerza de poder (y por ende de legitimidad), la fuerza bruta, con la generosidad y la compasión de quien ve por sus hijos e hijas. El Estado ético sobre el que volveremos con atención en el capítulo siguiente, cuando tratemos *Los olvidados*, de Luis Buñuel.

Ahora tenemos que apuntar hacia un eje temático que se convertirá no solo en ficción fundacional sino en ficción fundamental de la *sensibilidad* mestiza mexicana: la ausencia del padre. Es *Santa*, nuevamente, quien nos descubre esa ausencia central en el eje de nuestra identidad construida. Si volvemos al inicio de nuestra discusión sobre los valores ambiguos de la alegoría romántica que representa la película, así como sobre la interpretación de todo el sentido del *personaje* de Santa, veremos que ese padre ausente es el conquistador inicial. El mestizo/la mestiza serían hijos del padre ausente, del *violador* por antonomasia, con lo que Santa/Malinche, en la clásica interpretación que de ese mito hace Paz en *El laberinto de la soledad*, sería La Chingada. Pero recordemos que estamos en 1931 y que el año no es gratuito. Está por finalizar el maximato y el cardenismo hará del nacionalismo su ideología estatal. El centro del relato no puede ser la conquista, ni siquiera la Independencia, sino la Revolución.

Hoy sabemos por estudiosos como Stephen Haber[9] que hubo varias continuidades, las centrales, entre el Antiguo Régimen y el nuevo (no solo conservaron la planta productiva o los ferrocarriles, sino la herencia del liberalismo *a la mexicana* de la Reforma e incluso del porfirismo). Sin embargo, una cosa es la continuidad histórica y otra la *eficacia simbólica* del mito fundacional. Tenía que construirse una absoluta separación de sentido entre regímenes.

La Revolución mexicana es el «evento fundador», mata al padre primordial (Porfirio Díaz) y desincroniza los tiempos mexicanos. Ahora, al trastocar la temporalidad pone en crisis la «distribución de lo sensible», produce un caos que necesita ordenarse porque crea una asimetría entre lo real y el concepto. Entonces, como la Revolución ya existe como *significante*, necesita otro concepto que cierre ese hueco, y lo sustituye por el de mestizaje, que es un

---

[9] Stephen H. Haber, *Industry and Underdevelopment. The Industrialization of Mexico 1890-1940*, Palo Alto, Stanford University Press, 1989.

proyecto de masculinidad excluyente. Como ya dijimos antes, la madre mestiza da a luz al Nuevo Mexicano, hombre, al Mestizo, salvando a la nación.

Ese es el momento de la ruptura que *Santa* preconiza con tanta precisión. Será tarea de la revolución resincronizar los relojes mexicanos. Es decir, no la revolución con minúsculas como ejercicio de la violencia, sino la Revolución con mayúsculas como discurso hegemónico que permite reinterpretar todos los tiempos, el pasado, el presente y el futuro bajo el *significante maestro*, mestizo.

«¡Un nuevo México ha de nacer!», habría de exclamar Manuel Gamio en 1935, continuando el mismo espíritu de su para entonces ya clásico *Forjando patria*,[10] un México *mestizo*. Como ha demostrado Sandra Angelieri,[11] la mejor manera de entender el proyecto mestizófilo del padre de la antropología mexicana sería considerar que inicia, y está mejor representado por, el tratamiento teórico de la mujer. Al borrar las características raciales/étnicas de todas las mujeres mexicanas y reducirlas a su función reproductiva, inicia el discurso universal del mestizaje. Un discurso que —lo que es claro ya para nosotros ahora— utiliza el esencialismo racial para convertir al mestizo en políticamente invisible, como podemos apreciar en la forma sutil pero brutal en que el discurso del mestizaje se inscribe en lo invisible, los cuerpos violados de las mujeres mexicanas. O para decirlo de una forma más contundente, la primera operación del mestizaje como proyecto consiste en volver invisible a la mujer salvo por su función en la construcción social, léase reproductiva y sexual, de allí que Santa se encuentre dos veces perdida, de la familia y de su papel social. Si seguimos este argumento, entonces el indígena es también invisibilizado —excepto por su función productiva—, excluido del proyecto estatal, de la misma manera en que la mujer ha sido políticamente hecha a un lado.

La operación ideológica, entonces, no podría ser más provechosa: el mestizo entra a la ciudad y se convierte en políticamente invisible gracias a su universalidad construida, existente solo en el sentido de que es fuerza de trabajo para el capitalismo burgués posrevolucionario.

---

[10] Manuel Gamio, *Forjando patria*...
[11] Sandra Angelieri, *Women Weaving the Dream of the Revolution in the American Continent*, Disertación, San Diego, UCSD, 2006.

La operación simbólica, sin embargo, requiere un paso previo que la ausencia del padre posibilita en ese momento histórico de abandono/transición, como se ve en *Santa* (la película, y en menor medida en las descripciones *naturalistas* de Chimalistac). En ese pueblo tradicional, protegido por su aislamiento aunque cercano a la capital, lo que les permite a los hermanos *trabajar*. Ellos también han sido engullidos por la ciudad, esclavizados por la *fábrica*, y también han caído debido a su orfandad. Pero como el suyo no es un crimen moral —no tener padre— como el de Santa —haber manchado la honra al perder la virginidad con el alférez—, pueden regresar al regazo y la protección maternas.[12]

La Revolución Mexicana (así, con mayúsculas) es entonces un parricidio ritual. La muerte del padre primordial, Porfirio Díaz, deja a la banda de hermanos a cargo de la aplicación de la ley para Santa (en este caso el ostracismo que la llevará a la prostitución, doblemente abandonada por el amante y por la familia por *pecadora*). La transición de lo rural a lo urbano está marcada por un momento en el cual el padre imaginario está ausente, lo que explicaría quizá la propensión o susceptibilidad de Santa frente al militar (Marcelino es la *otra* autoridad, aunque venida de fuera y además representante del Antiguo Régimen). Esta interpretación nos obliga a afirmar, entonces, que la Revolución en Santa aún está por venir; estamos frente a la caída del gobierno y de la autoridad patriarcal, simbolizada por la transición de regímenes, y la caída de nuestra protagonista en la prostitución y la enfermedad. Santa es la víctima propiciatoria del México huérfano. El doctor no podrá salvarla y morirá recordada tan solo por quien la venera «ciegamente», Hipólito.

Los primeros intentos de la Revolución convertida en Estado consisten en modificar, como ya he dicho, el régimen simbólico. Un Estado que administra la muerte (tanatopolítico) es ahora el encargado de la vida (biopolítico), como sugiere con perspicacia Gareth Williams en *The Mexican Exception*.[13] Aún más, ese Estado tiene que afirmar e incrementar su poder mediante el uso correcto de

---

[12] Véanse al respecto: Sabine Schlickers, «*Santa*, texto fundador ambivalente de la patria mexicana», en *Santa, Santa nuestra* [Rafael Olea Franco, ed.], El Colegio de México, 2005, pp. 145-158; Joanne Hershfield, «Visualizing the Modern Mexican Woman», en *Reclaiming the Archive: Feminism and Film History* [Vicki Callahan, ed.], Detroit, Wayne State University Press, 2010, pp. 329-344, así como el ensayo clásico de Elzbieta Sklodowska, *Todos ojos, todos oídos: control e insubordinación en la novela hispanoamericana (1895-1935)*, Ámsterdam, Rodolpi, 1997.
[13] Gareth Williams, *The Mexican Exception*...

sus fuerzas, procurando la felicidad de sus sujetos y el mantenimiento del orden y la disciplina. El Estado policíaco, patriarcal, del porfirismo deberá transitar hacia mecanismos y cálculos de poder adecuados al nuevo tiempo del capital, de la ciudad. Y la modernidad mexicana es particular, como observa Williams, pues ha sido orquestada por un Estado total que luchó todo el tiempo por suprimir la dualidad entre Estado y sociedad. El Estado *es* la sociedad; la nueva autoridad suplanta a la familiar.

Otra consecuencia de la película fue convertir la revisión naturalista de un crimen (sabemos que Gamboa visitó la morgue para ver el cadáver de la prostituta que le *inspira* inicialmente la novela) en un melodrama. Una historia sobre la enfermedad social pasa así a ser una condición de todos, una situación compartida.

En este mismo sentido podemos avanzar otra interpretación complementaria. La falta del padre que el filme preconiza —y la novela también, si a esas vamos— será una característica común de buena parte del cine mexicano del siglo xx (como ocurrirá también en las más conspicuas de sus narraciones fundacionales), lo que podría sugerir un rechazo de la figura feudal del padre. El padre imaginario ya no es un padre con forma humana, sino algo más abstracto que puede ser encarnado por el Estado y corporeizado por uno de sus miembros, el médico. *Santa* podría interpretarse lacanianamente como la abstracción del imaginario: el padre invisible y colectivo, la difusión de la autoridad imaginaria. Esto será más claro en *Pedro Páramo*, no solo en el texto rulfiano sino incluso más en la película dirigida por Carlos Velo, como veremos en su momento.

> Pueblo de mujeres enlutadas. Aquí, allá, en la noche, al trajín del amanecer, en todo el santo río de la mañana, bajo la lumbre del sol alto, a las luces de la tarde fuertes, claras, desvaídas, agónicas; viejecitas, mujeres maduras, muchachas de lozanía, párvulas; en los atrios de las iglesias, en la soledad callejera, en los interiores de tiendas y de algunas casas cuán pocas furtivamente abiertas [...]
>
> Pueblo conventual, cantinas vergonzantes. Barrio maldito, perdido entre las breñas, por entre la cuesta baja el río seco. Pueblo sin billares, ni fonógrafos, ni pianos, pueblo de mujeres enlutadas.

> El deseo, los deseos disimulan su respiración. Y hay que pararse un poco para oírla, para entenderla tras de las puertas atrancadas en el rostro de las mujeres con luto.[14]

¿Quién escribe esto? No parece el escritor moderno que tanto anuncian las historias de la literatura, el introductor del monólogo joyceano en la narrativa mexicana, el iniciador de la novela moderna. Y sin embargo, *Al filo del agua* es la primera novela mexicana del siglo xx (aun cuando se publique en 1945). Resulta curioso que una de las novelas que *clausura* el ciclo de la narrativa de la Revolución cuente en sus páginas en realidad lo que pasa en un pueblo *antes* del estallido de la lucha armada. Federico Gamboa recuperó la fe católica poco antes de escribir *Santa*. Contenderá fallidamente a la presidencia por el Partido Católico en 1913. Agustín Yáñez la perdió para siempre antes de escribir *Al filo del agua*. De ese anticlericalismo nace la *ansiedad*, el verdadero sentimiento que recorre cada una de las páginas de su novela, a caballo entre dos mundos, entre dos regímenes de sentido.

Carlos Monsiváis ha visto con tino el papel retórico (y generativo) de ese «acto propiciatorio» que es el prólogo lírico del libro. Divide a justos y pecadores, establece el ritmo y la densidad del paisaje físico y humano del libro. Ese *al filo del agua* que significa, ya lo dijimos, el advenimiento de la Revolución, es un pueblo que se encuentra en «algún lugar del Arzobispado». La novela es a un tiempo relato de provincia retrógrada, pero sobre todo espacio donde tiene lugar «la mecánica de aplastamiento de las voluntades, la disolución del albedrío en el marco de una dictadura parroquial, cuyo vocero es el idioma litúrgico, fastuoso y circular. No importa tanto la agonía del régimen de Porfirio Díaz (aunque su fin próximo desempeñe un papel determinante), sino *los resultados de la batalla entre los que se afanan en extirpar toda vitalidad, y los que resisten sorda y desesperadamente*».[15]

Este pueblo que no es el paraíso de Chimalistac de Gamboa sino el infierno de provincia que tan bien conocía Yáñez, odia la música, detesta las fiestas, es solo batallón de sombras y secretos. No existe el cambio pues la costumbre es férrea y patriarcal.

---

[14] Agustín Yáñez, *Al filo del agua* [prólogo de Antonio Castro Leal], México, Porrúa, 1955, p. 2.
[15] Carlos Monsiváis, «Yáñez: pueblo de mujeres enlutadas (1904-1980)», en *Letras Libres*, agosto 2004, p. 49.

Representa el orden del Estado policíaco, vigilante (la otra cara del porfirismo). El año, 1909. El lugar, un pueblo cualquiera, enlutado, que decide cerrarse a cualquier cambio porque ve en la mudanza el germen de su aniquilación. En el México de Yáñez —piensa Monsiváis— ser novelista es ser serio, poseer un sentimiento trágico de la vida. El género es una épica degradada. En el pueblo sin nombre de la novela los hombres son los dueños del poder simbólico y del poder fáctico. De las palabras, Lucas Macías el viejo, suerte de memoria de la tribu; Gabriel, el artista rebelde; Luis Gonzaga Pérez es el místico casi demente, y el cura Dionisio es quien dicta el castigo de las almas descarriadas. Como en Gamboa, la novela alegoriza. El pueblo sin nombre *representa* la alianza fáctica entre las oligarquías rurales y el gobierno de Díaz, exacerbada por el papel de la Iglesia católica en provincia, especie de pacto tácito entre el viejo dictador y el poder colonial pasándose por alto las leyes de Reforma. De hecho, el poder eclesiástico es extrajudicial, a un tiempo está por encima de la ley y es ley suprema, extraterrenal. El jefe político del pueblo, Román Capistrán, termina por *convertirse* y acudir a misa. Incluso el periódico es revisado por el sacerdote antes de parar en las manos de los vecinos que reciben el *Diario* de la capital del estado.

Como la llegada del cometa, la *noticia* de la revuelta antecede al estallido mismo. Lucas Macías *cuenta* los avatares del maderismo sufragista y lo que se sabe del exterior, pero los personajes no son ajenos al cansancio nacional, a la pobreza y el descontento. No en el cambio de siglo, sino una década después, llega al pueblo la luz, «es como si a uno lo encueraran», dice entonces un personaje.

El advenimiento del tiempo nuevo es comparado con el Apocalipsis, y Madero con el Anticristo. Por eso, porque esta es una novela de albores, necesita el estilo. Algo nuevo, no el realismo. Tampoco el naturalismo de Gamboa. Busca en sí misma, en sus orígenes, en cierta prosa lírica.

Cuando Agustín Yáñez aún era Mónico Delgadillo (su seudónimo), sombra entre las sombras, y todo eran juegos de infancia; cuando escribía esas prosas líricas, todavía en Guadalajara, que después publicaría en *Los sentidos al aire*,[16] como «Baralipton», de 1929, o esa pieza magistral «Laude Pascual» del 27, cuando, en fin, todo era obra futura y proyecto a realizar, ya estaban en germen

---

[16] Agustín Yáñez, *Los sentidos al aire*, México, INBA, 1964.

todas las piezas de ese gigantesco edificio, suerte de Comedia Humana mexicana que es su obra toda, y como hará Carlos Fuentes, después él también llamaría a su obra «las edades del tiempo».

Porque Mónico Delgadillo, si hemos de creer a su *proyección y montaje*,[17] escribió esas prosas iniciales y muchos otros sueños con diferentes aires de mujer. Agustín Yáñez, a diferencia del aristócrata Gamboa, nació en provincia, en Guadalajara, el 4 de mayo de 1904 (el año de la publicación de *Santa*) y murió en Estancia de la Soledad, jurisdicción de Yahualica, el 5 de agosto de 1935. Tímido, sin brillo alguno, estudiante de arquitectura y de medicina; aprendiz de filósofo y compañero de aventuras en las revistas iniciales de esos jóvenes de Jalisco —ahí sí con nombres reales— que patrocinaría la mejor revista del interior que se ha editado en México, *Bandera de Provincias*, donde se tradujo buena parte de los experimentos de prosa lírica que se producían en los años veinte europeos. Mónico Delgadillo —ficcionaliza Yáñez—: «Soñaba escribir con exclusión de adjetivos, por el crónico miedo a las degeneraciones y falsedades; sabíase propenso a lo cursi […] la inteligencia le imponía severidad sustantiva».[18]

Aunque el texto se haya publicado después, se trata —qué duda cabe— de una ficción de intelectual en la que Yáñez proyecta y construye al escritor y al pensador que desea ser. Agustín Mónico Yáñez Delgadillo, digámoslo con sus palabras: «[…] siempre fue un niño-grande, consecuentemente, un realista ingenuo», uno que arreglada la cuestión religiosa regresa al campo, a las rancherías de difícil acceso y a los místicos, su lectura predilecta. Mónico, así, se retira de las novedades de la ciudad y sus modernolatrías a la verdadera provincia. Desde ahí les escribe cartas a los amigos, les pide libros. En una de estas misivas Delgadillo-Yáñez declara: «No, no escribiré. Tal vez nunca escribiré ya más. Lo hiciera si pudiese alguna vez considerarme con capacidad para fraguar una prosa resistente y musical, que pueda oírse como se oyen los ruidos en el agua y sentirse como las figuraciones irreales de las nubes, de las manchas; como las palabras del viento; como las pasiones expresadas en jeroglíficos. ¡Prosa de sugerencias!».[19]

---

[17] Agustín Yáñez, «Montaje y proyección de una sombra entre sombras», Archipiélago de Mujeres, México, UNAM, 1943.
[18] *Ibid.*, p. x.
[19] *Ibid.*, «Montajes y proyecciones...», p. xix.

La operación discursiva no es retórica. Se trata de retirarse de lo actual, volver a lo esencial, olvidarse de lo accesorio en la reclusión del campo. Sí, pero no solo eso: proyectar la futura *prosa de sugerencias* que alcanza su momento culminante como proyecto estilístico en los monólogos del insomnio de *Al filo del agua*; legitimar al intelectual que se quiere ser y la escritura esencial de ese futuro estilo no son poca cosa. La tradición de la ficción de intelectual, sin embargo, arranca mucho antes.

Me explico. Los escritores franceses presurrealistas habrían de influir decisivamente, con la fuerza de un decálogo, en los escritores del grupo Contemporáneos y en sus cercanos amigos de *Bandera de Provincias*, a través de Gide y de la *Nouvelle Revue Française*. Se trata casi de sus maestros morales, además de sus preceptores en los estilos y las técnicas: Paul Morand, Jules Laforgue, Valéry Larbaud, Jules Romains, Marcel Proust, Pierre Girard, Maurice Jouhandeau y Jean Girardoux, el de *Juliette au Pays des hommes*. Joris-Carl Huyssmans en 1884 publica su novela *À Rebours*, que Émile Zola denuncia inmediatamente por su heterodoxia. No hay que olvidar que Huyssmans inició su carrera dentro del grupo de escritores congregado en torno a Zola bajo el nombre de *Troupe de Médan*. En su novela, el personaje principal —el duque Jean Des Esseintes—, renunciando a toda aspiración social y política, se dedica al cultivo solitario de su propia sensibilidad, instaurando el gesto de Des Esseintes como repliegue o retirada estratégica de la literatura ante los otros discursos o prácticas discursivas, como el de las ciencias sociales y la sociología, para solazarse en su pureza y autonomía. No es de extrañar, por ende, que este gesto tuviera consecuencias inmediatas en la prosa modernista hispanoamericana: la *Lucía Jerez*, de Martí, *Ídolos rotos*, de Díaz Rodríguez, *De sobremesa*, de José Asunción Silva, *La gloria de don Ramiro*, de Larreta, entre otras. A estas novelas, como a tantas otras de este y el otro lado del Atlántico, no solo las toca la actitud de Des Esseintes, sino la propia preocupación intelectual, o mejor, del papel del escritor como intelectual en la constitución de las identidades nacionales. No es gratuito tampoco que el fenómeno haya cundido por Francia desde el *affaire* Dreyfus y el *Yo acuso* de Zola, y por Hispanoamérica desde las palabras liminales de Darío o el *Ariel* de Rodó, hasta el *Plan contra Calles*, de Jorge Cuesta. El término *intelectual*, y la novela con este nombre, se introducen en la lengua española a través del *affaire* Dreyfus y por la gran crisis del 98 de la guerra contra Estados Unidos. En esta retórica militar surge el concepto moderno de intelectual, tan difícil de definir. De hecho, estamos de acuerdo con Aníbal González en *La novela modernista hispanoamericana*,[20] en que intelectual, más que categoría, es una operación. Ser un intelectual no es solo diseminar el saber o pertenecer a una clase determinada, porque ser un intelectual es en realidad una *estrategia*, «mediante la cual ciertos profesionales, artistas o literatos se colocan dentro de una situación y dentro de un discurso que les permite pronunciarse con cierto grado de autoridad sobre asuntos que conciernen a su sociedad o a un sector importante de ella».[21] Asumir entonces un papel intelectual fue tan preponderante para los escritores que hemos mencionado, como para los vanguardistas franceses o los hispanoamericanos. Por tanto, lo que nos interesa apuntar es la tematización del intelectual en las novelas líricas como estrategia, no para llegar al poder sino, lo que es más apremiante, para asumir una legitimidad discursiva, construirse una ficción del yo —ficción autobiográfica al fin— y, desde ese lugar, construir el discurso, e incluso en muchos, como en Yáñez, el andamiaje para toda la obra posterior.

En *Baralipton*, por ejemplo, tales operaciones de legitimación biográfica a través de la ficcionalización lírica son clarísimos.[22] Pero es en *Laude Pascual* donde encontramos más patentemente esta voluntad de estilo. Aunque aquí el personaje sea femenino —Paquita Álvarez—, el monólogo y los ejercicios de introspección lírica están realmente muy logrados. Introspección paulatina en la psicología femenina que le será tan útil en *Al filo del agua*, pero sobre todo el manejo ya maduro —para 1927— del discurso religioso trasvasado en los pensamientos de los personajes. La crítica ha insistido muchísimo en la relación entre el mundo infantil de *Flor de juegos antiguos* y la recuperación documental de *Yahualica* como germen de *Al filo del agua*, pero ha descuidado a nuestro parecer la trayectoria de proyectil, trazada con mano segura, que va de esas prosas iniciales al, por ejemplo, célebre *Acto preparatorio*. Oigamos el monólogo de Paquita: «Madruguemos. Que ni los gallos canten,

---

[20] Aníbal González, *La novela modernista hispanoamericana*, Madrid, Gredos, 1987.
[21] *Idem*.
[22] Lo será también *Vigilia de la Natividad*, en la que el propio Yáñez declara haber esbozado por vez primera a Luis Gonzaga Pérez, el personaje de *Al filo del agua*.

ni el corazón palpite. Que todo esté despierto, pero que todo simule dormir. Corramos en la noche y entremos a la choza de pámpanos [...]. Apáguense todas las estrellas, menos la del amor, que suba anunciando al Amado, porque el Amor dormido despertará».[23] Aunque se trate de una parábola moral y de la regeneración de una prostituta, la viñeta está muy lograda y anuncia al futuro Yáñez.

En otro de los fragmentos de corte autobiográfico, publicado por separado en *Ábside* y luego incluido en *Los sentidos al aire*, prosa pesadillesca sobre la enfermedad y la fiebre que se muestra no solo en los vaivenes del mercurio en el termómetro sino a través de alucinaciones —*anécdotas en la fiebre*—, se construye líricamente la trayectoria intelectual. La primera *anécdota* presenta el campo, la aldea natal; la segunda, las manos traslapadas de la madre y la esposa ante la fiebre y, lo que es más claro, el recuerdo de cuando «cayó en el remolino de la ciudad».[24] Y el recuerdo del cometa Halley, que aparecerá en un capítulo de su novela. En esta prosa febril aparece así:

> [...] mi recuerdo del cometa Halley, creo más bien que era el recuerdo de mi madre, con frecuencia suscitado a instancias mías; lo que sí sabía yo, con gran convicción, era relacionar la venida del cometa con las tropelías de los revolufios que sufríamos en el pueblo, la penuria de nuestra cocina y los peligros de mi padre, los préstamos, las bocas secas, el cerrar de puertas en esos días aciagos.[25]

La siguiente parte del relato, titulada *Crisis y agonía final*, se centra en el miedo a la muerte, y las cosas, los libros y las mujeres que no se tocaron, leyeron, amaron. Oigamos el retrato lírico del escritor:

> Aquella alcoba en la ilustre capital de provincia, aquella mesa de pino, aquellas tardes, aquella juventud, aquel mundo esperanzado: cuando después de la siesta, llenos de alacridad, escribíamos las primeras páginas de una obra que soñábamos inmortal, las notas cazadoras de ideas, los apuntes henchidos de intención.[26]

---

[23] Agustín Yáñez, *Los sentidos...*, p. 87. Los ecos de *El cantar de los cantares* son, también, perceptibles en todo este apartado.
[24] *Ibid.*, p. 111.
[25] *Ibid.*, p. 116.
[26] *Ibid.*, p. 119.

El fragmento biográfico continúa con un *Retorno* desde la enfermedad que es también, nuevamente, retorno a la tierra natal, al campo reparador de fuerzas, lugar perfecto para la convalecencia. Le siguen variados capítulos que trazan la figura de Mónico-Agustín y el recuerdo de la madre víctima y sus manos curadoras, reparadoras. El personaje, sin embargo, deja el pueblo y se decide por la ciudad, regresa a forjar el espíritu increado de Yahualica, aunque el texto esté fechado en 1938 y en Chapultepec.

Después del *programa narrativo* que es *el Acto preparatorio* y que está muy al tenor de la prosa lírica que hemos venido dibujando como preocupación estética de Yáñez, *Al filo del agua* sigue con el capítulo titulado «Aquella noche». Así abre realmente el libro. Cuenta en cuatro monólogos la versión en espiral de, primero, don Timoteo Limón, quien reza el rosario antes de dormir y al que se le presentan visiones pecaminosas, preocupaciones por su hijo, sus deudores, la siembra, la sequía. Insomne, don Timoteo sufre «toda la santa noche, la eterna noche, y su cuerpo nomás daba vueltas de un lado a otro de la cama, sin conciliar el sueño, sin oír las esperanzas de los gallos, sin sentir señales de vida».[27] El segundo insomne, Leonardo Tovar, quien regresa de un largo viaje a Río Verde, se duerme rápidamente pero lo despiertan los gemidos estériles de su mujer quien ha perdido al segundo hijo. El texto es mucho más breve y sirve para presentar otra cara del pueblo. El tercer monólogo presenta a Merceditas Toledo, «celadora de la Doctrina e hija de María recién recibida», a quien le ha llegado una carta infamante, que le quema el pecho, donde la esconde. Y, por último, el apartado sobre la tía Juanita y Micaela, quien regresa al pueblo y el rechazo que la tía prevé ante sus modas nuevas: «[…] pero lo que le quitó por completo el sueño […] fue la sospecha de que por pensamiento, palabra u obra —esos teatros, esos cines, esos bailes, esos trenes, esas tantas ocasiones y peligros de las capitales, que se le representaban confusa, diabólicamente—, su sobrina pudiese haber manchado la gracia del alma».[28] Así, en apariencia deshilvanados, los monólogos de cuatro seres que no pueden dormir son la entrada a la novela. *Al filo del agua* merecerá buena parte de su grata recepción, ya se ha dicho, gracias a su carácter innovador y a la incorporación brillante de técnicas narrativas a lo Joyce o Dos

---

[27] Agustín Yáñez, *Al filo...*, p. 17.
[28] *Ibid.*, p. 25.

Passos. Pero al declarar eso se olvida la línea que lleva de *Baralipton* a la novela, y que no es sino un desarrollo lógico de un proyecto creador que encuentra en la ficción autobiográfica un lugar ideal. Lo que Yáñez ha conseguido cuando está escribiendo *Al filo del agua* es algo por lo que luchó encarnizadamente en sus relatos iniciales: dominar los instrumentos de una poética. No se trata, simplemente, de la asimilación de recursos expresivos extraños a la tradición mexicana, sino de un ingente esfuerzo por conseguir esa *prosa de sugerencias*.

Mark D. Anderson[29] ha estudiado ese sueño de novela total que es *Al filo del agua* como personificación del sujeto nacional, muy en el tenor de lo que hemos estado haciendo nosotros hasta aquí. La intención literaria de Yáñez, asegura Anderson, emparienta sus dos proyectos, el literario y el político: desarrollar un nuevo sujeto nacional que encarne los valores centrales de la *mexicanidad*. La novela, entonces, no es sino parte de un proyecto pedagógico del autor: «Esta es la grave responsabilidad del artista: forja y orienta el espíritu nacional y lo eleva a planos de universalidad en la medida de su poder creador»,[30] escribe el jalisciense. Se trata de un *programa* donde los haya. La literatura como instrumento para *fijar la realidad nacional*, dirá en otro lado, de modo superior a la historia, la sociología, la geografía y la estadística, asume con megalomanía. La diferencia central, entonces, radicará en que sus personajes son más bien personalidades diversas de un todo colectivo, las *almas muertas* que la Revolución encuentra a su paso a un tiempo destructor y creador.

Años después, en 1951, se preguntará (o contestará una de las tantas encuestas al uso) si existe la cultura mexicana, afirmando que la nación es «la formación de una conciencia general acerca de un sistema de bienes presentes y futuros en que se objetivan los juicios de valor propios de la comunidad; es el hallazgo y la nueva búsqueda de lo que se tiene por valioso para el grupo nacional, tanto como elaboración vernácula»,[31] haciendo proyecto personal entonces lo que ha sido ya tarea de la revolución institucional: crear esos valores vernáculos, con el mestizo como eje, como significante maestro.

---

[29] Mark D. Anderson, «Agustín Yáñez's Total Mexico and the Embodiment of the National Subject», *Bulletin of Spanish Studies*, 2007, vol. LXXXIV, núm. 1, pp. 79-99.
[30] Agustín Yáñez, *Conciencia de la revolución*, México, Justicia Social, 1964, pp. 51-52.
[31] *Ibid.*, p. 90.

Sin embargo, quiero insistir en el papel pasivo de la mujer que ya aparece en el *Acto preparatorio,* y que acerca más que alejar a Yáñez de Gamboa (Santa parece tampoco tener agencia, son los hombres del relato quienes producen la acción novelesca). Las mujeres de *Al filo del agua* también son propiedad de otro (padre, hermano, esposo); son, a decir de Monsiváis, «el pozo de ignorancia que resguarda la pureza de la fe, son el caudal de resentimiento que al estallar se vuelca siempre sobre otras mujeres. En *Al filo del agua* la mayor tragedia es ver cómo al desaparecer el albedrío, la catarsis se ajusta a las dimensiones del patetismo, y en ese patetismo se aloja la condición femenina decretada por el clero, que concentra el ejercicio del placer en las devociones».[32]

Ser mujer en *Al filo del agua* significa ser arquetipo, eliminar todo lo personal (condición, por cierto, también del melodrama). Micaela es la coqueta, la futura *perdida;* Merceditas Toledo la férrea beata, hija de María Inmaculada, sometida a la doctrina. Las dos sobrinas del sacerdote, Marta y María, tampoco tienen voluntad; la educación ha sustituido la volición personal. Arquetipo de la novela latinoamericana —piensa Monsiváis y nosotros concordamos—, la coqueta es la víctima propiciatoria. Por exhibir provoca y por provocar sucumbe y es castigada. Recurso del moralismo y la suficiencia patriarcal, dice Monsiváis con tino: «[…] está condenada de antemano, por representar con ardor la noción superficial del cambio, por su avidez carente de estrategia. Es ingenuamente maliciosa, cree posible vencer […] la víctima es su propio verdugo, la criatura fatalizada en un pueblo que es sinónimo del encierro inescapable». Esto lleva al cronista al final de su análisis del libro, donde es aún más agudo pues percibe lo que aquí ya para el lector es absolutamente notorio: la tormenta asegurada no es social sino sexual: «*Al filo del agua* no es novela de la Revolución, sino la primera incursión freudiana en la provincia que carecía de inconsciente […] Yáñez entrega las nuevas estampas piadosas del deseo y las pulsiones, de las letanías de la lujuria y la masturbación cumplidas como rezo».[33] En esta lectura, Monsiváis debe mucho a la idea detrás de *Ficciones fundacionales* de Doris Sommer,[34] una *erótica de la política* como presuposición del talante creador de estos símbolos

---

[32] Carlos Monsiváis, «Yáñez, pueblo de...», p. 57.
[33] *Ibid.*, p. 58.
[34] Doris Sommer, *Ficciones fundacionales*...

fundacionales. Sin embargo, *Santa* niega la posibilidad de un matrimonio fundacional a la manera de las heroínas decimonónicas, y *Al filo del agua* sostiene que María, la mujer lectora, la mujer que resiste, deberá salir también del pueblo, sola, para poder existir.

Esa intuición es poderosa, la nueva libertad sexual de la tormenta revolucionaria. Por ello el Estado debe asumir el control biopolítico de sus hijos, tarea moral que la siguiente generación tomará en sus riendas.

Sin embargo, tal cambio —la sexualidad que se libera de la culpa religiosa— no es sino un umbral. Los personajes de *Al filo del agua* viven a caballo entre los regímenes de sentido, en la víspera del nuevo orden que el Estado posrevolucionario —no la lucha armada— se encargará de instituir con todas las formas de control, reproducción y generación posibles. La novela forma parte de una nueva realidad sociopolítica, responde al México de los cuarenta y principios de los cincuenta, el del cardenismo y el avilacamachismo, donde el propio nacionalismo ha dado un vuelco hacia la búsqueda del espíritu, el alma de lo mexicano que las instituciones de los veinte y treinta buscaron producir. Se trata ya de prácticas culturales, vastas maquinarias estatales sumamente eficaces en el desarrollo del proyecto nacional mestizófilo sobre el que hemos hablado. El proyecto de Yáñez no es el destino de los personajes de su novela, pues la historia ocurre en el momento anterior al cambio, en el *ínterin* de los tiempos históricos. O mejor, antes de que ocurra la Historia, puesto que la Revolución no solo representa simbólicamente el final del Antiguo Régimen, sino el inicio de México. Todos los otros tiempos —que se superponen chatos en los murales de Rivera— son una larga preparación, un *acto propiciatorio* para la tormenta fundacional. El destino de los rebeldes en el libro (porque leen, porque se atreven, porque rompen los tabúes sexuales) es oprobioso. Micaela morirá violentamente; Gabriel tendrá que salir expulsado del pueblo, y Luis Gonzaga acabará demente. Aquí estamos también ante un *cautionary tale*, pero a la inversa, pues la Revolución será el nuevo tiempo que sancione estos comportamientos como posibles en el nuevo orden. El mestizo deberá leer y romper con el estamento eclesiástico para existir en su nueva patria.

El proyecto estatal (es el Estado, como ha comprobado Bourdieu, quien se encarga de materializar la *ilussio*, el sentido de juego y el *habitus*) es visto en Yáñez como surgido de la *agencia* colectiva.

Cuando habla de conciencia nacional piensa que los valores locales autónomos serán filtrados naturalmente por los valores universales, como si fueran receptores universales. En esto, es lógico, no está solo. Es la larga trayectoria que va del grupo llamado los Siete Sabios a la *Cartilla Moral* de Alfonso Reyes; de la educación rural de Moisés Sáenz a *El perfil del hombre y la cultura en México*[35] de Samuel Ramos, temas sobre los que hablamos en la introducción de este libro, donde intentábamos rastrear la genealogía de este pensamiento que ya en Yáñez y su generación es *fait accomplit*.

Como ha visto Foucault en su seminal *Sujeto y poder*, el Estado moderno no es «una entidad desarrollada por encima de los individuos, ignorando lo que son y su misma existencia [como el porfirista] sino al contrario, una estructura muy sofisticada en la que los individuos pueden ser integrados bajo una condición: que su individualidad tome una nueva forma y esté sujeta a una serie de patrones específicos».[36]

Danny J. Anderson afirma, de hecho, que el verdadero proyecto narrativo de Yáñez consiste en integrar a los individuos de la comunidad nacional imaginada al «espiritualizarlos a través del psicoanálisis literario del alma mexicana»,[37] algo que intentará Octavio Paz, por supuesto, en *El laberinto de la soledad*. Lo cierto es que Anderson prueba que se trata de una tendencia intelectual que nace del proyecto de *Cuadernos Americanos*. La frase «lo mexicano», que intentará neutralizar en esta década lo mestizo —aunque termine significando lo mismo—, busca nombrar la igualdad, lo común, pero ignora inevitablemente la heterogeneidad étnica, social y de género de la nación como ha apuntado Roger Bartra[38] (lo mexicano es una jaula, la de la melancolía, que legitima la dominación estatal de los individuos).

Lo que no podemos olvidar es que el sueño de un sujeto único, el mestizo, sigue siendo poderoso simbólicamente. Domina en lugar de liberar a los individuos, estos *sujetos nacionales espiritualizados* de los que habla Anderson, produciendo una nueva sujeción, ahora no solo a las normas impuestas por el control policíaco sino al arquetipo que encarnan.

---

[35] Samuel Ramos, *El perfil del hombre y la cultura en México*, México, Planeta, 2001.
[36] Citado en Danny J. Anderson, «Reading, Social Control, and the Mexican Soul in *Al filo del agua*», *Mexican Studies/Estudios Mexicanos*, vol. 11, núm. 1, invierno 1995, p. 64.
[37] *Ibid.*, p. 65.
[38] Roger Bartra, *La jaula de la melancolía*...

Lo que presagia la novela, como bien han sabido ver Anderson y Monsiváis, no podía sino prefigurarlo la historia de la prostituta de Chimalistac, una erótica de la política, una política de los cuerpos como única manera de liberarse de los traumas nacionales de sumisión ante el extranjero violador, el padre sustituto o el militar que toma a la mujer como al territorio que vence, para poder así «inscribir a los individuos en relaciones satisfactorias de deseo, las relaciones heterosexuales naturales que provean a la nación con familias productivas».[39]

Una ciudadanía productiva solo puede existir si hay una nueva erótica, desplazada del poder patriarcal y el poder eclesiástico. La mujer mestiza, sin embargo y como veremos más adelante, seguirá huérfana y el Estado será incapaz de convertirse en el padre imaginario.

¿Qué será más susceptible de ser apropiado? ¿La lectora resistente de Yáñez, o su artista rebelde, o el melodrama cinematográfico de *Santa*? La paradoja del Estado ético[40] no solo reside, como verá tempranamente Buñuel en *Los olvidados*, en que mientras exista pobreza y desigualdad no habrá mestizo posible ni redención educativa alguna. No, la verdadera paradoja está en las formas con mayor poder simbólico en la construcción de los nuevos sujetos que el Estado mexicano moderno procura y requiere. Lo ha visto bien Alan Knight:[41] el Estado ético y los intelectuales *fracasan* como creadores del imaginario porque son superados por la maquinaria de la cultura popular, tan temprano como en los años cuarenta. Son los efectos de la radio, la televisión, las fotonovelas, los tabloides sensacionalistas de nota roja y el cine los verdaderos encargados de la homogeneización del sujeto social y del mestizo, cuya alma, la nación, lo mismo procura que devora.

---

[39] Danny J. Anderson, «Reading, Social Control…», p. 67.
[40] Un Estado que utiliza, como afirma Gramsci, la coerción para imponer la hegemonía. Para Alfonso Reyes, además, se trata de un Estado estético, como ha probado Gareth Williams (*The Mexican Exception…*), donde el ideal de la República de Weimar quiere ser trasplantado para urbanizar, civilizar y formar ciudadanos. Porque, finalmente, la imposición hegemónica logra crear un organismo social unitario técnica y moralmente —biopolítica y tanatopolíticamente, diríamos.
[41] Alan Knight, «Revolutionary State, Recalcitrant People», en Jaime E. Rodríguez, ed. *The Revolutionary Process in Mexico. Essays of Political and Social Change, 1890-1940*, Los Ángeles, University of California Press, 1990.

Los olvidados y el Estado ético
El luto humano y la miseria del Estado
El mestizo de la posrevolución

———❧———

VOZ DE LA MADRE (con gran dulzura): Óyeme m'hijito… Tú eres bueno. ¿Por qué hiciste eso?
VOZ DE PEDRO: Yo no hice nada. Fue el Jaibo. Yo nomás lo vi.
Acercamiento de Pedro mirando a su madre fuera de cuadro.
VOZ DE PEDRO: Yo quisiera estar siempre con usted… pero usted no me quiere.
Acercamiento de la madre, de frente. Tiende ante sí sus manos abiertas.
Ligera contrapicada.
VOZ DE LA MADRE: Es que… estoy tan cansada. Mira cómo tengo las manos de tanto lavar.
Plano americano abierto de los dos de perfil.
VOZ DE PEDRO: ¿Por qué nunca me besa? (*Con los brazos rodea los hombros de su madre y recibe un beso en la frente*). Mamá, ora sí voy a portarme bien (*ella pone su mano sobre la cabeza del chico*). Buscaré trabajo y usted podrá descansar (*ella atrae la cabeza del chico sobre su hombro*).
VOZ DE LA MADRE: Sí, m'hijito. (*Lo acuesta con suavidad*).
Ella se aleja mientras continúa la música. Se oye un fuerte viento. Acercamiento de Pedro que se levanta (contrapicada). Sobre su rostro se lee una inmensa necesidad de amor.
VOZ DE PEDRO: ¡Mamá!
Plano general. La madre avanza (plano americano) de frente. Detrás de ella, Pedro se ha incorporado apoyándose sobre los codos.
VOZ DE PEDRO: Mamá… ¿Por qué no me dio carne la otra noche? *La madre empieza a darse la vuelta. La volvemos a encontrar de frente (plano americano). En la mano tiene un gran pedazo de carne. Se oye el trueno al tiempo que un relámpago se dibuja sobre su rostro. Cierra los ojos. El viento hace flotar su cabello. Le tiende la mano a Pedro y avanza hasta un gran acercamiento. Plano general: la madre*

avanza hacia Pedro en primer plano, de espaldas. Él está sentado en su cama y alarga las manos para recibir la carne que ella le da. El viento es cada vez más fuerte. Una mano sale de debajo de la cama para apoderarse de la carne. La madre retrocede un poco.
VOZ DE PEDRO: ¡Dámela, es mía, es solo para mí!
(Luis Buñuel, guion de *Los olvidados*)

El cine mexicano no recibe *escuela* propiamente hablando de la presencia de Buñuel en nuestro país, en el sentido más amplio de la palabra, pero conoce el impacto de algunas de sus obsesiones, por ejemplo, el tema de la pobreza (a *Los olvidados* le corresponderá comercialmente la exitosa trilogía de Pedro Infante, *Nosotros los pobres*, 1947; *Ustedes los ricos*, 1948; *Pepe el Toro*, 1952); se beneficia de su concepción fotográfica al impedirle a Gabriel Figueroa usar sus filtros, mostrando más directamente el *paisaje* urbano opuesto al retrato pintoresco del campo, y deja una impronta indeleble, claro, en cierto tremendismo fílmico que regresará en ciclos. Quizá solo Paul Leduc sea un cineasta directamente influido por la idea *documental* del cine buñueliano.[1]

En su autobiografía, Buñuel afirma que la no ficción fue su preocupación principal (*Los olvidados*, 1950; *Ensayo de un crimen*, 1953, y *La Vía Láctea*, 1969, abrevan, indudablemente, de la noción documentalista detrás de la mirada fílmica). Julie Jones ha comprobado que la preocupación por el género del documental le viene a Buñuel de su cercanía con el surrealismo y el comunismo. No es gratuito que *Un perro andaluz* (1929) fuera llamado por Dalí «un documental de la mente». Cuando Buñuel está filmando *Los olvidados*, el docudrama norteamericano y el neorrealismo italiano están inmersos en los recursos fílmicos del género (aunque tengan que *reconstruir* muchas de las escenas que filman en la calle debido a limitaciones técnicas, particularmente con la banda sonora). La influencia de Vittorio de Sica, *Scuisciá* (*El limpiabotas*, 1947), es notoria. Según el jefe de producción de la película, Federico Amérigo, los productores Óscar Dancigers y Jaime Menasce

---

[1] Por supuesto que el cine sobre la pobreza tiene una larga trayectoria en México. La versión documental del libro de Oscar Lewis, *Los hijos de Sánchez*, o más recientemente, en 2006, la brillante alegoría de Luis Estrada, *Un mundo maravilloso*.

Julie Jones, «Interpreting Reality: *Los olvidados* and the Documentary Mode», *Journal of Film and Video*, Urbana, University of Illinois Press, 2005, vol. 57. núm. 4, invierno 2005, pp. 18-31.

idearon hacer una película *dura* sobre la pobreza juvenil en México y se la ofrecieron a Buñuel. El director produce una versión totalmente distinta; según él, junto con Juan Larrea se le ocurrió un melodrama burlesco sobre un joven pícaro con el título provisional de *Su huerfanito, jefe*.[2] Sea como fuere, la película iba a ser una bomba en la sociedad mexicana de la incipiente modernización. A la propaganda gubernamental de un Estado de bienestar que se hace cargo de sus hijos y los procura, la película respondería con un relato despiadado de la *realidad*. Quizá para evitar la censura, el prólogo en *off* de la película sostiene que el problema de la pobreza no es privativo de la ciudad de México, sino de todas las grandes ciudades —París, Londres, Nueva York—, y por eso Buñuel insistió una y otra vez en que tomó «una rebanada de vida tal y como se vive allí o en Londres o París. Si es difícil de mirar no es mi culpa. No he mostrado nada que no haya visto, más bien me he guardado mucho.[3] Las investigaciones documentales de Buñuel para hacer la película incluyeron visitas frecuentes a la cárcel de menores, a la cárcel de mujeres, clínicas mentales, la lectura de informes de trabajadores sociales sobre la indigencia y sobre vagabundos concretos. El final de la película vendrá directamente de la *nota roja* periodística: el cadáver de un adolescente de 12 años encontrado en un tiradero de basura. Lo más importante para nosotros radica en el hecho de que para Buñuel la película no es ficción, es verdad. Y que al no basarse en una historia inventada se trata en realidad de una mirada —un retrato— de la realidad. En el caso del Estado mexicano —que en esta época está enfocado en convertirse en lo que llamamos nosotros *Estado ético* en el sentido hegeliano,[4] el marco institucional del documentalista es importantísimo. De la clínica psiquiátrica de la Secretaría de Educación Pública al Departamento de Servicios Sociales de la Secretaría de Gobernación, a la Escuela-Granja y su experimento social de reintegración juvenil, Buñuel nos presenta el esfuerzo fallido del Estado en su intento de

---

[2] *Ibid.*, p. 20
[3] *Idem.*
[4] El Estado para Hegel permite superar dialécticamente la dicotomía de lo universal y lo particular que presuponen la familia y la sociedad civil. El Estado hace objetivas —mediante la ley y su aplicación— la seguridad, la paz y la propiedad, y por ende la individualidad subjetiva mediada por la dialéctica del Estado (en tanto garantiza lo individual por pertenencia a lo universal que traduce). De allí la aporía: la pobreza (falta de propiedad, falta de libertad y de seguridad) impide la realización del ideal ético del Estado, que en el caso mexicano se expresa en esos años de manera conspicua en la ya citada *Cartilla moral* de Alfonso Reyes.

recuperar individualmente a sus hijos perdidos. La fábula es clara: no se trata de permitir el regreso del hijo pródigo, el problema de la pobreza es tal que no hay alternativa social o educativa que lo solucione: es un problema económico y solo resolviéndolo desde ese ángulo la educación tendrá sentido.

El cineasta —Buñuel— se convierte así en un *testigo*. Y su ejercicio fílmico busca mostrar, enseñarnos a ver lo que no podemos apreciar sin la intervención cinematográfica. A José de la Colina y Tomás Pérez Turrent les comentó años después: «Pasé casi seis meses conociendo esos barrios pobres. Salía temprano en el autobús y merodeaba por sus callejuelas, haciendo amigos, viendo cómo eran esas gentes, visitando casas. Caminaba por Nonoalco, la Plaza de Romita, una ciudad perdida en Tacubaya».[5] Y afirma categórico: «son cosas que ni siquiera los periodistas ven, cosas que *han sido mostradas por vez primera*».

Y sin embargo, el testigo nos deja a nosotros, los *textigos* (intérpretes del texto desde la misma posición de testigos presenciales, puestos directamente frente al problema), la solución moral del conflicto presentado. Desde el inicio es claro cuando la voz en *off* nos dice: «La película no es optimista; deja las soluciones a las fuerzas progresistas de la sociedad». Especie de fortísima apelación, esta frase establece de inicio la función del espectador y su papel (*textigo*) en la apreciación fílmica. No solo se trata de ver la película sino de hacer algo después de verla. El documentalista no puede conformarse con la simple mirada del espectador, lo conmina a la acción, así sea a la sola toma de conciencia de la realidad.

Al final del apartado anterior comentábamos el *quiebre* interpretativo de los intelectuales frente a la revolución institucionalizada, y en particular el papel de *Cuadernos Americanos* en la toma de conciencia de ese hueco convertido en laguna que es ya casi reclamo: la Revolución es parte de la historia ya, afirma en alguno de esos números Daniel Cosío Villegas (1947), no es más presente histórico sino un dato del pasado. Jesús Silva Herzog es más contundente al declarar que la Revolución ha muerto (1949), una lápida que el gobierno alemanista no podía aceptar fácilmente. Pero está claro el contexto intelectual en medio del cual la película se debate: se han traicionado los valores sociales, éticos, de la Revolución al abrazar la modernización capitalista, como veremos

---

[5] Julie Jones, «Interpreting Reality…», p. 22.

con claridad en el capítulo dedicado a *Las batallas en el desierto* de José Emilio Pacheco y el filme del cual él mismo es guionista, *El castillo de la pureza*, de Arturo Ripstein. Aquí, sin embargo, es la generación de los mayores, no la que está viviendo su infancia apenas, la que reacciona. Son las voces de los llamados Siete Sabios —que como ha afirmado Enrique Krauze (1990) ni eran siete ni eran tan sabios—, esa generación que continúa la labor del Ateneo de la Juventud pero desde las instituciones políticas y burocráticas del Estado mexicano. Son *insiders* desencantados.

Si el acelerado desarrollo urbano produce estas ciudades perdidas y sus graves problemas sociales, el papel del cineasta —y del intelectual— es denunciarlo. Sin embargo, como ya vimos en el capítulo anterior, el problema no es reductible a esa modernización exógena que el alemanismo abraza al recibir una fuerte inyección de capital extranjero después de la Segunda Guerra Mundial. El problema inicia desde el porfiriato y ya había sido *denunciado* por otro documentalista (¿no es el naturalismo una suerte de documental, de retrato social, de alegato de objetividad científica?). Pero si la Santa de 1904 había sido edulcorada y convertida en melodrama en la película de 1931, ahora, en 1950, las condiciones son las adecuadas para decir las cosas directamente, sin tapujo alguno. Y Buñuel se encarga de hacerlo cuestionando no solo al Estado incapaz de proporcionar trabajo (y por tanto libertad, mediante la construcción del entendimiento y de la práctica hegelianas) y de garantizar la seguridad.

La discusión es aún más compleja si pensamos que la tesis central de Buñuel es que la democracia está incapacitada —por el cálculo egoísta de los dueños de los medios de producción y la propia burocracia estatal— para incorporar (los) a todos. Jacques Derrida insiste una y otra vez en que la democracia no es sino una evolución del Estado absolutista en el cual se complica el modelo de inclusión/exclusión (mediado por la pena de muerte que implica que la naturaleza del hombre es la barbarie, y por tanto o se conforma o muere para el Estado), una tesis muy cercana a la propuesta fílmica de Buñuel.

Por supuesto que Derrida reconoce la *evolución* en teoría política que va de Hobbes a Hegel: no es posible recibir, ser *hospitalario* con el no ciudadano, con el invisible, sujeto a la justicia del Estado en tanto ajeno (el *Homo Sacer* de Agamben, por otro lado). La democracia existe en tanto solo puede recibir, dar la bienvenida a ciudadanos (implicando la exclusión de lo invisible), pero también puede hospedar al no ciudadano haciendo que el invisible se convierta en sujeto, aunque sea solo para excluirlo, pero primero debe hacerlo visible. «El orden político es ciertamente el campo para el ejercicio continuado de la política en nombre de la vida y la muerte [la idea de Hobbes del estado natural del hombre como condición de guerra de todo hombre contra todo hombre]. Pero al mismo tiempo es el terreno pedagógico para la potencial salvación y conversión de aquellos excluidos o aquellos que renuncian a la sujeción. La dialéctica de fuerzas opuestas entre lo interior (la paz) y lo exterior (la guerra) existente en el modelo hobbesiano de la soberanía es ahora totalmente interna al dominio soberano y se encuentra mediada por la relación entre vida, muerte y su conversión potencial».[6]

Era claro para Buñuel. Él mismo declaró una y otra vez el carácter pedagógico del filme. Pero también, indirectamente, sostiene que todo esfuerzo pedagógico (ético) del Estado es inútil si no resuelve primero la pobreza. Me explico: los incluidos por obra del orden simbólico de la democracia lo son en tanto sujetos nacionales —mestizos—, produciendo un número muy grande de seres excluidos en cuanto no se acogen por voluntad o por incapacidad económica a la oferta de incorporación que el Estado ético provee. Si la Revolución, con mayúsculas, es el evento traumático fundador del nuevo proceso de incorporación, y el mestizaje y el capitalismo las estrategias de incorporación, la enorme franja de excluidos del proceso incluye al pobre campesino recientemente urbanizado que no logra incorporarse del todo, al indígena que permanece en su retraso, como veremos en el capítulo dedicado a *Balún Canán*, la obra de Rosario Castellanos y la película basada en su fallida adaptación. Estos excluidos son invisibles, son la parte que no tiene parte, los *esclavos* del nuevo orden democrático.[7]

Pero lo que más nos interesa aquí es que la película, más que un *documental* objetivo es una puesta en escena de la guerra ideológica presente en el México de los años cincuenta en tres distintos órdenes: el *físico* (violencia/matanza estatal), *biopolítico* (cubre/destruye los antagonismos sociales en su afán de absorber al indígena como parte del nuevo mexicano) y *económico* (ligado, es obvio, al

---

[6] Gareth Williams, *The Mexican Exception*..., p. 66.
[7] Tomo la idea de Gareth Williams.

mestizaje mismo ya que en el esfuerzo por crear un nuevo mexicano absorbiendo al indígena, requiere trasladarlo a la ciudad como nueva fuerza de trabajo de la ingente industrialización garante del desarrollo económico que le asegura al Estado su fiesta inclusiva).

Los olvidados, si acaso retrato, lo es de la imposibilidad del mestizaje económico y la incapacidad del Estado posrevolucionario de garantizar la verdadera incorporación universal. En la película, los representantes del Estado son figuras centrales de esa *frustración* implícita. El director de la Escuela-Granja sería el más conspicuo, como Moisés Sáenz, después de una vida dedicada a la escuela rural (cuya herencia triste serán estas escuelas-granja que buscan reincorporar a jóvenes delincuentes al capitalismo urbano). Está claro que la pobreza extrema es lo que hace la educación imposible, y por ende imposible también el mejoramiento social. Buñuel es claro en su diagnóstico: si la pobreza sigue existiendo en tal magnitud, la violencia (entre los olvidados, por los olvidados, a los olvidados desde arriba) no cesará, y la justicia, fin último del Estado ético, nunca será alcanzada. El mestizaje es utilizado por el capitalismo —el mestizo no es ya la raza de bronce sino la raza explotada, el obrero. Pero no es posible dejar su solución a *las fuerzas progresivas de la sociedad,* como nos había dicho en el principio: no es una cuestión de conciencia sino de estructura. El proyecto de modernización alemanista —que inicia desde el giro conservador del avilacamachismo hasta el proyecto revolucionario cardenista— tiene como base estructural la desigualdad económico-social. El mestizo no puede sino ser el garante de esa fuerza laboral masiva que requiere el nuevo México redefinido por el capital. Esto no invalida al sujeto nacional, antes bien lo comodifica. El mestizaje es ya una incorporación, sí, pero hasta la invisibilidad del orden democrático. Como nos enseña —*documenta*— *Los olvidados*: el proyecto revolucionario mestizo (es decir, el proyecto mestizo con la intención de establecer la justicia social) ha sido traicionado y no puede lograrse porque ese proyecto instala al mestizo mismo como una especie de esclavo asalariado del capitalismo, mediado, además y otra vez, por el poder biopolítico (vida/muerte) del Estado mismo. La nueva libertad del mestizo es así la siguiente: la posibilidad de sobrevivir como invisible (unirse a la fuerza laboral, recibir bienes estatales, casa del Infonavit, seguridad social, educación pública, acceso a la salud o aislarse/suicidarse simbólicamente, o cometer un crimen y autoexpulsarse de la ciudad). Tal programa político, sin embargo, es oscurecido, o mejor, opacado, por la ilusión estatal: el mestizo *debe* creer que va a lograr la incorporación plena, que va a ascender social y económicamente debido a la abierta y permanente promesa de la Revolución hecha gobierno.

La lectura que hemos estado haciendo es análoga a la propuesta por Pierre Bourdieu al hablar de la función *reproductiva* de la educación estatal, pero sobre todo a su idea de *noblesse d'État*.[8] Es el Estado el que garantiza y certifica que se es parte de él. Mestizo certificado, diríamos sin ironía, pocos entrarán en el sistema pero a todos se les hará la promesa de poder ascender hasta las más altas posiciones de las élites.[9]

Otro aspecto que vale la pena resaltar, por aparecer de nuevo en el centro de las relaciones simbólicas de la película (y por ende de la estructura familiar) es la ausencia del padre. Antes de analizarlo es necesario recapitular su argumento.

Si seguimos la sinopsis de García Riera,[10] el Jaibo escapa de la correccional juvenil y regresa a la ciudad perdida con sus viejos amigos que lo admiran y temen a la vez. Dos de esos niños, Pedro (el verdadero protagonista del filme) y el Pelón, se reintegran al lugar intentando robarle al mendigo ciego don Carmelo, un personaje que Buñuel saca directamente de la picaresca española, en particular de *El Lazarillo de Tormes*, como hizo Gamboa en *Santa*. Pero si en aquella novela era la crueldad del ciego lo relevante, aquí, en cambio, es un vehículo para revelar la verdad conservadora de la sociedad. El ciego excluido del orden es su apóstol. Huérfano de la Revolución mexicana, hijo maldito de la desposesión, es un vindicador del porfirismo, sus estamentos y sus claras divisiones. Está allí para decirnos que el orden burgués reniega de la democracia pues la tolera pero no la acepta.

La película, de hecho, tiene varios niveles de complejidad dramática, puesto que los tres amigos no se contentan con ejercer de ladrones frente al ciego, son crueles y lo apedrean en un terreno

---

[8] Pierre Bourdieu, *Nobleza de Estado, educación de élite y espíritu de cuerpo*, Buenos Aires, Siglo XXI, 2013.
[9] El significante maestro, mestizo, opera esa ilusión simbólica. Los sistemas de incorporación social funcionan ideológica pero no empíricamente por la propia naturaleza de las relaciones «maestro-esclavo» del capitalismo. La dialéctica inclusión-exclusión es necesidad endógena del capitalismo.
[10] Emilio García Riera, *Historia documental…*, vol. 2, p. 186.

baldío. Pedro, además, muestra una profunda compasión por otro niño, aún más indefenso que él, un indígena abandonado por su padre en el mercado y dejado a su suerte en la ciudad amenazadora. El Ojitos es *adoptado* por Pedro (él mismo huérfano), quien deviene así en padre putativo del indio al que la ciudad convertirá en mestizo a golpes, algunos no tan metafóricos. Pero Pedro es rechazado por su misma madre, quien no lo acepta por *vago* y por ello no puede llevar al Ojitos a su propia casa. Lo deja en la de unos amigos, Meche y el Cacarizo, cuyo abuelo vive de vender leche de burra.

En la escena central de la película, el Jaibo mata a Julián, el joven modelo, trabajador y lleno de futuro, el mestizo posible diríamos nosotros. El Jaibo culpa a Julián de haber sido el chivato por el cual fue enviado a la correccional. Pedro ha sido testigo de un crimen y desea ser aceptado de nuevo por su madre, por lo que consigue un trabajo que lo redima ante sus ojos, si bien no socialmente, como aprendiz en una herrería.

En otra trama como ya dijimos heredera no de la mirada documental de Buñuel sino de su formación literaria en la picaresca, el viejo ciego ha tomado como ayudante al Ojitos solo para explotarlo sin misericordia.

El Jaibo, símbolo absoluto de la incapacidad del Estado ético de absorber a los excluidos, roba de nuevo, esta vez un cuchillo de la herrería en donde trabaja Pedro y se hace amante de la madre de su amigo. Doble traición: usurpa el lugar del padre ausente y además vuelve sospechoso a su amigo frente a los ojos del herrero, quien lo denunciará signando su destino: la correccional juvenil de la que antes de empezar la película había escapado el Jaibo.

El director de la escuela —representante del Estado ético del que hablaremos más adelante— confía en Pedro y aún más ciegamente en el papel redentor del Estado. Le da un billete de cincuenta pesos y lo manda *fuera* de la Escuela-Granja a comprar unos cigarros. Allí es interceptado por el Jaibo, quien le quita el dinero, convirtiéndolo por segunda vez en un ratero sin serlo (ante la sociedad Pedro *es* el culpable del robo del cuchillo y será ahora el culpable del robo de los cincuenta pesos del director). Pedro necesita recuperar ese billete para volver a la escuela y empezar una nueva vida, ya que al fin y al cabo el director ha sido la única persona que ha confiado en él. En el barrio, Pedro es golpeado inmisericordemente por el Jaibo, y allí, lleno de rabia, lo denuncia ante todos como asesino de Julián. El Jaibo, aún más enojado, mata a Pedro. La policía matará a el Jaibo cuando intente escapar.

Todos en la película padecen esa orfandad que parece, por universal, casi símbolo de la pobreza. El único de los personajes (que será asesinado por el Jaibo) que *tiene* un padre, lo tiene en tanto versión frágil, vulnerada socialmente e infantilizada por el alcohol. De hecho, el personaje *es* el verdadero padre en la relación, lo cuida, lo saca de la cantina, lo salva una y otra vez porque es, además, redimido por el trabajo. Aunque su suerte está echada y el Jaibo lo matará casi al principio del filme, es el único de los personajes que puede considerarse modélico para la sociedad: trabaja, ve por el padre alcohólico, los *sacará* de la miseria: esa es la esperanza depositada en el hijo ejemplar ejecutado por el joven que ha escapado de la correccional.

El director de la escuela es —en su microcosmos— el símbolo del Estado ético en el que todos tienen cabida. La escuela no excluye ni siquiera a quienes parecen no tener remedio por culpa de sus padres. De hecho, de alguna manera el nuevo ciudadano que *mata* a los gallos se urbaniza. La parcela y el corral son los ejidos simbólicos de ese microcosmos social que es la Escuela-Granja como experimento último del Estado ético ante su fracaso de incorporación. Allí no hay rejas como en la correccional, es solo la modelización de lo social lo que modificará el comportamiento del adolescente allí inserto, que no recluido. El Estado ha dejado de solo vigilar/castigar y ha pasado a ser garante de la vida mediante su intervención biopolítica en las vidas de sus ciudadanos. El director dirá, de hecho con una sonrisa optimista, que a quien hay que encarcelar es a la pobreza, no a los pobres. En cambio, el ciego, representante del viejo orden, dice que solo hay paz allí donde no hay *pelados*, es decir, donde el mestizo no existe, regresa a su invisibilidad. El *pelado* (mestizo étnico, pero sobre todo no incorporado) es así el símbolo mismo de la exclusión, la parte que no tiene parte a la que ya hemos hecho referencia antes.

Como en *Santa*, hay personajes (allí es el medico, aquí el profesor) que se encuentran en espacios inestables pese a representar la dirección y el propósito de las vidas de los otros. Pero aún más, ambas películas —y quizá la narrativa central del mestizaje mismo, como hemos visto— nos dicen que los pobres no tienen padre verdadero, ni físico ni imaginario. No hay figura paterna que *estabilice* el orden simbólico. ¿No es esta la razón de que cierto orden fantasmático en el sentido lacaniano se instale en esta película, modificando nuestra recepción realista del pretendido *documental*?

Hay una escena, la citada largamente al inicio de este capítulo, que bien nos puede permitir aventurar esa lectura. En la pesadilla de Pedro penetramos en el imaginario, salimos del orden simbólico tradicional que se nos ha venido narrando y representando. La violencia familiar implícita (focalizada en la frustración de la madre y en su sustitución paterna al ofrecer la doble ambigüedad de la represión y la *jouissance*, al representar la ley y el placer cuando le ofrece la carne cruda con todas sus implicaciones simbólicas). Pero también los gallos, presentes en el sueño como representación del caos absoluto de la naturaleza incapaz de encontrar sentido, orden, sino mediante lo simbólico. ¿Es que no hay un padre que estabilice el orden de la pobreza, que encuentre orden también en el caos del mundo? No será precisamente esa la gran lectura de Buñuel, la lacaniana: el Estado ético no ha logrado ni logrará incorporar a los pobres en su familia y es imposible, de hecho, hablar aquí siquiera de un padre imaginario que no sea el Jaibo, quien desplaza al padre ausente, el amor de la madre y roba incluso todo placer, incluida la carne cruda que la madre apenas ha dado como dádiva divina en la escena onírica que hemos analizado aquí.

Sin padre primordial (asesinado simbólicamente por sus hijos), sus vástagos huérfanos no son sino una horda primitiva, incapaz de aceptar la ley. Existe la posibilidad de bondad, de hecho hay una ingenua indicación de que la niñez es esencialmente buena, pero la pobreza obliga a abandonar ese estado primitivo, la inocente infancia, y a defenderse mediante la violencia. La incorporación obliga al mal, parece decirnos Buñuel una y otra vez aquí. Incluso el Ojitos o Meche o el Cacarizo, nadie se salva: nadie sobrevive siendo bueno.

No debemos esperar de nadie, sino de nosotros mismos: pensar,
escribir, luchar con audacia, despojados de todo fetiche,
de todo dogmatismo, no importa el punto al que lleguemos.[11]

No deja de ser interesante que sea otro marxista, José Revueltas, quien de alguna manera *tipifique* esa aporía de la revolución institucional, la orfandad de sus propios sujetos sociales, los mestizos, como parte de su endeble andamiaje ideológico y su incorporación al capitalismo mundial.

El profesor mexicano Frank Loveland[12] ha demostrado que no se puede estudiar o leer a Revueltas sin relacionar el ejercicio y la actitud que tuvo como escritor, por un lado, y su conocida posición y participación política, que en Revueltas es una conjunción plenamente asumida, a pesar de que muchos críticos han menospreciado su obra argumentando que se halla impregnada de una ideología de izquierda que ha hecho que sus novelas pierdan su valor estético.

Efectivamente, poco se ha escrito sobre la obra ensayística de José Revueltas. Sus ensayos políticos han sido injustamente olvidados o condenados por la crítica dogmática que imperó sobre todo en las décadas de 1940 y 1950. No sé si venga al caso aquí recordar, a manera de un simple ejemplo, la casi unánime crítica negativa que recayó en *Ensayo sobre un proletariado sin cabeza*. Finalmente, José Revueltas, obligado por el dogmatismo estalinista, decide abandonar su militancia en el Partido Comunista Mexicano (PCM) y funda la Liga Espartaco, movimiento al que se unieron algunos intelectuales que compartían sus puntos de vista.

José Revueltas, Enrique González Rojo, Eduardo Lizalde hicieron feroces reclamos al PCM por su actuación ante el problema ferrocarrilero, por lo que fueron expulsados de la organización. Para fundamentar teóricamente la creación de la Liga Comunista Espartaco, una nueva agrupación comunista, Revueltas escribió *Ensayo sobre un proletariado sin cabeza*, una de las menos leídas pero más importantes obras del socialismo mexicano.

Debemos recordar un par de hechos que quizá marcaron para siempre sus propuestas temáticas y su preocupación por la vida y por el destino humano, su *compromiso* literario. Revueltas nació

---

[11] Carta de José Revueltas a su hija Andrea, 1971. En *Cartas*, México, Era, 1987.
[12] Frank Loveland, *Visibilidad y discurso: lo que se ve y se dice en las novelas de José Revueltas*, Puebla, Universidad Iberoamericana-Lunarena, 2007.

en Santiago Papasquiaro, un poblado de Durango, el 20 de noviembre de 1914. Siendo menor de edad, tendría escasos 15 años, lo enviaron por primera vez a la cárcel. Después, con los años y durante el movimiento estudiantil de 1968, del que se le acusó de ser autor intelectual, estuvo en el Palacio Negro de Lecumberri. Ahí escribió *El apando*, quizá su obra más intensa. Es decir, desde muy temprana edad Revueltas sabía la importancia que en su vida iba a tener su militancia política. (Ahora sabemos por muchos autores que Revueltas lejos estuvo de formar parte de la intelectualidad del Movimiento Popular Estudiantil de 1968, como lo acusaron sus detractores, aunque asumió la culpa con arrojo intelectual).

Esa especie de disyuntiva en la vida y obra de Revueltas lo marca en una doble tragedia: la crítica radical, por un lado, lo obliga a retirar del mercado *Los días terrenales*, y el régimen autoritario de la época, por la otra, lo encarcela. Pero sobre todo, y a pesar de todo, sobrevive su obra. *Los errores* y *Los días terrenales* marcarán la ruptura definitiva de Revueltas con el Partido Comunista Mexicano.

Sin embargo, el reconocimiento de Revueltas como un escritor de vital importancia en la narrativa mexicana queda fuera de toda duda. Loveland cita a Sam Slick, al afirmar que José Revueltas representa la transición entre la novela de la Revolución y la novela moderna. Resumo la cita: «La valoración de Revueltas en la creación de la 'nueva narrativa' ha sido lenta [...]. Se le consideraba como un escritor 'honesto', 'interesante' o 'prometedor', sin considerar su marcada influencia en las letras. Cada vez más críticos y académicos reconocen a Revueltas como una fuerza mayor en la creación de la novela y el cuento mexicano contemporáneo».[13]

En su momento se le reprocharon a Revueltas los largos párrafos ensayísticos de sus novelas, como si los hiciera con un calzador, lo que no hacía más que cortar la secuencia de la narración. De ahí que Evodio Escalante planteara la necesidad de acercarse al estudio de una manera poco ortodoxa de una literatura igualmente poco ortodoxa. Escalante ha demostrado la presencia de «flujos esquizos»[14] en las tramas de Revueltas, basándose principalmente en los conceptos de Gilles Deleuze y Félix Guattari. La contradicción

---

[13] Sam Slick, *José Revueltas y el nacionalismo*, Twayne's World Authors Series, Boston, Twayne Publishers, 1983, p. 33.
[14] Evodio Escalante, *José Revueltas, una literatura del lado moridor*, México, Era, 1979.

señalada entre la vida y la obra de Revueltas, estoy de acuerdo, es una singularidad en la literatura mexicana. Con todo, su escritura refleja el drama de una clase social reprimida y angustiada.

Pero Revueltas no era ajeno a la crítica mordaz y —autocríticamente— asumía que el dogmatismo y los fetiches podrían ser un lastre en su obra, de ahí el fragmento de la carta que le escribe a su hija Andrea y que he citado al principio de este apartado.

Al analizar *El luto humano*, Loveland habla de esas contradicciones entre la vida y la obra de Revueltas. Sin embargo, coincide con la opinión de Octavio Paz: «Había [habla de Revueltas] una gran unidad entre su vida y su obra [...] esa unidad encierra una fractura, una escisión. Él estuvo en continuo diálogo con sus ideas filosóficas, estéticas y políticas».

No leeremos correctamente a Revueltas, al menos en toda su dimensión, hasta que se revaloren adecuadamente sus ensayos políticos. Por ejemplo, aun a pesar de su posición crítica y social, llevada hacia el socialismo y el humanismo, Pablo Neruda dice al referirse a *Los días terrenales*: «Acabo de leerlo, no quiero decir cómo se llama [...] por las venas de aquel noble José Revueltas que conocí circula una sangre que no conozco. En ella se estanca el veneno de una época pasada, con un misticismo destructor que conduce a la nada, a la muerte».[15]

La muerte es un tema obsesivo en el autor de *Los muros de agua*, por cierto, novela que, al igual que *Los días terrenales*, no fue muy bien acogida por la crítica de la época. Señala Loveland que los personajes «revueltianos» caminan y aceptan su propia muerte pero que su autor nos habla no de la muerte en sí, sino del momento antes de la muerte. El drama en *El luto humano* —nos dice— no está en los personajes sino en la voz narrativa. Los personajes nada más mueren.

Hay, en algunos pasajes de *El luto humano*, un franco acercamiento entre marxismo y existencialismo. Quiero detenerme en un pasaje en particular de esta obra. Loveland apunta que se trata de una fórmula retórica que interrumpe la narración de manera reflexiva. No voy a citar todo el fragmento, pero sí la parte en la que encuentro esa especie de fusión entre marxismo y existencialismo.

---

[15] Citado por Marco Antonio Campos, «*Los días terrenales*, y el escándalo de las izquierdas», en *Literatura: teoría, historia, crítica* 6, 2004, pp. 75-107.

> Se abandona la vida y un sentimiento indefinible de resignación ansiosa impulsa a mirar todo con ojos detenidos y fervientes [...]. Se abandona la vida y una esperanza, un júbilo secreto dice palabras, nociones universales: esto de hoy, la muerte, una eternidad [...] si tarde lo entiendo este minuto en que se me ha revelado es lo más solemne y lo más grande; inclino la cabeza sobre mi pecho: mi corazón es una bandera purísima.[16]

Este discurso —que tiene que ver con el tema de la muerte— no es una reflexión del personaje, y en el plano discursivo tiene la clara función de heroizar precisamente a los personajes. El otro de los grandes temas de Revueltas es el político. Peligroso por cuanto se traga por momentos la voz del humanista narrador. Revueltas —como se sabe— tuvo que vivir un conflicto terrible consigo mismo y con los miembros del Partido Comunista.

En diálogo con Roberto Crespi,[17] Revueltas definió su postura: «La crítica mexicana establece esta distinción entre literatura y política y contrapone una parte con la otra. Yo debí elegir entre ser político o ser literato [...] lo que en realidad le disgusta a esta gente es la naturaleza crítica de mi obra literaria y el carácter revolucionario de mi actividad política» (1971).

No dejaré pasar por alto el otro tema central en la novelística de Revueltas: el místico que se mete casi sin advertirlo dentro de su lucha social y política. Los críticos han hablado de un pseudomisticismo materialista que se manifiesta en *El luto humano*.

Sin embargo, antes de seguir con *El luto humano* (1943), debemos volver a un tema que ya se ha discutido aquí, el desencanto de la clase intelectual mexicana de esos años frente a los resultados palpables de la Revolución. Entre el desencanto y el psicoanálisis, así podríamos llamar sin temor a equivocarnos a los años que van de la aparición de *El perfil del hombre y la cultura en México*, de Samuel Ramos[18] (1934), a *El laberinto de la soledad*, de Octavio Paz[19] (1950), en donde se estudian lo mismo el *ser* del mexicano, como en Emilio Uranga, *Ensayo de una ontología del mexicano* (1949), o su *conciencia*, como en Leopoldo Zea, particularmente su

---

[16] José Revueltas, *El luto humano*, México, Era, 1990, p. 51.
[17] *Conversaciones con José Revueltas* [Philippe Cheron y Andrea Revueltas, eds.], México, Era, 2001.
[18] Samuel Ramos, *El perfil del hombre y la cultura en México*, México, Planeta, 2001.
[19] Octavio Paz, *El laberinto de la soledad*, México, Fondo de Cultura Económica, 1950.

Conciencia y posibilidad del mexicano[20] (1952). Sin embargo, no es en este capítulo sino en el dedicado a *Las batallas en el desierto* donde exploraremos más profundamente el papel de estos autores en esa discusión, y particularmente el del grupo Hiperión. Baste por ahora recordar que la exploración pseudomística, o mejor, materialista histórica de Revueltas, tiene lugar. Ya hace tiempo, en un ensayo pionero, Max Parra demostró lo cerca que está Revueltas —pese a su posición política— del nacionalismo mexicano a la usanza. Afirma: «Cuando los intelectuales y profesores pretenden definir al mexicano por su sentido de la muerte, por su resentimiento, por su propensión a la paradoja y por sus inhibiciones y elusiones sexuales, no están haciendo otra cosa que una literatura barata de salón»,[21] con lo que en apariencia se sale de tal descripción esencialista de lo mexicano. En teoría, la forma de escapar de ese *laberinto* será el materialismo histórico, situar las condiciones sociohistóricas en las que ese *ser* tiene lugar. Buscando entonces el *origen* de ese nuevo ser al que con todo rigor puede llamarse *mexicano* —en sus palabras—, indaga en la Conquista y la Colonia. Tal nacimiento biológico, sin embargo, no le parece suficiente, puesto que hay que ir a la Revolución mexicana para encontrar al sujeto nacional digno de llamarse *mexicano*. Una revolución que «[...] transforma a fondo las relaciones feudales de propiedad de la tierra y con esto crea las condiciones económicas para la integración de la nacionalidad mexicana, después de cerca de cuatro siglos que comenzó a gestarse con la aparición del mestizo».[22] Así, el mestizo nacido del parto de la Conquista, nacido con la Independencia, es ahora dueño de la tierra, al menos en teoría, y por ende sujeto de la historia. Sin embargo, para Revueltas —y esto marca una diferencia sustancial— el país no es todavía mestizo sino diverso: «una de las características, precisamente, del ser nacional del mexicano es que convive como tal junto con otras nacionalidades dentro de los límites de un mismo territorio»,[23] afirma tajante. Existen otras nacionalidades —los pueblos indígenas— que aportan riqueza cultural pero a quienes hay que incorporar. Ponderando los esfuerzos de la Escuela Rural de Sáenz, afirma: «Las enseñanzas que a muchas de ellas [se refiere a las etnias

---

[20] Leopoldo Zea, *Conciencia y posibilidad del mexicano*, México, Porrúa, 1974.
[21] José Revueltas, *Ensayos sobre México*, México, Era, 1985, p. 125
[22] *Ibid.*, p. 151.
[23] *Idem.*

indígenas] se les imparte en su propio idioma, convenientemente alfabetizado, como un recurso para asimilarlas al idioma económicamente imperante, terminará por hacerlas que se incorporen a la nación única y homogénea que constituirá México en el futuro».[24]

Esa nacionalidad única y homogénea, huelga decirlo, será aquella en la que florezca ese ser nacional dentro del ser universal del hombre en el mundo socialista. Para el Estado, la incorporación del indígena pasa por el idioma; para Revueltas, por la ideología, permitiéndole adquirir una *conciencia* proletaria. *El luto humano*, además de novela es un tratado exultante sobre esa conciencia, particularmente en el personaje de Natividad, símbolo del *hombre nuevo* tan anhelado por el socialismo.

Curiosa visión tradicional para una novela, la segunda de su autor, con la que Revueltas introduce, junto con *Al filo del agua*, los procedimientos de la novela moderna en una tradición casi costumbrista como la nuestra (quizá con la excepción de la entonces experimental corriente de la novela lírica y con *Los de abajo* de Mariano Azuela, hoy catalogada por las historias literarias por su tema como *novela de la Revolución*). Habrá que ver cómo la teoría social de Revueltas y su construcción dramática de los personajes producen esa lectura del ser del mexicano.

Como ha referido Sam Slick,[25] la novela nace de una experiencia biográfica de Revueltas, cuando el Partido Comunista lo envía a Nuevo León a iniciar una huelga campesina en 1934 en un centro de irrigación agraria. Una huelga reprimida por Lázaro Cárdenas, acaso el presidente más socialista que haya tenido México. El tiempo, los años treinta. Se han hecho incontables análisis sobre los planos temporales de *El luto humano*. En el presente Chonita —hija de Úrsulo y Cecilia— ha muerto, lo que da origen al luto del título (el luto real, no el simbólico). Úrsulo pide a Adán —las referencias bíblicas son incontables— que vaya al pueblo para traer al cura para que su hija pueda morir bien. En el camino, el cura matará a Adán como castigo por su participación en la guerra cristera.

Por fin, Úrsulo y el cura, después de un largo viaje lleno de inclemencias naturales y vitales, como ya se vio, llegan a la casa donde están Cecilia, Calixto, su esposa la Calixta, Jerónimo y su esposa Marcela velando a la niña muerta. Una tormenta —el diluvio

---

[24] José Revueltas, *Ensayos...*, p. 155.
[25] Sam Slick, *José Revueltas y el...*

universal aquí es fácilmente discernible— amenaza con inundarlo y destruirlo todo. Tienen que escapar de la casa. La noche les impide ver que en realidad han estado caminando en círculos, sin escape. Suben a la azotea a esperar la muerte. Como decía Loveland: en apariencia los personajes nomás se están muriendo.

En un siguiente plano del tiempo, como lectores nos encontramos con los distintos *pasados* de los personajes. Aquí el personaje de Natividad cobra vida, si puede decirse así. Este hombre estuvo en la Revolución, luego se convirtió en un luchador social que llegó al lugar para organizar una huelga y fue asesinado (trasunto del propio Revueltas y su papel en la frustrada huelga de Nuevo León de 1934). El personaje es recordado por los otros, que se convierten en una especie de coro griego. Y un tercer y último plano, al que podríamos llamar *alegórico* aunque está fuertemente basado en las referencias históricas (la Conquista y el mundo prehispánico en particular), que le permiten *explicar* las razones materiales del comportamiento de cada personaje. De hecho, se trata de una novela psicológica que ahonda en esas *enfermedades* del mexicano que Octavio Paz buscará retratar y *curar* con su *Laberinto*. Claudia Montoya[26] ha entresacado de los autores que estudian el ser del mexicano estas cualidades que Revueltas no casualmente analiza: la ambigüedad, el hermetismo, el machismo, el complejo de inferioridad, la indiferencia ante la muerte, la desgana, el ocultamiento y el infundio.

Se trata, por supuesto, de una novela pretendidamente dialéctica. La tesis, el bien, Natividad y Adán; la antítesis, el mal. De Natividad solo tenemos, ya lo dijimos, el *recuerdo* de los personajes, puesto que antes de empezar la novela Adán ya le ha dado muerte. Adán es la barbarie; Natividad, la civilización. Las descripciones de ambos son conspicuas: «Tenía Natividad una sonrisa franca, ancha, magnífica. En su rostro quién sabe qué de atractivo prestábase a la cordialidad inmediata, ya fueran los ojos negros vivísimos, o la frente serena y clara».[27] En contraste con «Adán sin ojos, el rostro feo, huidiza la frente, el pelo duro y brutal».[28] Sin embargo, lo que en realidad diferencia a Natividad, más allá de la belleza o

---

[26] Claudia Montoya, «*El luto humano*, una visión mitificada del mexicano y de su historia», *Hispanófila*, vol. 152, enero 2008, pp. 67-85.
[27] José Revueltas, *El luto...*, p. 313.
[28] *Ibid.*, p. 249.

la naturalidad de su sonrisa, es la educación. Pero el idealista no sobrevive. La Revolución tiene dos caras, la progresista, socialista, y la destructora. Para Adán «La Revolución era eso; muerte y sangre. Sangre y muerte estériles; lujo de no luchar por nada sino a lo más porque las puertas subterráneas del alma se abrieran de par en par dejando salir, como un alarido infinito, descorazonador, amargo, la tremenda soledad de bestia que el hombre lleva consigo».[29]

Los años treinta —en los que transcurre la novela— están marcados por el regreso de la eugenesia, instrumento de higiene en el porfirismo, garante del mestizaje en el cardenismo. Es en el contexto de ese discurso donde tiene sentido una descripción como la que Revueltas hace en otro lado de Adán: «Tenía esa sangre envenenada, mestiza, en la cual los indígenas veían su propio miedo y encontraban su propia nostalgia imperecedera, su pavor retrospectivo, el naufragio de que aún tenían memoria».[30] Es como si pudiera distinguirse entre el mestizo como sujeto social y el simple mestizo biotipológico. El primero es redimido por el Estado y el segundo, en cambio, conserva las taras propias de la mezcla de la que es producto.[31]

Ambiguo como pocos («era imposible conocerlo y hasta de oídas resultaba irreal, mitológico»), Adán es el mestizo primitivo. («Tal vez matase con ternura, cariñosamente, porque el homicidio parecía serle sensual y cálido, y la tibieza de la sangre necesaria como necesario el sobrecogedor poder de arrebatar la vida»[32]). La ambigüedad del personaje antitético pero central —Natividad ha muerto antes de empezar el relato, insistimos— es también del territorio, extensible a la patria, a *la tierra de este país*, dice Revueltas «tierna, cruel, hostil, cálida, fría, acogedora, indiferente, mala, agria, pura».[33]

---

[29] Claudia Montoya piensa que esta visión es similar a la de Paz, cuando después de reconocer el papel agrario de la Revolución afirma que fue también «[...] un exceso y un gasto, un llegar a los extremos, un estallido de alegría y desamparo, un grito de orfandad y de júbilo, de suicidio y de vida, todo mezclado. Nuestra revolución es la otra cara de México [...] el rostro resplandeciente de la fiesta y la muerte, del mitote y el abrazo» (Montoya, «*El luto humano*, una…», p. 72). Pero las dicotomías de Paz se alejan de la visión dialéctica revueltiana que requiere la síntesis.
José Revueltas, *El luto...*, p. 344
[30] *Ibid.*, p. 246.
[31] Leopoldo Zea tiempo después seguirá pensando en estas características esenciales al afirmar que la ambición personal y la falta de escrúpulos son «muy propias» del carácter mestizo. Leopoldo Zea, *Conciencia y...*, p. 30.
[32] José Revueltas, *El luto...*, p. 249.
[33] *Ibid.*, p. 247.

Insistamos también en el papel de la Historia (y de la Revolución) en el poder estéril de Adán, un poder primitivo, casi tautológico.

> Un poder como abismo se les había revelado, grandioso e inalienable. Era un poder tentador y primitivo que de pronto estaba en la sangre, girando con su veneno. Lo habían perdido en los oscuros tiempos de la persecución y la paz porfiriana para ganarlo hoy nuevamente en la sangrienta lucha [se refiere a la Revolución, claro]. Solo los dioses lo poseían pues era el divino y demoníaco poder de arrebatar la vida, y si los antepasados lo practicaban con tal solemnidad y tal unción, era justamente porque aspiraban a compartir los atributos de la divinidad. He aquí que aquello mecánico e inteligente, *tan parecido a un sexo,* la pistola, habíaseles incorporado al organismo, al corazón. Después de esto resultaba imposible que se considerasen inferiores, capaces ya, como era, de matar. *Como un sexo que eyaculase muerte.*[34]

Esta larga cita es de alguna manera necesaria. La referencia histórica al sacrificio azteca —en algún otro lado Revueltas lo llama «la persistencia histórica del símbolo trágico de la serpiente y el águila, el veneno y la rapacidad»— nos revela que los atributos negativos del mestizo le vienen de la influencia prehispánica. Lo que representa, también en palabras de Revueltas, lo más atroz, *la patria absurda.*

El *laberinto* —es decir, aquello de lo que es casi imposible salir— de Revueltas se asemeja al de Paz. El pasado histórico es un lastre violento en el nuevo mexicano, mestizo. Pero el indio, aún más. Es pasivo e indiferente a la muerte. «[...] como la piedra, sin duda, y una piedra antigua y prometedora».[35] Tales *atributos* lo hacen propenso, además, a aceptar la fatalidad, incluida la trágica: la historia se repite, el pasado vuelve porque no ha sido resuelto.

> —¿Entiendes? Va a morir Chonita —repitió ella.
> Úrsulo le dirigió una mirada pobre y humilde.
> —Sí —dijo con tristeza.
> Iba a perder su gran, su empecinado amor. Decidió, entonces, fatalmente, no hacer nada por salvar a Chonita. Que todo se cumpliera y el destino trágico de la soledad llegara.[36]

---

[34] José Revueltas, *El luto...,* pp. 304-305.
[35] José Revueltas, *Ensayos...,* p. 19.
[36] José Revueltas, *El luto...,* p. 293.

Acaso en una nuez, este diálogo concentra lo dicho hasta ahora. Una resignación que Revueltas adjetiva como *triste y antigua*, histórica, producto de la pobreza y el aislamiento. De ese pueblo «en trance de abandonar todo, un pueblo suicida y sordo, que no solo estaba amenazado de desaparecer sino que él mismo *deseaba* perderse, morir».[37] Es de lo que se quejaba Bartra en *La jaula de la melancolía*: si algo articula *El luto humano* es el mito del campesino melancólico.[38]

Ignacio Sánchez Prado, en un esencial ensayo, *Bienaventurados los marginados porque ellos verán la redención: José Revueltas y el vaciamiento literario del marxismo*, mira sin mitificar la obra de Revueltas y nos devuelve un espejo deformado, cruel, pero conspicuo. En él muestra cómo para Revueltas la Revolución mexicana fue una tierra de nadie ideológica, interpretada por la Constitución del 17 como democrático-burguesa, traicionando su origen agrario y proletario.

Natividad fracasa como fracasa el Partido Comunista en general, incapaz de generar ese *proletariado con cabeza* que necesitaba, a decir de Revueltas. El partido, como el personaje, es incapaz de articular ese espacio de los posibles abiertos por la Revolución mexicana y su hegemonía de Estado. Al final del citado artículo, Sánchez Prado analiza un curioso pero esencial relato de Revueltas de 1971, *Hegel y yo*, que bien puede ayudarnos a cerrar este apartado. Un hombre —el narrador— es encarcelado por asesinar a una prostituta y tiene de compañero de celda a un enano, Hegel: «Es curioso, pero aquí estamos, en la misma cárcel, Hegel y yo. Hegel con toda su filosofía de la historia y su Espíritu Absoluto. Verdaderamente curioso. Debo precisar: en la misma celda, desde que me lo trajeron, de la calle, a vivir conmigo. Un verdadero regalo filosófico».[39]

Hegel, el lisiado en su silla de ruedas, el ladrón de bancos, pronuncia un discurso que en realidad es una revisión de la ideología revueltiana. Como demuestra Sánchez Prado en su agudo artículo, la función del discurso del enano es un vaciamiento radical del sentido del pensamiento de Revueltas. Un luchador social enfermo,

---

[37] José Revueltas, *El luto...*, p. 260. [El subrayado es mío].
[38] Roger Bartra, *La jaula...*, p. 43.
[39] Ignacio M. Sánchez Prado, «Bienaventurados los marginados porque ellos recibirán la redención: José Revueltas y el vaciamiento literario del marxismo», en *El terreno de los días: homenaje a José Revueltas* [Francisco Ramírez Santacruz y Martín Oyata, eds.], Puebla, Benemérita Universidad Autónoma de Puebla, 2007, pp. 147-177.

encarcelado —como lo será su autor en 1968 por tercera ocasión—, que mira desde su celda el fracaso de los movimientos sociales que abanderó. Lo curioso es que esa misma mirada de desencanto lo ha habitado siempre. La muerte de Natividad por Adán —el primer hombre, el hombre primigenio, el mestizo inicial y sempiterno— representa la caída de los ideales del hombre nuevo por la barbarie y la violencia revolucionarias, vistas como enfermedades históricas del ser del mexicano.

Si bien políticamente Revueltas se aleja de los pensadores que hemos mencionado aquí, no lo hace tanto en su visión profunda del país. El marco de referencia que ha propiciado la Revolución quizá es lo que se lo impida. Al fin y al cabo tiene razón Pierre Bourdieu en el sentido de la enorme dificultad que se tiene para pensar genealógicamente, antes de que los conceptos con los que el Estado se piensa a sí mismo hayan sido generados. Hijo de la Revolución —y del norte en particular, su Durango— más que de la propia ideología marxista, José Revueltas termina convirtiendo a sus personajes en alegorías y símbolos del mestizo imposible.

Bruno Bosteels, al analizar el mismo cuento de Revueltas —o fragmento de una novela que no se escribió— llega a la conclusión de que en el texto la prisión es el Estado, pero además, que a través del personaje de Hegel —quien ha robado un banco en esa calle de Polanco y por eso lleva ese curioso apodo— podemos obtener una guía para una *provocativa teoría del acto* («de lo que significa alcanzar la conciencia en el acto teórico»). Los actos verdaderos, se colige del texto revueltiano según Bosteels, no tienen testigos en la historia, pertenecen a la reserva silenciosa de una recolección inconsciente. El problema es que, sin memoria, sin testimonios recolectados en las «páginas blancas del inconsciente colectivo, los actos profundos son aquellos que definen no solo la conciencia emergente de un sujeto sino también este sujeto específico».[40] Actos políticos que han cambiado para siempre las condiciones políticas de la historia mostrando la capacidad del sujeto para la *acción* y la *intervención*.

Lejos del determinismo de lo social, Revueltas piensa que el acto político representa, además de la identidad pensando y siendo,

---

[40] Bruno Bosteels, «Hegel in America», en Slavoj Žižek, Clayton Crockett y Creston Davis (eds.), *Hegel & the Infinite: Religion, Politics, and Dialectic*, Nueva York, Columbia University Press, 2011, pp. 67-89.

la posibilidad de redimirse de los errores pasados —su novela sobre el Partido Comunista se llama, no es gratuito, *Los errores*—, a través de la «memoria de lo no ocurrido».[41] El *Hegel* de Revueltas dice: «[...] la memoria es lo que uno hace y nadie ha visto; lo que no tiene recuerdo» y el *alter ego* del escritor asiente: «[...] nuestros actos, los actos profundos —dice— son esa parte de la memoria que no acepta el recuerdo, sin que importe el que haya habido testigos o no. Nadie es testigo de nadie ni de nada, cada quien lleva encima su *propio recuerdo no visto*, no oído, sin testimonios», lo que permite que el Hegel revueltiano termine su alegato filosófico así:

> [...] por cuanto estás aquí (digo, aquí en la cárcel o donde estés, no importa), por cuanto estás y eres en algún sitio, algo tienes que ver con ese acto. Más bien, no *algo* sino todo: tienes que ver todo con ese acto que desconoces. Es un acto *tuyo*. Está inscrito en tu memoria antigua, en lo más extraño de tu memoria, en tu memoria *extraña*, no dicha, no escrita, no pensada, apenas sentida y que es la que te mueve hacia tal acto. Tan extraña, que es una memoria sin lenguaje, carente en absoluto de signos propios y ha de abrirse camino en virtud de los recursos más inesperados. Así, esta memoria repite sin que nos demos cuenta, todas las frustraciones anteriores a su data, hasta que no acierta de nuevo con el acto profundo original que ya, por esto solamente, es tuyo. Pero solamente por esto, pues es tuyo sin que te pertenezca. Lo contrario es la verdad; tú eres quien le pertenece, con lo que, por ende, dejas de pertenecerte a ti mismo. El acto profundo está en ti, agazapado y acechante en el fondo de tu memoria: de esa memoria de *lo no ocurrido*.[42]

La *Aufhebung* hegeliana, una abolición salvífica que preserva la capacidad de des-hacer el orden simbólico mediante el acto ético político; el acto profundo permite, para Revueltas, siguiendo de nuevo a Bosteels, algo más profundo: «[...] no simbólicamente *deshacer* lo que *sí* ocurrió sino permitir que lo que *no* sucedió pueda *hacerse* que suceda».[43] Porque el acto profundo repite lo que falta y no tiene principio ni fin. No se trata de las cosas en sí mismas, insiste, sino en su periferia, su halo. De allí su carácter subversivo, pero hay que pasar a la práctica.

---

[41] *Ibid.*, p. 86.
[42] José Revueltas, *Material de los sueños*, México, Era, 1974, p. 248.
[43] *Ibid.*, p. 87.

Acaso sea esa su contribución, habernos dicho que la patria del mestizo es la patria absurda. Quizá por eso la suya —como también observa Sánchez Prado— sea una contribución ética. El tipo de intelectual que encarna, el de «[...] la libertad encima de los dogmas, el compromiso político encima de las teologías históricas».[44] Pero, además, para quien existe una solución —mediante la acción plena, el acto profundo— a la sujeción simbólica, venciéndola al menos temporalmente.

---

[44] Ignacio M. Sánchez Prado, «Bienaventurados...», p. 173.

Por qué es imposible filmar *Pedro Páramo*
Juan Rulfo y la crisis del proyecto nacional

—¡Aquí yo soy el que hablo!
—Bien. ¿Qué se les ofrece? —volvió a preguntar Pedro Páramo.
—Como usté ve, nos hemos levantado en armas.
—¿Y?
—Y pos eso es todo. ¿Le parece poco?
—¿Pero por qué lo han hecho?
—Pos porque otros lo han hecho también. ¿No lo sabe usté? Aguárdenos tantito a que nos lleguen instrucciones y entonces le averiguaremos la causa. Por lo pronto ya estamos aquí...

Acierta quizá Emilio García Riera en su monumental *Historia documental del cine mexicano* al referirse a la primera versión cinematográfica de *Pedro Páramo* (1966) y afirmar que se trata de «[...] una película inanimada: las imágenes no están mal, y aun algunas de ellas se ven muy bien, pero falta entre ellas la articulación que da el estilo, el punto de vista que dota de vida a lo mostrado. Los fantasmas de la novela están vivos; los de la película, del todo muertos y, entre ellos, quien más parece un zombi es el apuesto y despistado intérprete de Pedro Páramo».[1] Lo que no es del todo cierto es el origen del problema. Para García Riera se trata de un problema en la forma de encarar la producción de la película, al haber optado por la visión colectiva de equipo en lugar de privilegiar el punto de vista único del autor (incluso compara otras dos películas del mismo productor, Manuel Barbachano Ponce, *Nazarín*, que funciona por ser obra de autor —Luis Buñuel—, y *Raíces y torero*, realización colectiva). Aquí, piensa el crítico, Barbachano cae en el mismo problema al haber sido tan cauteloso en la adaptación de la obra rulfiana (la película se empezó a planear en 1960 y se encargó el guion a Carlos Fuentes con la participación del director, Carlos

[1] Emilio García Riera, *Historia documental...*, vol. 13, p. 23.

Velo, y del propio Barbachano). En esos seis años de preparación se contó con el mejor equipo posible en el cine mexicano: Gabriel Figueroa en la fotografía, Joaquín Gutiérrez Heras en la música, Gloria Schoeman en la edición final, entre otros.[2]

¿Es un problema de punto de vista o, si se quiere, de *autenticidad*, como también sugiere García Riera? El asunto es más complejo y tocará a las otras dos adaptaciones del libro, aún peores (*Pedro Páramo. El hombre de la media luna*, de José Bolaños, 1976, y la de Salvador Sánchez, 1981).[3] Quizá la clave está en la imposibilidad técnica de hacer que los *fantasmas* estén vivos en la pantalla, cosa que sí ocurre en las páginas del libro, por lo menos hasta la mitad de la primera lectura, cuando llegamos al fragmento 34 y descubrimos que Juan Preciado, el narrador que habla en el presente fantasmal del *Vine a Comala porque me dijeron que acá vivía mi padre*, construido no por el verbo en pasado sino por el deíctico *acá*, que según muestra Yvette Jiménez de Báez[4] no aparecía en el primer manuscrito de la novela. Y no nos olvidemos de que iba a llamarse *Los murmullos*, porque se trata de una novela coral, de un conjunto de *voces* de ultratumba que narran para que no se olvide el trauma de la muerte colectiva, la destrucción de Comala y con ella del universo entero.

No es posible hacer vivir a esos *fantasmas* en el cine. Velo —y seguramente Fuentes en el guion— optó por ese registro deliberadamente, y con ello, es curioso, nos revela otra lectura de Rulfo que nos puede servir para regresar a la novela y *problematizar* su representación del México posrevolucionario.

Ha sido recientemente Gareth Williams en su *The Mexican Exception* quien mejor ha leído las novelas del siglo xx mexicanas

---

[2] El propio Carlos Velo, entrevistado tiempo después por José Agustín para *El Heraldo Cultural*, expresaba también su frustración con el resultado final del filme. «Mi guion no pude filmarlo: se alegó que era muy largo, cuando sabemos que hoy las películas no tienen medida; se sugirió que era muy fuerte no para la censura, sino para 'nuestros públicos' […] la culpa es mía por haber aceptado estas ideas y estas 'amables sugerencias' que hicieron híbrido, frío, el *film*, cuando contaba con un guion magnífico […]. Rulfo no intervino en la adaptación: leyó el guion y ayudó corrigiendo algunos diálogos. Todo el mérito es de Carlos Fuentes, que fue un colaborador entusiasta, tenaz. Él la considera como un aprendizaje». (Cit. en García Riera, *Historia documental…*, p. 23).
[3] En 2007 se anunció que Gael García Bernal interpretaría una cuarta versión cinematográfica de la novela, dirigida por el español Mateo Gil, colaborador de Amenábar en *Tesis* y *Mar adentro*. Por razones de presupuesto el proyecto está detenido, según informa la productora del actor, Canana Films.
[4] Yvette Jiménez de Báez, *Los Cuadernos de Juan Rulfo*, México, Era, 1996.

en su doble atadura,[5] productoras de cortocircuitos estéticos, de dilemas políticos y de agudos cuestionamientos de las propias representaciones que producen. Para el caso particular de *Pedro Páramo*, Williams propone que se trata de una revisión no del orden feudal —el cacique es la encarnación de la ley y el que al mismo tiempo no tiene que someterse a la ley— roto por las fuerzas espontáneas e igualitarias de los pobres, sino de la crisis del poder soberano mismo representada por el protagonista de la novela. «*Pedro* Páramo ofrece probablemente uno de los retratos más poderosos de la liga entre la razón y la fuerza soberana, la ley y la excepcionalidad. Al hacerlo, sin embargo, ofrece también una iluminación sobre el principio de ruina que simultáneamente afirma y desaprueba esa unión, subrayando entonces la fragilidad y precariedad de la razón soberana y el cálculo estratégico.[6]

Pedro Páramo no solo es una clásica novela del tránsito entre un antiguo régimen y la tormenta ininteligible del nuevo orden (como vio en su clásico estudio Joseph Sommers[7]), algo que sí pretende *Al filo del agua*, de Agustín Yáñez, sino una parábola a la manera de la tragedia griega que presenta un dilema irreconciliable —una doble atadura, decimos nosotros— entre dos órdenes antagónicos. Y al hacerlo tomando como eje la figura central, el cacique, focaliza la atención en esa fuerza telúrica. Pero donde la perspicacia de la lectura de Williams alcanza su punto más alto es en la interpretación de la escena posterior a la muerte de Susana San Juan. Sin embargo, antes de referirme a sus ideas creo preciso situar esa historia de amor en el contexto de la tradición literaria a la que pertenece. Doris Sommer nos puso en la pista correcta cuando estudió los romances fundacionales de América Latina como parábolas de nación. Pero además cuando *erotizó* la lectura de esas novelas *diseminacionales*,[8] al estudiar y cuestionar el tropo del amor sexual y sus relaciones *productivas*. *El Zarco* y *Santa*, a mi juicio nuestros dos romances nacionales, son prueba

---

[5] En el sentido de *double-bind* que Gayatri Spivak (2012) toma de Bateson para hablar, por ejemplo, del dilema contradictorio entre la universalidad de lo singular o, diríamos nosotros, la revolución que se institucionaliza.
[6] Gareth Williams, *The Mexican Exception*, p. 18. (La traducción es mía).
[7] Joseph Sommers, *After the Storm; Landmarks of the Modern Mexican Novel*, Albuquerque, University of New Mexico, 1968. O para el caso también la lectura fetichista, marxista, que hizo Jean Franco en «El viaje al país de los muertos», *La ficción de la memoria: Juan Rulfo ante la crítica* [Federico Campbell, ed.], México, Era, 2003, pp. 141-155.
[8] En el sentido que le da Homi Bhabha (1994) en su *Location of Culture*.

conspicua de esa lectura también expuesta como doble atadura, el matrimonio como salvación, la prostitución como *perdición*. La novela de Rulfo cuestiona profundamente el romance nacional al aplazar y finalmente negar la historia de amor entre Susana San Juan (en todo caso el *verdadero* amor de Pedro Páramo radicará, infantilizado, en la nostalgia). La *loca* Susana, como es llamada en la novela, ejemplifica aún más que nadie esa doble atadura a la que he venido refiriéndome al rehusarse a cumplir con los papeles predeterminados —o al decir de Williams su dominación física, psicológica y espiritual— por la nada santa trinidad patrilineal de su padre biológico, Bartolomé San Juan, su padre espiritual, el padre Rentería y su patriarca económico, Pedro Páramo, por lo que toda conclusión —literal y simbólica— de la novela gira en torno a su cuerpo yerto. La escena que analiza Williams implica el duelo oficial y público por la mujer amada del soberano, la fiesta católica de la Inmaculada Concepción el 8 de diciembre, que hace equivalente la soberanía con la teología política y, sobre todo, la fiesta perpetua, casi carnavalesca, del pueblo como reverso de la ley. No se trata de una revuelta, sino de una sutil forma de resistencia que cuestiona políticamente toda las relaciones de poder, y aquellas entre la vida y la ley.

Para Williams en su lectura foucaultiana, *Pedro Páramo* es la representación del Estado soberano que controla la ley (el derecho a la muerte) y la biopolítica (el derecho a la vida) y, por ello, dolido por la indiferencia del pueblo frente a su dolor, se cruza de brazos y deja morir a Comala de hambre anunciando sin saberlo su propia ruina cuando muera poco después a manos de uno de sus hijos, Abundio, y se desmorone como un montón de piedras (aunque para nuestra lectura política Abundio puede matar a Pedro Páramo porque él ha decidido ya estar muerto). En la renuncia de Páramo la ilusión democrática, la libertad del pueblo es clausurada y no se convierte en realización política, quedando como presencia espectral, *fantasmática*, en las relaciones de poder subsiguientes. Al poner en evidencia el carácter precario de las relaciones de soberanía del nuevo Estado basadas en el soberano —el presidente sexenal, para el caso— y no en la voluntad popular, la novela cuestiona en el mismo momento en que se está generando, la representación de lo nacional que era garante de legitimidad y continuidad del mismo.

La película, acaso involuntariamente, descansa sobre el carácter de *ya muertos* de los fantasmas de Comala.[9]

Si bien la lectura política de Williams es del todo acertada para el caso de la novela —y es lo que le permitirá comparar el tiempo descrito por Rulfo con la crisis de representación y legitimidad postelectoral de 2005 y la posterior guerra del narco—, esa lectura además nos pone en la pista de la posible identificación del cacique con el Estado y de su hijo Miguel Páramo con la policía —el que ejecuta la ley siempre y cuando no la rompa, cosa que le es imposible pues encarna la razón de la fuerza heredada por el padre—. El padre que en tanto patriarca familiar es siempre un vacío, un hueco. No puede *someter* al único hijo que reconoce: es asesinado por otro de sus hijos bastardos y la búsqueda —y proyecto de venganza materno— de Juan Preciado no tiene sentido alguno pues para cuando llega a Comala el padre biológico ya ha muerto.

Podemos seguir esa intuición psicoanalítica que la película presenta en primer plano, y pensar que la figura paterna —el Estado— se ha convertido en lo Imaginario lacaniano: no es un padre que *regule* en la vida cotidiana el comportamiento de sus hijos-ciudadanos, sino que existe solo en la conciencia colectiva de los muertos del pueblo. Lo que para García Riera es una de las flaquezas del filme es para nosotros un rendija que nos permite atisbar en las habitaciones privadas. Lo fantasmático se cruza, interpolándose, entre lo Real y lo Imaginario. Pedro Páramo es el *disfrute nauseabundo imaginario*, que Žižek toma de Lacan.

Esta ausencia —vacuidad— del padre, representada por la mala actuación, de zombi, de John Gavin, muestra de manera contundente la inhabilidad del Estado para convertirse en una realidad visible, útil para sus ciudadanos. Ese pueblo, conjunto de fantasmas, que son la parte que no tiene parte y hacen visible la fragilidad del orden simbólico propuesto por el Estado posrevolucionario. Al eliminar toda agencia social en el *pueblo* usado por el Estado nacional, lo aprisiona permanentemente en una especie de limbo, donde no está ni viva ni muerta, sino sujeta al *capricho* del soberano.

---

[9] Aunque si leemos con cuidado algunas escenas de la novela nos damos cuenta de esta falta de voluntad, de este dejarse llevar por los acontecimientos, o por las leyes soberanas, como cuando el Tilcuate dialoga con Pedro Páramo, tema sobre el que volveremos más adelante.

Susana San Juan, la mujer que niega simultáneamente su papel de hija, de fiel devota de la doctrina y de esposa, en su renuncia ejerce la única forma de resistencia posible, la del ensimismamiento y la *locura*. Al retirarse —convertirse en silencio en un universo solo poblado de voces—, ejerce su autonomía. Doble prisionera, de su decisión y del encierro al que la somete Pedro Páramo, muestra el único indicio de voluntad ajeno a los designios del soberano. Jean Franco en su perspicaz *Plotting Woman* ya ponía el dedo en la llaga: «El problema de la identidad nacional era así presentado primariamente como un problema de identidad *masculina*, y fueron los autores hombres quienes debatieron sus defectos y psicoanalizaron a la nación. En alegorías nacionales, la mujer se convirtió en el territorio sobre el cual la búsqueda de la identidad nacional (masculina) transitó o, al menos, como en el caso de *Pedro Páramo* (1955), el espacio de la pérdida y de todo lo que descansa afuera de los juegos masculinos de rivalidad y venganza».[10]

La película, también, al poner en primer plano a las figuras masculinas de la novela, nos otorga —aun con su precariedad— una imagen de esa *territorialización* de lo femenino de la que habla Franco y nos permite asir la *masculinidad* estatal del proyecto mestizo del Estado mexicano posrevolucionario. Williams se queda corto en su interpretación porque toma la novela como *síntoma* y de ella —o de sus representaciones— hace depender su análisis del presente inmediato mexicano. Pedro Páramo es el Estado y no. Es el cacique, pero también el hacendado, el dueño de la voluntad, del cuerpo y de la tierra, no solo de la ley (de hecho es incapaz de comprender el estado actual de las cosas, el presente de la posrevolución, «Cada vez comprendo menos cosas», le dice al fantasma de la mujer en la película).

Como los personajes de *Al filo del agua*, los personajes de la novela de Rulfo están encerrados —aquellos en *Algún lugar del arzobispado*, estos en Comala, el limbo posterior a la tormenta pero ajeno a todo nuevo orden—, y Pedro Páramo es un *rencor vivo*, el cacique que ha visto cómo la anomia revolucionaria arrasa con sus privilegios.

La voluntad patriarcal de Páramo es inexorable, en cambio Bartolomé San Juan encarna la masculinidad celosa, orgullosa, violenta, secreta, hasta cierto punto incestuosa. Es el maestro de

---

[10] Jean Franco, *Plotting Women*, Nueva York, Columbia University Press, 1989, p. 131.

las minas, de lo subterráneo y lo oscuro. El prefijo irónico de su apellido. Falla al querer proteger-encerrar a Susana. En la película ambos, él y Pedro Páramo, parecen incapaces de capturar para ellos mismos la belleza de Susana, parecen decirnos que el poder y la belleza no pueden coexistir. Debajo de ellos, Fulgor Sedano —junto con Abundio, las dos figuras masculinas realmente mestizas de la película— es leal y subordinado, un peón en toda la extensión de la palabra. En la hacienda y en el juego de poder de su soberano —patrón—, nada gana para sí mismo. La masculinidad mestiza es servil, leal, inmóvil. Sujeta a la voluntad del amo. Abundio está representado más como indio que como mestizo, aunque el carácter mezclado le viene de la paternidad no aceptada de Páramo. Es misterioso, borracho, el primer habitante de Comala que se le anuncia en la película como ya muerto a Preciado. Es el más *agrario* en términos de su representación fílmica —el más indio y el más fantasmático—, lo que es un cliché incluso de la interpretación etnográfica al uso (Rulfo trabajó en el Instituto Nacional Indigenista, y Gabriel Figueroa es el creador de la visión cinematográfica que tenemos no solo del paisaje sino del indio como tal). Abundio está presente y no. Es la figura límbica —como el indio, en general— para el Estado mexicano. En la estética rulfiana de la precariedad que la cinta sí captura queda claro este conflicto, como ya era claro también para Gregorio López y Fuentes en su novela *El Indio*, de 1935: la tierra cultivada por las comunidades indígenas de México es pobre, lo que no tiene que ver en nada con los indios o sus prácticas culturales sino con la contingencia histórica, con la representación más real, de «la herencia de la conquista violenta y el hecho de que ha creado una respuesta en la que las comunidades indígenas rechazan el desarrollo nacional»,[11] como ha visto Joshua Lund en su clarísimo *The Mestizo State*, libro al que volveremos más adelante cuando estudiemos a Rosario Castellanos y su *Balún Canán*.[12]

Juan Preciado —el Juan Preciado encarnado por Carlos Fernández en la película de Velo— llega a un pueblo fantasma, muerto. A un desierto. Todo está vacío. Cántaros de agua y casas. Él mismo parece un cántaro vacío. No es su voluntad, sino la de su

---

[11] Gregorio López y Fuentes, *El Indio*, México, Porrúa, 1991.
[12] Joshua Lund, *The Mestizo State. Reading Race in Modern Mexico*, Minneapolis, University of Minnesota Press, 2012, p. 90.

madre en el lecho de muerte lo que le ha obligado a esta empresa dantesca. Inocuo, poco memorable en la actuación, nos hace más clara la futilidad de su búsqueda, sin la que no existiría la memoria de las voces y los cuerpos. La autoridad soberana —Páramo— no puede impartirle significado real a sus hijos bastardos, ni siquiera ha podido hacerlo con Miguel, la figura de la policía —según Gareth Williams—, inmanejable y violento, rencoroso. Ejerce no la fuerza de la razón sino la fuerza bruta, la animalidad incluso, de allí su relación con el caballo. No puede superar la autoridad paterna porque no puede cumplir las expectativas de su liderazgo/masculinidad. Es la representación de la violencia irracional, pero más aún de la violencia impune. Miguel muere pero no es castigo suficiente. El mal masculino ejercido sin reparo alguno, pues se le puede comprar incluso la salvación, a pesar de la negativa inicial de ser *perdonado* por el padre Rentería.

Los intentos de filmar *Pedro Páramo* han fracasado como adaptaciones de la novela, pero al menos la versión de Carlos Velo que hemos analizado y la película de Carlos Reygadas, *Japón* (2000), que es una brillante puesta en juego de los motivos narrativos de Rulfo traspuestos a la posmexicanidad, nos enfrentan con el vacío —el agujero y la tiniebla— del proyecto nacional inaugurado por las revoluciones de la Revolución mexicana. Es como si nos dijeran, contundentes, que el poder desuela todos los sistemas de sentido, incluidas las empresas estatales como el mestizaje y la mexicanidad. El poder es intrínsecamente un proceso destructivo que si crea, lo hace en forma de guerra, una guerra librada contra la población que ese mismo Estado ha creado. O para decirlo de manera más contundente: los sistemas de sentido apropiados por las estructuras de poder son siempre huecos, están muertos y no están muertos, son superficiales y maleables, son solo apariencias, como los personajes de la película de Velo, la que él llama, no sin razón, su película frustrada.

———

El Tilcuate siguió viniendo:
—Ahora somos carrancistas.
—Está bien.
—Andamos con mi general Obregón.
—Está bien.

—Allá se ha hecho la paz. Andamos sueltos.
—Espera. No desarmes a tu gente. Esto no puede durar mucho.
—Se ha levantado en armas el padre Rentería. ¿Nos vamos con él, o contra él?
—Eso ni se discute. Ponte del lado del gobierno.
—Pero si somos irregulares. Nos consideran rebeldes.
—Entonces vete a descansar.
—¿Con el vuelo que llevo?
—Haz lo que quieras, entonces.
—Me iré a reforzar al padrecito. Me gusta cómo gritan. Además lleva uno ganada la salvación.
—Haz lo que quieras.[13]

Este lacónico intercambio entre el cacique de Comala, Pedro Páramo, y el advenedizo Tilcuate tiene la habilidad de resumir la historia reciente de México y, a la vez, proveer una interpretación de la misma en los silencios intercalados magistralmente entre las enunciaciones de los dos personajes.

Mucho se ha hablado de la *economía* verbal de la novela de Rulfo. De hecho, Rulfo decía que hablar era una costumbre del Distrito Federal, que en el campo no se hablaba, para explicar el laconismo de sus personajes a quienes, exponía en sus clases del Centro Mexicano de Escritores, los narraba a menos de un metro de distancia. Lección doble de perceptiva literaria —la distancia de lo narrado como punto de vista y el manejo del diálogo como recurso de avance de la acción solo utilizado cuando es necesario. Dijimos diálogo, no voz. La novela es, de hecho, una coral griega, un conjunto de voces, de murmullos como hemos explicado arriba. Juan Pellicer[14] ha analizado en particular estas 14 líneas, como si fueran un soneto fácilmente discernible entre los setenta fragmentos que componen la novela en su totalidad. Este, el fragmento 67, cuenta en 14 líneas a su vez 14 años. Los que van desde que el carrancismo se afianza en 1915 hasta el final de la guerra cristera en 1929.

Las 14 *réplicas* son simétricas. Siete corresponden al Tilcuate, siete a Pedro Páramo. En ellas se resume el final de la revolución

---

[13] Juan Rulfo, *Toda la obra* [Claude Fell, ed. crítica], París, ALLCA XX, 1992, p. 296.
[14] Juan Pellicer, «Economía poética de *Pedro Páramo*: de la Revolución a la Cristiada», en *Literatura Mexicana*, vol. XXI, núm. 2, 2010, pp. 197-202. Tomo su análisis histórico en los párrafos siguientes.

armada frente a lo que será la Constitución del 17 y la última asonada importante de la posrevolución, la guerra cristera. Es interesante el desapego del cacique frente a los sucesos revolucionarios que ocurren *fuera*, no en Comala. En Comala él es la ley y, si se necesita, también la revolución. Desde el *Ahora somos carrancistas* (1915) hasta *Andamos con mi general Obregón* (1920) solo hay dos líneas, pero cuatro años de disputas por el poder revolucionario. La guerra es la anomia del Estado y la *agencia* de la bola revolucionaria no existe. Implica, por supuesto, mucha historia que no está *narrada directamente* sino presupuesta. La victoria del carrancismo en Celaya, la derrota de Villa, la firma de la Constitución del 17, el incipiente inicio de la Reforma Agraria que se hará artículo constitucional, el 27. Ocurrió también el asesinato de Zapata y la rebelión de Agua Prieta, de Obregón, Adolfo de la Huerta y Plutarco Elías Calles que ya mencionábamos. *Allá se ha hecho la paz. Andamos sueltos*, la tercera oración del Tilcuate nos lleva ya a la mal llamada paz obregonista (1920-1924). Esta *paz* implica, por supuesto, la eliminación de los rivales, el asesinato de Pancho Villa en Parral (1923) y el sofocamiento de la rebelión delahuertista (Adolfo de la Huerta rompe con Obregón por el desacuerdo en la sucesión presidencial, ya que el presidente se inclina por Calles). Quizá por eso en esta ocasión el cacique no contesta con desgano; a su habitual *Está bien*, le corresponde ahora un consejo: *No desarmes a tu gente. Esto puede durar mucho*. Pues se trata de los años de la guerra cristera que Calles asume (1926-1929). Nuevamente el *revolucionario* está viendo cuál es el mejor postor, con quién irse. Páramo le recomienda que con el gobierno, pues él mismo representa la ley, el nomos. Pero el Tilcuate piensa distinto. *Se ha levantado en armas el padre Rentería, ¿nos vamos con él o contra él?* es en realidad una pregunta retórica. Él mismo se responde: *Me iré a reforzar al padrecito. Me gusta cómo gritan. Además lleva uno ganada la salvación*. Es por un lado pura violencia: me gusta cómo gritan, y por otro lado un asunto que va más allá de lo terrenal: irse con el cura representa *salvarse* para la eternidad. Es una toma de partido más longeva que todas las que el Tilcuate y su bola han ido asumiendo en las dos décadas pasadas. Frente a la historia, que es impermanente y efímera, prefiere otra ley, la de su religión, por constante y *verdadera*.

La respuesta final de Pedro Páramo es elocuente. *Haz lo que quieras* implica, de nuevo, que no hay nada del *afuera* revolucionario que lo perturbe, que toque el mundo cerrado de Comala. Tiene razón Gareth Williams, por eso, cuando afirma acerca de la figura de Páramo:

> Él representa la enérgica figuración del más fuerte —la razón del más fuerte— que ha ganado sobre todas las cosas, incluyendo la tierra (propiedad), los cuerpos de las mujeres y los hombres de Comala (trabajo), la Iglesia (salvación y condena), la revolución (historia), y la ley (derecho). Representa la encarnación de una tendencia profundamente contradictoria dentro de la extensión del pueblo relativa a la acumulación, ya que representa la extensión de uno de los valores principales de la sociedad burguesa pero en realidad sostiene relaciones feudales al ser el único *telos* de la acumulación de riqueza dentro de Comala.[15]

La perspicaz lectura de Williams es aún más relevante a la luz del fragmento 67 de la novela que hemos comentado arriba. Páramo es el dueño de la historia, de las relaciones de producción, de la ley terrenal e incluso de la salvación ultraterrena. Porque como ha afirmado Jean Franco, es la acumulación del dinero lo que absuelve a Páramo de toda conciencia moral. Es un feudalismo deshecho por el dinero. El fetiche de la sociedad burguesa existe (dinero) sin la sustancia.

De hecho, Páramo ha *enviado* al Tilcuate a hacer la revolución para poder permanecer intocado por las fuerzas levantadas cuando llegue el caso. Le ha pagado por *levantarse* en contra del orden —pero el de afuera, nunca de él, su *patrón*.

Pedro Páramo en ese sentido es una especie de dios; todo nace de él, todos viven o mueren por gracia de él o por causa de él. Es el doble cuerpo del rey que ha analizado Eric Santner con perspicacia.

Si bien es cierta la lectura de Franco/Williams en el sentido de que el mundo de Comala narrado en la novela representa el momento de quiebre entre los dos órdenes de gobierno, lo cierto es que el Estado liberal/revolucionario solo podrá avenirse a Comala una vez que haya sido destruida y muerta. Es la anomia revolucionaria narrada por medio del carnaval perpetuo y la falta de respeto al dolor de Páramo frente a la muerte de Susana San Juan, que hemos revisado antes, lo que permite que el viejo orden muera. Es un acto de *voluntad de poder* del soberano, o si se quiere, de

---

[15] Gareth Williams, *The Mexican Exception*, p. 19.

falta de voluntad, ejercida como poder: cruzarse de brazos y dejar que la muerte se apodere del lugar y de sus seres, propiedad perpetua del cacique. Nunca más claro esto que en la violencia policial ejercida por el hijo de Páramo a lo largo de la novela —cuando los muertos estaban vivos, se entiende—. La policía —en el sentido hegeliano, garante de la subjetividad individual en tanto objetividad universal— es aplicada como fuerza. Desde el Estado hacia el pueblo. La ley y su punto débil —su estómago y su lado flaco en el sentido de Žižek— es su lado obsceno, ejercido como fuerza frente a la resistencia de los otros, como ocurrirá con cualquiera que ose oponerse al dictado de esa ley única: Pedro Páramo mismo. Alguien se harta de la violencia policíaca de Miguel —porque a la vez que *aplica* la ley la viola, se cree por encima de ella— y lo mata. Una especie de defensa propia, de ajuste de cuentas. El lector percibe que la muerte de Miguel Páramo, a pesar de estar fuera de la ley, es legal —porque la transgresión es un suplemento de la ley misma, el garante de su existencia, no hay universalidad posible sin la excepción—. La ira de Páramo frente a la muerte del hijo, justificable, no es comparable con la ira frente a la indiferencia del pueblo ante su dolor cuando muere su único amor, Susana. Esto también es lógico. Lo único que le interesa una vez muerto Miguel es que se le oficie una misa y que el cura esté dispuesto a perdonarlo, pues él es dueño del más allá (de la condenación y de la salvación, ya dijimos) al ser dueño del derecho de muerte frente al pueblo, su tanatopolítica.

Esta lectura nos lleva a la sutil diferencia de regímenes simbólicos que hemos querido sostener en nuestra lectura de la novela. Pedro Páramo puede, como el Leviatán hobbesiano, administrar la muerte (que es un derecho a la vida, es cierto, pero ejercido desde el castigo, desde su lado negativo). El soberano tradicional —Páramo— puede decidir sobre la vida y la muerte de sus súbditos, instituir y *suspender* la ley mediante la aplicación del estado de excepción. De hecho esa es la definición misma del soberano según Carl Schmitt, *aquel que decide sobre la excepción*, incluso frente a su propia destrucción, pues la muerte de Comala implica su misma ruina: el doble cuerpo del rey más que presente: su cuerpo terrenal muere sin *súbditos*, razón misma de su ser soberano. El *milagro* de la teología pasa a ser el discurso policíaco, el discurso del control. Lo que no puede permitirse Páramo es el tránsito al nuevo orden representado por la revolución: el orden de la biopolítica o el biopoder. No puede modificar su razón de ser y regular y optimizar la vida de sus ciudadanos, incluida su felicidad representada por el carnaval o la fiesta permanente después del 8 de diciembre. Como padre primordial, Páramo solo puede ejercer dominio y control; su carácter patriarcal le impide pasar a ser el padre imaginario (los nombres del Padre de Lacan) y anunciarle a sus súbditos, hijos: «¡Gocen!», puesto que tal disfrute (o *jouissance*, otra vez en el sentido lacaniano) le es ajeno.

El *encuentro* entre los dos regímenes de sentido que produce la fiesta popular sostenida suspende la autoridad del soberano. La indiferencia del pueblo —su cuerpo político— anuncia su potencial destrucción, «la mera contingencia del orden sagrado que busca encarnar y reproducir»,[16] como explica Williams. Contingencia que es resultado de cierta libertad de voluntad, o de libre albedrío hasta el momento impensable (la única que se ha rebelado ha tenido que hacerlo desde la locura, Susana San Juan), puesto que la voluntad del soberano *debe* ser la voluntad de los súbditos. Esta momentánea igualdad democrática que anuncia la revolución y su proceso de incipiente pero posible democratización del poder soberano, implica la ruina de Páramo y, finalmente, su muerte.

Muerte doble, de sus dos cuerpos. El político —todos los habitantes de Comala o mueren o se van—, y el no terrenal, su sanción como soberano de todas las cosas. Encarnación del máximo poder, Pedro Páramo muere, o mejor, se desmorona *como un montón de piedras* al no poder reconocerse en el nuevo orden de cosas. El Estado revolucionario no es entonces —en la novela— solución alguna (como tampoco lo es con el orden de las cosas *en algún lugar del Arzobispado* en la novela de Agustín Yáñez, *Al filo del agua*, que antes analizamos; en ambos casos la tormenta revolucionaria, su anomia, es inicialmente solo violencia absoluta, destrucción).

El Estado revolucionario es *cómplice* en la extensión del nuevo orden. Son los caciques quienes compran la revolución, prolongándose el sistema de explotación porfirista, y la falta de una incorporación verdadera de los pobres en el proyecto revolucionario. La fuerza revolucionaria no termina siendo una fase de liberación —se queda en fiesta, en jolgorio, en violencia por la violencia misma, como afirmó una y otra vez Octavio Paz—,

---

[16] Gareth Williams, *The Mexican Exception...*, p. 21.

porque se trata solamente de una movilización dentro de la expansión capitalista.

Poco se ha estudiado en ese sentido el tema de las minas dentro de la novela de Rulfo. Quizá porque parece dramáticamente que la incorporación de la mina del viejo San Juan no es sino un paso más para apoderarse del verdadero tesoro del hombre, su hija. Pero si somos cuidadosos y leemos ese fragmento de la novela a la luz de lo que hemos dicho en los párrafos anteriores, nos daremos cuenta del papel específico que el subsuelo tiene en el control del poder de Páramo. (No se nos olvide que si algún problema tuvieron los caudillos vueltos presidentes, Obregón y Calles sus títeres en el maximato y el propio Cárdenas, para lograr la industrialización y la recuperación *capitalista* del país, fue el control del petróleo. El triunfo de Cárdenas no es solo simbólico al expropiarlo en 1939, representa la culminación de un proceso ingente desde la revolución misma: el subsuelo, no solo la tierra, es de la nación, y la nación es encarnada por el nuevo soberano, el presidente en turno, el soberano sexenal, y su doble cuerpo político, el pueblo mestizo, dueño de sus minerales).

La película de Carlos Velo que analizamos en el apartado anterior, pese a sus fallas es clara en este sentido: cuando las fuerzas militares de Páramo se *unen* con las de la revolución se da la equivalencia, el ejercicio de la violencia justificado por el soberano. Y no es gratuito que la Revolución, finalmente, la hayan ganado los hacendados y los caciques del norte, con Carranza a la cabeza. En ese sentido la violencia simbólica es esencial para que el proyecto revolucionario trascienda. La revolución institucionalizada debe *parecer* interesada en el avance social de su cuerpo político, aunque en el fondo sea tan oligárquica como el poder de Páramo. La misma ausencia de los ciudadanos en el proceso político, social, económico es lo que garantizará la permanencia del partido en el poder por más de setenta años. Más que una oposición entre el Antiguo Régimen/Estado revolucionario, el Estado revolucionario —que se llamará a sí mismo *la familia*— absorbe al Antiguo Régimen. La parte que no tiene parte permanece sin existencia, invisible como tal, incorporable solo como fuerza de trabajo o como *clientela* electoral.

La parábola rulfiana que es *Pedro Páramo* nos presenta, como en las obras analizadas anteriormente, de nuevo la pugna entre el nuevo Estado liberal/revolucionario y el Antiguo Régimen. Solo que ahora lo hace de una forma mucho más compleja, más sutil y, por ende, menos literal. Interpretar *Pedro Páramo* es siempre un ejercicio riesgoso. Intentémoslo, sin embargo. Comala es el Antiguo Régimen gobernado por el déspota, Pedro Páramo. Representa, qué duda cabe, al gobierno dictatorial —y al régimen feudal de propiedad del otro bajo la premisa maestro-siervo de su *contrato social*—. El *pueblo*, esa entelequia, no es sino un medio para los fines, sean cuales fueren, del cacique (lo mismo sexuales que territoriales, económicos que religiosos, todos están a su servicio).

En las anteriores novelas y películas hablábamos de la *ausencia* del padre como constante simbólica de nuestras narraciones fundacionales. *Pedro Páramo* parece contradecirlo, pero solo en apariencia. Juan Preciado también es, a su manera, huérfano. Va a buscar a su padre como promesa a Doloritas, su madre, pero también como *afrenta*. Va a *cobrarle caro* el olvido, el abandono en el que han vivido. Cuando Abundio, el arriero que lo conduce al *limbo* terrenal de Comala, le dice: *Todos somos hijos de Pedro Páramo*, establece una relación de igualdad entre los súbitos, el cuerpo político del soberano, es cierto, pero solo en la medida en que todos son hijos bastardos —anómalos, fuera de la ley— de Páramo, salvo Miguel, quien ejerce el orden policíaco en Comala y a la vez, como su padre, está por encima de la ley, hasta que es asesinado.

Los *hijos* de nuestras narrativas centrales siguen siendo huérfanos y solo pueden acogerse al Estado —el padre del Orden simbólico— en tanto mestizos, doblemente bastardos, hijos del pasado inmediato, la Conquista, y del histórico, el indígena. Desplazados, nómadas, siempre en trance de ser. El mestizo, de hecho nunca *es*, siempre *está siendo*, es un proyecto —como bien nos recuerda una lectura cuidadosa del Vasconcelos de *La raza cósmica*— mesiánico, de salvación futura. El Estado asume la paternidad en tanto se esté dispuesto a ser *incorporado*.

En ese sentido es también clara la interpretación rulfiana acerca de la violencia masculina sobre la mujer. La implícita —la mujer, aun cuando dueña original de la tierra, como Dolores Preciado, es *desplazada*—, por el poder, silenciada. Las mujeres no tienen voluntad, y si tienen voz es solo en la muerte. Es muy interesante —y vale la pena analizarlo— el papel del hueco, del orificio, del cántaro vacío como metáfora de la femineidad y como resultado de ese vaciamiento de sentido del que es sujeto lo femenino en ese Estado patriarcal —el porfiriano y el revolucionario por igual—: ni siquiera hay agua en el cántaro, no hay vida alguna, no puede proporcionar tampoco protección.

El papel de la *madre* será sustituido de hecho por el Estado mismo y sus políticas asistenciales y de salud pública, como puede verse y ya hemos comentado, en el símbolo del Instituto Mexicano del Seguro Social.

Hasta las campanas del final suenan *huecas*, como cántaros. Quizá por eso *Pedro Páramo* sea, pese a sus misterios, una novela actual: describe al mestizo incompleto, hijo bastardo de un Estado revolucionario que lo cobijó, lo amamantó, lo educó, lo utilizó en las urnas, en las fábricas, e incluso en el campo yermo, calcinante, el lugar de los muertos: Comala eterna, tan presente.

Balún Canán, del indio del etnógrafo al indio y el ladino de la autoetnografía
Mestizaje y aculturación

> Y entonces, coléricos, nos desposeyeron, nos arrebataron lo que habíamos atesorado: la palabra, que es el arca de la memoria. Desde aquellos días arden y se consumen con el leño en la hoguera. Sube humo en el viento y se deshace. Queda la ceniza sin rostro. Para que puedas venir tú y el que es menor que tú y les baste un soplo, solamente un soplo.[1]

En 1977 Benito Alazraki filma la adaptación de la novela de Rosario Castellanos, *Balún Canán*. Se trata de una época curiosa, pues los años de Luis Echeverría en el poder (1970-1976) están marcados por la contradicción entre la continuación del control estatal mediante la coerción y la represión (con el ominoso Jueves de Corpus en 1971 para recordárnoslo siempre) y la llamada apertura democrática, otra estrategia del Estado para liberar espacios de expresión, vigilados estrechamente y controlados con sus brazos culturales (mediante mecanismos sutiles y financiamientos selectivos), pero con la intención de relajar el ambiente social y mostrar la fachada —interna e internacional— de un país que se democratizaba y modernizaba y que dejaba atrás la masacre del 2 de octubre. No deja de ser paradójico que en particular en el cine se promueva la libre expresión y se la financie copiosamente. Daniel Chávez[2] ha estudiado la representación del Estado en el cine nacional, y en el pequeño apartado que le dedica a esta década crucial reconoce —como muchos estudiosos— que el período puede llamarse una nueva época de oro del cine mexicano, que además se sintoniza con la producción internacional, e incluso ejerce de mirada crítica frente al Estado y la estancada clase media y sus costumbres en

---

[1] Rosario Castellanos, *Balún Canán*, México, FCE, 1995, p. 9.
[2] Daniel Chávez, «The Eagle and the Serpent on the Screen: The State as Spectacle in Mexican Cinema», en *Latin American Research Review*, vol. 45. núm. 3, 2010, pp. 115-141.

dramas y comedias de cierta calidad. Son al fin y al cabo los años de *La pasión según Berenice* (1976) de Jaime Humberto Hermosillo, de *Mecánica nacional* (1972) de Luis Alcoriza,[3] con su crítica mordaz a la cultura popular urbana y de *Los albañiles* de Jorge Fons, la adaptación de la novela de Vicente Leñero, y también la crítica a la intolerancia religiosa de Felipe Cazals, *Canoa* (1975), y de la película de Ripstein que analizaremos más adelante, *El castillo de la pureza* (1977). Este desarrollo empezará su decadencia, casi en picada, durante el sexenio de José López Portillo (1977-1983). Chávez reconoce que el impulso al cine en la época de Echeverría se debe a tres factores concomitantes: la participación del Estado en el sector —sea como productor o como financiero, con la creación de Conacine y Conacite compartiendo el control del sector con la unión de escritores, Sogem y los sindicatos del caso—, así como la influencia de la educación formal en cine con el Centro de Capacitación Cinematográfica y la ambición de una generación de nuevos directores que renuevan las formas de decir y se ven favorecidos con la *apertura*.

Dicho clima, sin embargo, no desplaza la producción constante de películas que continúan y perpetúan la visión del Estado mexicano como garante de la unidad nacional; al indio o al pobre como resabio del pasado, y su condición como impedimento del desarrollo nacional —que incluso se redoblará con Carlos Salinas de Gortari, pero en lo que se ha venido a llamar *nacionalismo neoliberal*—, con un claro énfasis en el dibujo de un mestizo vigoroso capaz de adaptarse al cambio económico y sacar partido sin perder sus *raíces*. La filmación de *Balún Canán* se da en este contexto y, por eso, saca partido de estrellas de la televisión y su peso en cartelera —especialmente con la incorporación de Saby Kamalich en el papel de Zoraida, la madre, pero también Tito Junco o Fernando Balzareti—; fue producida por Conacine, y la fotografía —ahora en color— correspondió a Gabriel Figueroa, con lo cual el director aseguraba el retrato del interior mexicano —la mirada— a la que el espectador ya se había acostumbrado. Un filme que parece ser la versión cinematográfica de la idea del presidente Echeverría para quien: «Mientras los indios de México no participen en la

---

[3] Se puede ver la contribución que para la comprensión de esta película ha hecho Marvin D´Lugo en «Luis Alcoriza, or A Certain Antimelodramatic Tendency in Mexican Cinema», *Sadlier*, 2009, pp. 1110-1129.

vida cívica intelectual y productiva del país, serán extranjeros en su propia tierra, expuestos al abuso de aquellos que poseen más y excluidos por los beneficios de la civilización [...] hablamos de mexicanizar nuestros recursos naturales sin darnos cuenta de que debemos también mexicanizar nuestros recursos humanos».[4]

Si como ha analizado Françoise Pérus, la novela original de Rosario Castellanos tiene la estructura de un tríptico —con la primera y la tercera *hojas* en primera persona dedicadas a la niña testigo, en tono autobiográfico o, mejor, autoetnográfico, como veremos en su momento, y hoja o retablo intermedio dedicado al tema indígena en particular, escrito en tercera persona por un narrador omnisciente, la película intenta centrar su narración en el *problema* indígena, pero visto desde la dupla femenina, madre/hija, a veces concentrándose demasiado en el conflicto psicológico de ambas y no en las causas sociales e históricas de dicha pugna, porque finalmente el tema es la herencia de la tierra. Si Zoraida pierde a su hijo hombre, se detiene la genealogía familiar y el control de la tierra, con independencia del problema con los *indios* de la hacienda que son para ella sustituibles, no su conflicto central (mano de obra esclavizada por siglos por la familia Argüello, cuyo apellido solo se perpetúa en la medida en que un hombre *hereda* la tierra y la hace productiva). De hecho, desde la mirada de Zoraida el *problema* indígena está en su capacidad para la magia y en la superstición, no en lo que el reparto agrario mismo provoca.

Adam David Morton[5] afirma que si bien la revolución agraria permitió la continuidad revolucionaria (que él llama, siguiendo a Gramsci, *revolución pasiva*) en tanto expandió las condiciones para el crecimiento de demandas populares y espacios sociales, estas fueron controladas de inmediato por el Estado mismo, que reguló incluso las relaciones sociales —a través de la CTM, la CNC y la CNOP—, logrando que el Estado coercitivo protegiera el desarrollo de una mínima hegemonía y construyera el mito de que el Estado cardenista preservaba así la Revolución mexicana: «La reforma agraria, aun produciendo un cambio extendido, estableció las condiciones para la producción agrícola capitalista e incluso mientras

---

[4] Charles Ramírez Berg, *Cinema of Solitude: A Critical Study of Mexican Films, 1967-1983*, Austin, University of Texas Press, 1992, p. 140.
[5] Adam David Morton, *Revolution and State in Modern Mexico: The Political Economy of Uneven Development*, Maryland, Rowman & Littlefield, 2011.

el nacionalismo mexicano se encontraba en su más alta expresión el capital extranjero era el dominante [...] el número de parcelas y granjas privadas aumentó en 44% entre 1930 y 1940 y para 1940 la mitad de la tierra cultivable consistía en propiedades de más de cinco mil hectáreas [...] la intervención de Cárdenas, en lugar de destruir el capitalismo, propició su desarrollo».[6] La película, en cambio, no hace sino fortalecer el mito de que el cardenismo fue un movimiento radical que consiguió gran apoyo popular y resistencia de las élites conservadoras (el movimiento sinarquista consiguió, es cierto, buena parte de su apoyo de los sectores rurales, incorporando lo que quedaba de la resistencia cristera, y llevó a la creación del partido procatólico, Acción Nacional, en 1939). Morton insiste en algo que ya hemos mencionado y que queda claro en la referida secuencia dialógica entre Pedro Páramo y el Tilcuate, la Revolución mexicana claramente contenía una variedad amorfa de movimientos de clase pero privilegió el desarrollo de una nueva burguesía, como le llamó con tino en una de sus novelas uno de los primeros desencantados, Mariano Azuela.

El filme de Alazraki —no la novela de Castellanos, que entraña otras contradicciones y fue publicada veinte años antes— tiene dos claros propósitos: por un lado, revivir el mito de que existe una continuidad en la Revolución mexicana que el Estado encarna y cuyo objetivo central siempre ha sido la mejora de las condiciones del *pueblo*, mientras que las élites acomodadas siempre han tendido a discriminar y a explotar al indio —y a los trabajadores en general—, y a la vez pone atención en la necesidad aún importante de incorporar al campesino —en la metonimia del indígena— al pleno desarrollo del capitalismo estatal, por ende de la felicidad a través de la propiedad *productiva*. El Estado debe garantizar ambas cosas, la tenencia de la tierra y la circulación del producto, su abasto, distribuyendo *equitativamente* la riqueza. Pero el público al que está dirigida la cinta, no se nos olvide, es la clase media urbana para quien el antiguo conflicto agrario, en un lugar tan lejano como Chiapas, parecía un asunto del pasado colonial. Al enfatizar el tropo del *drama familiar*, la cinta permite a la audiencia relacionarse con el tema, y he aquí la doble perversidad, empatizar con

---

[6] Además, entre 1970 y 1982, como bien nos recuerda Morton, se da lo que los mexicanos llaman la *docena trágica*, tiempo en que se transita de la estrategia de importación-sustitución al neoliberalismo. *Ibid.*, p. 57.

Zoraida —perderá su propiedad, la tierra, a manos de unos indios supersticiosos y atrasados— o con la hija —y de hecho lo hará intermitentemente—, quien parece no tener lugar en el mundo machista que la película también denuncia débilmente (mientras que la novela de Castellanos, como veremos, ha sido analizada más de una vez por su *fuerza* femenina).

Charles Ramírez Berg, en su *Cinema of Solitude* (1992), encara la *cuestión* del indio en la filmografía nacional y reitera nuestro argumento. Para el año en que escribe su libro, hay una población de entre ocho y diez millones de indígenas —10% de la población mexicana—, pertenecientes a más de cincuenta grupos étnicos, con sus lenguas y sus tradiciones propias, por lo que nunca puede hablarse de *el indio*, como no puede hacérselo de *el mestizo*, en un país cuya vasta mayoría es mestiza y los blancos un minoría que no obstante, advierte Berg, son el fenotipo ideal de la nación. Ideal institucionalizado por una casta colonial que colocó al indio en la parte inferior y le otorgó ciertos, aunque escasos privilegios a aquellos que podían comprobar cierta sangre española, lo que hace, sigo con la idea de Berg, más fácil para el mestizo deshacerse de lo indígena y olvidarse de su existencia lastimera sin cuestionar los problemas históricos de esa *condición*.

El dilema segregación-asimilación, que los brasileños resolvieron con otro mito, el de la *democracia racial*, los mexicanos lo hicieron con el significante Maestro de Mestizo, que vino a significar muchas y variadas cosas según la *actualización* que del término requiriera el Estado. Lo que es cierto, y la gran intuición de Berg, es pensar que «los *indios* son la ausencia estructural del cine mexicano»,[7] representado estereotípicamente, con ciertas *marcas iconográficas* (el cabello lacio y oscuro, el uso del blanco calzón de manta, su sumisión y timidez, sus pasos cortos y en *saltitos*). Esta *ausencia estructural del indio* que lúcidamente encuentra Berg tiene su excepción en un subgénero del propio cine mexicano —desde *Janitzio* (1934), donde actúa Emilio Fernández, apodado nada gratuitamente *el Indio*, hasta *María Candelaria* (1943), dirigida ahora por Fernández—. El tropo de este subgénero es el encuentro entre el indio y lo no indio que termina «[...] en muerte, comúnmente del indígena, casi siempre mujer».[8]

---

[7] Charles Ramírez Berg, *Cinema of Solitude...*, p. 138.
[8] *Idem.*

El tropo no ha cambiado gran cosa —según el propio estudio citado y nuestra reflexión sobre *Balún Canán*, donde los indios son el otro inexorable. O invisible o incomprensible (ser *inescrutable* es otra marca iconográfica).Como afirma el personaje de Eduardo en *Llovizna* (otra película sobre el indio, de 1977), de Sergio Olhovich: «Todo mundo sabe lo que son estos indios, con su lenguaje incomprensible, taimado, sin siquiera una pizca de habilidad para expresarse como seres humanos normales».[9] De hecho, lo que nos queda claro gracias a la exhaustiva revisión de Charles Berg, es que en este momento de abundante financiación estatal el tema del indio vuelve a ser una preocupación, lo mismo en *El juicio de Martín Cortés* (1973), de Alejandro Galindo (una alegoría mestiza en donde se dice textualmente que «no hay prejuicios raciales en México» —quien lo dice es un policía mestizo— y se combate ideológicamente la *parte* española del mestizaje con odio y culpa), o en la crítica al sistema de haciendas yucateca, *La casta divina* (1976), de Julián Pastor, que *desplaza* la cuestión del indio al porfirismo y a la guerra de castas.

Ismael Rodríguez —a quien debemos la serie de melodramas sobre la pobreza urbana que convirtieron a Pedro Infante en mito— revierte el género en *Mi niño Tizoc* (la continuación de la popular cinta de 1956 que en su momento se llevó el Globo de Oro y en la que también actuaba Pedro Infante). Berg muestra cómo al modificar el final —por uno feliz—, la fantasía del aislamiento del indio de Emilio Fernández llega a su fin. La remplaza, por supuesto, la fantasía de la integración mestiza.[10]

Al enfatizar Alazraki en su adaptación de *Balún Canán* la iconografía del icono —con Gabriel Figueroa como ayuda indiscutible—, también insiste en otras características: la superstición,

---

[9] Aunque el estudioso aquí siente que esta y otras películas aisladas al menos cuestionan el carácter contradictorio del *lugar* del indio en nuestro imaginario. Charles Ramírez Berg, *Cinema of Solitude...*, p. 139.

[10] Incluye también, en su recuento *No tiene la culpa el indio* (1977), la comedia de Manuel Delgado que iniciará otro subgénero, el del indio pícaro y extraordinario capaz de burlarse del mestizo explotador, que siempre en el tono de comedia ligera alcanzará su cenit con la llamada *India María*, versión moralista de esta película que por vez primera *democratiza* al indio y lo convierte en igual. Algo similar hará, desde otro punto de vista, *Cascabel* (1976), de Raúl Araiza, que no solo cuestiona el uso, desplazamiento y explotación histórica del indio, lo mismo en la época colonial que en el México moderno, sino su uso y marginación *dentro* del cine mismo. No debe olvidársenos que la película entraña también una franca crítica a la propaganda echeverrista de la *aparente* apertura democrática cuando se sigue dictando lo que se debe decir sobre el indio.

su atraso frente a la ciencia y su creencia en el elemento *mágico* de la naturaleza, su elementalidad. El indio implica lo mismo una atracción que una repulsa para el ladino representado por la niña, pues la nana es una *madre* putativa, más cariñosa y comprensiva que la propia, pero no deja de ser el otro. La película, además, al establecer su suspenso narrativo en la dicotomía violencia/absorción solidifica los tropos del Estado nacional: hay que realizar un esfuerzo suplementario —en lo individual y lo social, en la *familia* y en las *políticas públicas*— para purificarse de la naturaleza violenta, degradada y primitiva del indio a pesar de la franca atracción a su elemento *mágico*. El mestizaje es, siempre, como proceso de apropiación, una forma de canibalización. El Estado solo puede preservar al indio si lo incorpora, aunque implique consumirlo, literalmente. Y, por supuesto, produce *tensión* narrativa —y cinemática— en tanto hay algo oscuro, incontrolable dentro de cada mestizo, impulsos oscuros que deben mantenerse controlados para garantizar la hegemonía estatal.

Y es que el indio es en realidad —parafraseando a Berg— un fantasma estructural no solo del cine sino del Estado mexicano, como probó para el propio caso de Chiapas el levantamiento del EZLN en pleno carnaval neoliberal en 1994.

> Soy una niña y tengo siete años. Los cinco dedos de la mano derecha y dos de la izquierda. Y cuando me yergo puedo mirar de frente las rodillas de mi padre. Más arriba no. Me imagino que sigue creciendo como un gran árbol y que en su rama más alta está agazapado un tigre diminuto [...]. Miro lo que está a mi nivel. Ciertos arbustos con las hojas carcomidas por los insectos; los pupitres manchados de tinta; mi hermano.[11]

Balún Canán (1957) no es solo la primera novela de Rosario Castellanos (ciudad de México, 1927, pero criada en Comitán, Chiapas), sino un ejercicio doloroso de conciencia personal y el momento en que su autora asume una postura personal frente al tema indígena en particular y a Chiapas en general, que será decisiva para el resto de su vida. Si bien, como admitió alguna vez, siempre se sintió

---

[11] Rosario Castellanos, *Balún...*, p. 9.

desplazada como mujer en el seno de su familia, a partir de que una curandera le predijera a la madre que uno de sus hijos moriría muy joven y esta gritara: «¡No el niño!», el germen personal de la novela se encuentra en la Reforma Agraria de Lázaro Cárdenas que —como a los Argüello— les hizo perder a ellos buena parte de su tierra y de su hacienda. A los 15 años regresan a la ciudad de México como consecuencia de ese *desastre* familiar y pronto quedará huérfana, haciéndose cargo de sí misma. Doble orfandad, de los padres biológicos y de la antigua nana maya; doble desterritorialización, de la *propiedad* familiar y del lugar de la infancia, el *ajuste de cuentas* no vendrá sino mediado por su participación posterior como empleada del Instituto Nacional Indigenista, otra de las empresas asociadas con el nacionalismo revolucionario cardenista, entre otras cosas escribiendo guiones para las marionetas alfabetizadoras, uno de los tantos programas.

Es allí donde sucede esa *toma de conciencia*, pero también su nuevo desplazamiento. Estelle Tarica,[12] en su iluminador libro, va más allá de las lecturas tradicionales sobre indigenismo en literatura —incluso de la idea de discurso heterogéneo de Cornejo Polar— para explorar las relaciones contradictorias entre quienes escriben sobre lo indígena o desde lo indígena y las obras mismas resultado de esas múltiples tensiones. Al abordar a Castellanos, Tarica analiza el *viraje* existencial que va de escribirle antes de salir a Europa a Ricardo Guerra, su pareja entonces, peyorativamente sobre *el hombre de los trópicos*, el rechazado Comitán *completamente improbable*, el retraso de sus coterráneos chiapanecos y su asombro con los *avances de la civilización*, hasta afirmar: «Ya basta. Como el absurdo es intolerable, he decidido irme de aquí»,[13] a su asombro personal, tan ingenuo curiosamente como el que critica en sus paisanos, al encontrar en París, en el Museo del Hombre, piezas arqueológicas y utensilios chamulas y lacandones, lo que le causa ganas de llorar —de felicidad y tristeza mezcladas— para descubrir que Chiapas ya no es la aborrecible, retrasada, sino *como quien dice la mera entraña de uno*. Ese descubrimiento no deja de ser curioso puesto que catapulta un registro literario —que empezará con un libro más bien ladino, aún no

---

[12] Estelle Tarica, *The Inner Life of Mestizo Nationalism*, Mineápolis, University of Minnesota Press, 2008.
[13] *Ibid.*, p. 137.

muy problemático discursivamente, cuyo título no nos llama a engaño, *El rescate del mundo*, labor de construcción desde la poesía de una larga interjección lírica, una especie de prolongado ¡ay! que le permitirá ir después a la prosa. Dicho registro, podemos decirlo ya, es autoetnográfico (ella es finalmente, un sujeto desplazado, como los artefactos en el museo, un resto antropológico, una *pieza* cuyo sentido no encaja aún en la vitrina misma, pero que tampoco existe fuera de la vitrina). Más que autobiografía —velada o no—, como han querido ver algunos críticos, *Balún Canán* es un largo ejercicio de remplazamiento. Sus tensiones derivan, como todo discurso etnográfico (aunque este sea reflexivo, *auto*) de ser a un tiempo sujeto del etnógrafo y etnógrafo de uno mismo. El movimiento —ese ir y venir del emplazamiento al desplazamiento— tiene que venir por el discurso. Y como se trata, al menos inicialmente de, ya lo dijimos, *encontrar el lugar dentro* de la vitrina del museo, el primer paso es deshacer el carácter de ladina; aunque la identificación con el indio no pueda darse del todo, requiere desplazar el significante de conquistadora, dueña de la tierra, usurpadora. Tarica logra mostrarnos tal trayectoria mediante otra carta de Rosario Castellanos a Ricardo Guerra, en la que el modelo de mujer fuerte es curiosamente doña Bárbara, el personaje de la novela homónima de Rómulo Gallegos. Castellanos no es la joven de clase media, citadina, que contó una y otra vez su propia versión de *su* vida después de la reforma agraria cardenista; al contrario. Posee aún tierras y es *la dueña*, la *patrona*, suplantando al hombre, al hermano muerto legítimo heredero del discurso y de la hacienda familiares: «Yo era la mujer fuerte. Mi corazón, una roca inconmovible. Mis convicciones, mis proyectos, claros y constantes. Y además yo era una amazona capaz de soportar ocho o diez horas a caballo sin el menor signo de fatiga, de asistir, sin pestañear a las hierras (ese calor sofocante, esas nubes de polvo, esa cantidad de bichos picándolo a uno). Y además hábil para los negocios, capaz de *sacar adelante el rancho*».[14] Ya habíamos comentado arriba cómo la madre había gritado ante la mera posibilidad de que la profecía indígena se cumpliera y fuera su

---

[14] Tarica, *The Inner Life...*, p. 147. El énfasis es nuestro, no de Tarica que la usa. En esta carta es claro que Castellanos asume los papeles masculinos, suplanta al hermano y cumple con su obligación en el linaje. Aunque afirme que el papel le quedaba grande y representaba un gran esfuerzo, lo importante es que la operación discursiva para dejar de ser esa/ese, es central para la postura feminista de Castellanos y para su escritura misma.

hijo varón el que muriera, tema que será central en la narración de *Balún Canán*, pues quien trae las malas noticias, la nana, será *expulsada* de la familia debido a ello, dejando huérfana emocionalmente a la narradora sin nombre del libro. Rechazada por la madre como legítima heredera —incluso de la escritura pues la tierra es el espacio físico pero también el tiempo social, la *escritura* que otorga posesión, tenencia de la misma y la memoria escrita de la familia sobre la hacienda que ha ido pasando de mano masculina en mano masculina por generaciones. Ser esa amazona buena para los negocios capaz de sacar adelante el rancho —aun con todas las dificultades— tuvo que haber sido importante para ella, pero también *absurdo*, pues desplazaba la presencia fantasmática del hermano muerto, lo suplantaba, y ella misma se desplaza como mujer. Todo el esfuerzo autorial de *Balún Canán*, al menos de la primera parte de la novela —o el primer retablo del tríptico según Pérus—, consiste en *desautorizar* esa posibilidad futura, en hacerla del todo imposible. Esa niña no puede, pese al intento de la nana, ser la dueña. El ejercicio autoetnográfico consiste en este caso en negarse a sí misma discursivamente ese futuro posible. Ser doña Bárbara significa ser la civilización contra la barbarie, en el tropo fundacional de nuestras narrativas latinoamericanas —y ser un tipo de mujer mitificado, *la amazona* a la misma vez que la *devoradora de hombres*, la *domadora* del llano, papeles de control del otro que ella se niega a cumplir. Desautorizar a doña Bárbara implica entonces *en la infancia* autorizar a la niña doblemente desplazada, del mundo de los adultos por su edad y de la legítima herencia del control familiar, por su sexo. Construir a la niña anónima de la primera parte de *Balún Canán* le permite ejercer ese viraje esencial.[15]

No la amazona obligada, sino la mujer elegida, digamos, o como le escribió también a Guerra sobre este cambio en el que decide *desenmascararse*:

---

[15] Y convertirse, como bien ha probado Joanna O´Connell en «Balún Canán as Palimpsest», *Prospero's Daughter: The Prose of Rosario Castellanos*, Austin, University of Texas, 1995, pp. 67-105, logrando que el conflicto local o individual se convierta en universal y nacional. Se trata de dos guerras paralelas, como ya hemos estado discutiendo, la racial —que es siempre territorial como ha probado Lund (*The Mestizo State*)— y la de género, la femenina. *La hija de Próspero* o la niña Argüello pueden asumir productivamente la totalidad de sus luchas, no la particularidad de su biografía.

Un ser débil, sin ninguna madurez en ningún sentido, voluble, inconstante porque no sabe lo que quiere ni lo que debe ni lo que puede hacer. Que en un rancho debe estarse muy sentada y en su casa mientras los hombres hacen las tareas de los hombres. Y que tiene derecho a dormir si quiere dormir, a escribir si lo necesita y a no entender nada del campo [...]. Fíjate qué felicidad [...]. Por eso me he decidido a ir yo personalmente, y por más trabajo que me cueste, por más humillante y doloroso que me parezca, por más que este gesto me acobardase, desenmascararme.[16]

Debe ir personalmente, primer paso, apersonarse, *territorializarse*. Es allí, en la hacienda —Chactajal, pensamos—, donde puede ocurrir tal acción. Y pese a que asumir dentro del mundo patriarcal y masculino del *rancho* la posición de mujer —algo que es humillante y doloroso, gesto de cobardía—, *desenmascararse*. La recompensa es la felicidad de poder *dormir y escribir,* haciendo como si. La tensión discursiva es enorme, pues implica acogerse a todos los estereotipos de lo femenino que aborrece; esa territorialización la desplaza irremisiblemente, ella *señora de los vientos* en *el país oscuro de los hombres,* como Tarica prueba analizando algunas frases de *El rescate del mundo*. Esa decisión biográfica es absurda, sale a Europa y solo será a su regreso, con otro elemento central, la antropología aplicada del Instituto Nacional Indigenista, y el indigenismo, cuando pueda continuar su remplazamiento fuera del lugar, asumiendo su singularidad del ser, lo que Mari Ruti[17] llama lo *internamente inmortal,* como veremos al final de este capítulo. El recurso de la infancia le otorga una mirada parcial, y es esa fragmentación del mundo lo que requiere; no por ello la vez primera que toma la palabra en la novela —*Balún Canán* representa un continuo desplazamiento de yoes, autorizando y desautorizando a las voces narrativas— afirma negando la disminución en la que el discurso de la nana la ha dejado, como semilla no germinada, grano de anís.

Será el *indigenismo interior,* si así podemos llamarlo, el siguiente paso después del remplazo femenino y el desplazamiento infantil. Guillermo de la Peña,[18] en su reflexión sobre los debates

---

[16] Rosario Castellanos, *Cartas a Ricardo*, México, Consejo Nacional para la Cultura y las Artes, 1996, p. 151.
[17] Mari Ruti, *The Singularity of Being: Lacan and the Immortal Within*, Nueva York, Fordham University Press, 2012.
[18] Guillermo de la Peña, «Anthropological Debates and the Crisis of Mexican Nationalism», en

antropológicos y la crisis del nacionalismo mexicano, discute la relación de servicio que la antropología mexicana le prestó al Estado entre 1920 y 1968. El nombre oficial de este discurso, *indigenismo*, fue evolucionando de la idea vasconcelista de incorporar al indio a sus *deberes cívicos* como mexicano pleno, a las nociones de *integración* mestiza en la unidad de la patria. Pero ese discurso, quizá en eco de Molina Enríquez, fue visto como un *problema*: el problema del indio (casi un dolor de cabeza), que se tradujo, sobre todo en política educativa con Moisés Sáenz[19] y en política social con la creación del Instituto Nacional Indigenista bajo la tutela de un arqueólogo, Antonio Caso.[20] El indigenismo, siguiendo a De la Peña, tuvo dos veneros, muchas veces contradictorios entre sí, a saber: la tendencia de encontrar *características positivas* en los indios vivos (su generosidad, cohesión familiar, frugalidad, resistencia física, sentido artístico, organización comunitaria). *Revivir al indio* —de eso se trataba, aparentemente el llamado *Renacimiento* mexicano dirigido por Vasconcelos entre 1921 y 1924 y continuado después por las políticas culturales y educativas del Estado, que lo mismo *descubrió* las líneas esenciales del arte visual mexicano con el famoso *método* de Best Maugard que incorporó instrumentos musicales *prehispánicos* en los conciertos de la Sinfónica Nacional y *promovió* así la obra *autóctona* de Carlos Chávez y Silvestre Revueltas—. Desde las Misiones Culturales —que pese a su mesianismo fueron útiles en la alfabetización masiva— y su búsqueda por inyectar un *espíritu* revolucionario en las comunidades originales, hasta la Escuela Rural de Moisés Sáenz, escuela de *acción* inspirada en John Dewey. Esta trayectoria, al menos en la educación pública, ha sido descrita por Bruno-Jofré y Martínez

---

Culture, Economy, Power: Anthropology as Critique, Anthropology as Praxis [Winnie Lem y Belinda Leach, eds.], Albany, SUNY Press, 2002, pp. 47-58.

[19] Véase el reciente trabajo de Rosa Bruno-Jofré y Carlos Martínez Valle sobre Sáenz («Ruralizing Dewey. The American Friend, Internal Colonization, and the Action School in Post-Revolutionary Mexico (1921-1940)» [Rosa Bruno-Jofré y Jürgen Schriewer, eds.], en *The Global Reception of John Dewey's Thought: Multiple Refractions Through Time and Space*, Nueva York, Routledge, 2012), que sugiere el ejercicio de *ruralizar* a John Dewey. En él hay un apartado sobre el nada innegable papel del protestantismo en la posrevolución.

[20] A partir de los años setenta, como afirma De la Peña, la categoría misma de indio fue deconstruida y expuesta como un signo de continuidad colonial, particularmente en la obra de Guillermo Bonfil Batalla. Sin embargo, Claudio Lomnitz (*Deep Mexico...*) también ha hecho una feroz crítica a la idea de *México profundo*, por las implicaciones que referimos en la introducción de este libro.

Valle,[21] en la que señalan cuatro corrientes pedagógicas de la SEP entre 1921 y 1940: los *espiritualistas* vasconcelistas; los desarrollistas populistas, representados por Moisés Sáenz; los socialistas, representados por Narciso Bassols, y los seguidores de una pedagogía *anarquista-racionalista*, como José de la Luz Mena, que influyeron, aun sin puestos, a los socialistas de Bassols.

Pero por otro lado —es decir, la otra vertiente a la de buscar características positivas e integrar— implica una defensa de la homogeneización cultural y está, como bien afirma De la Peña, simbolizada por la figura mítica del *mestizo*, cuyo primer precursor será Molina Enríquez, un *spenceriano* que creía que el mestizo sería racialmente el más fuerte para sobrevivir mientras que los blancos e indígenas finalmente desaparecerían. Amalgama utópica que, como ya vimos, Vasconcelos convierte en *credo* y supremacía, la *raza cósmica*, síntesis plena, sin negación aparente entre las dos herencias —ríos de la fuente en la metáfora de Henríquez Ureña, gran amigo de Vasconcelos—. Lo que De la Peña demuestra también es el vaivén entre estas dos posturas en la antropología *profesional*. El discípulo de Franz Boas, Manuel Gamio —Sáenz también lo sería—, es más conocido por *Forjando patria* que por sus múltiples trabajos etnográficos, particularmente sobre el valle de Teotihuacán, cuya piedra de toque es la idea de *cultura regional*, el reconocimiento de las características y los valores históricos sin su *idealización*. La idea de *incorporación*, por ende, en Gamio implica que en el proceso de cambio cultural los *valores positivos y las prácticas culturales* no deben ser destruidas en el arduo camino de conseguir que el indio plenamente sea incorporado a la vida civilizada.[22] Lo esencial del recuento de Guillermo de la Peña consiste en hacernos entender que ese mismo enfoque fue adoptado por Moisés Sáenz, alumno de la Universidad de Columbia en Nueva York, como Gamio —pero influido por Dewey y no tanto por Boas—, quien en la llamada *estación experimental* de 1931 en el área conocida como Cañada de los Once Pueblos, en Michoacán, aplicó sus ideas de escuela de acción en la recién creada escuela rural. Experimento fallido por la ira local de pobladores «[...] ya de

---

[21] Rosa Bruno-Jofré y Carlos Martínez Valle, *Ruralizing Dewey*...
[22] Fórmula etnográfica que, como bien apunta De la Peña («Anthropological Debates...», p. 49), fue usada por múltiples antropólogos después de Gamio.

por sí divididos por asuntos de tierra, política y religión».²³ Sáenz mismo renegará entonces de la idea de *incorporación* y escribirá al *cacique revolucionario* —*mestizo* con poder y autoridad— como uno de los principales opositores de la integración plena. El *fracaso*, sin embargo, llevó a la creación del Departamento Autónomo de Asuntos Indígenas en 1934 por Lázaro Cárdenas, desmantelado por Manuel Ávila Camacho por considerarlo *peligroso* para la unidad nacional. Será hasta 1948 cuando reaparezca tal oficina pero ahora convertida en Instituto Nacional Indigenista, que «recuperó la idea de aplicar la antropología social a la investigación de las regiones indígenas pero ahora con una explícito e inequívoco propósito asimilacionista»,²⁴ el modelo creado por Aguirre Beltrán —suerte de amalgama entre corrientes—, cuya idea central era que los indios desde la época colonial no habían vivido aislados sino como parte de un complejo sistema territorial articulado por el dominio urbano (sede de los *blancos*, *mestizos* o *ladinos*), que ejerce y controla el poder mediante el monopolio de la autoridad local, la relación con el gobierno central y nacional, de manera que así controlan todos los recursos —los naturales y los humanos—. Por ello, sigue De la Peña, la acción pública debe implicar la modificación radical del sistema de poder regional —lo que había hecho fallar la *estación experimental* de Sáenz—mediante «el municipio democrático, la distribución de la tierra, la apertura de mercados rurales, la multiplicación de escuelas, y programas de desarrollo».²⁵

Es en este nuevo momento del indigenismo mexicano cuando Rosario Castellanos entra a trabajar al Instituto Nacional Indigenista, cuando la corriente de la *aculturación* está en boga. Analisa Taylor, sin embargo, nos alerta: los indigenistas están siempre obsesionados con el indio —y su discursivización como *problema*— como *otro*,²⁶ periférico a la nación. En la oficina del INI en San

---

[23] *Ibid.*, p. 50.
[24] *Idem.*
[25] Y prosigue: «Ya que la cultura indígena es una cultura de subordinación, la emancipación de los indios y su conversión en ciudadanos iguales frente a la ley debe involucrar un procesos de 'aculturación genuina' (no incorporación ni integración) que lleva al florecimiento de una rica cultura *mestiza*, que sería a la vez nacional y moderna» en el pensamiento de Aguirre Beltrán. De la Peña, «Anthropological Debates...», p. 51.
[26] Analisa Taylor, *Indigeneity in the Mexican Cultural Imagination: Thresholds of Belonging*, Tucson, University of Arizona Press, 2009. De hecho, al final de su libro sobre la imaginación cultural mexicana y la *indigeneidad*, y después de analizar magistralmente la aparición del EZLN, es contundente: «[...] mientras continúe definiendo la cultura indígena [...] cualquier agencia estatal será incapaz de resolver el *problema indígena*, el que ha sido creado por el Estado por su

Cristóbal de las Casas, en su sección Tzeltal-Tzotzil, comenzó Castellanos a trabajar en 1956 (por casi dos años) escribiendo guiones y viajando en algunas ocasiones con marionetas *alfabetizadoras*, el Teatro Petul. En estos años el cambio de discurso representa en realidad una modificación de postura frente a lo indígena. Mientras que en el libro de poesía inaugural el indio era idealizado —la india en particular—, ahora asume el papel *aculturador* del Estado como forma de otorgar poder social al indio. En uno de los guiones de sus marionetas hablan Benito Juárez y su tío Bernardino:

> —BERNARDINO: Te van a castigar por alzado. Indio naciste, indio tienes que morir.
> —BENITO JUÁREZ: Soy indio y no tengo por qué avergonzarme de mi raza. Pero ser indio no quiere decir ser tan infeliz como nosotros.
> —BERNARDINO: ¿Y qué quieres? ¿Ser igual que las gentes de razón?
> —BENITO JUÁREZ: Sí, saber lo que saben los ladinos.[27]

El trabajo del Centro Indigenista consiste no solo en acciones de alfabetización sino en acciones políticas concretas que les permitan a los espectadores asumirse como actores nacionales o locales de sus propias vidas. En *Balún Canán*, por supuesto, esto tendrá que ser problematizado en forma de discurso, pero lo que ya notamos es un cambio radical que se convertirá en el eje de la segunda parte de la novela. Utilizando la idea de *embrollamiento* o *enredamiento* —*entanglement*— de Édouard Glissant, Tarica realiza un convincente análisis del cambio de perspectiva a la segunda persona, el narrador omnisciente de esta parte de la novela. Según ella, la niña no puede *enredarse* o *embrollarse* en una historia —la desposesión de la tierra original de los indígenas— que no le pertenece pues su propia familia la ha desheredado, desapropiado de esa tarea colosal. Desplazándola de su natural herencia —de usurpadora— la ha liberado de la posesión de la autoridad discursiva de contarla. Por eso, al final de la primera parte, la nana le dice que se duerma, que descanse, y es esta invocación al sueño lo que permite estructuralmente un cambio tan radical del punto de vista: es la historia de los

---

propia mano. Como se ha visto, el *problema indígena* no es indígena del todo, sino un problema del gobierno vistiendo una máscara indígena robada» (p. 116).
[27] Tarica, *The Inner Life...*, p. 172.

otros —de la familia en cuanto extraños y de los indios de Chactajal como víctimas— narrada en los papeles de la hacienda —la especie de *Sagrada Escritura*— que se rehúsa a aceptar como propia. El narrador omnisciente *ve* lo que la niña no puede. Es un problema de mirada. Pero también de agencia: son los indios quienes tienen que reapropiarse *sus* tierras y *sus* discursos, asumir plena propiedad, como la misma nana —como ya citamos— había hecho con el pasado maya en su discurso —llamado por la crítica con razón *populvúhica*—:

> Y entonces, coléricos, nos desposeyeron, nos arrebataron lo que habíamos atesorado: la palabra, que es el arca de la memoria. Desde aquellos días arden y se consumen con el leño en la hoguera. Sube humo en el viento y se deshace. Queda la ceniza sin rostro. Para que puedas venir tú y el que es menor que tú y les baste un soplo, solamente un soplo.[28]

Es mediante la palabra —y la escritura— como la niña adquirirá su plena identidad como *mujer* y *escritora* cuando se logre liberar de los discursos de los otros. Es el mismo reclamo de volver a poseer la palabra arrebatada —y con ella la memoria, el pasado— lo que la nana pide desde que toma la voz —y la autoridad narrativa— que disputará una y otra vez la narradora, quien también ha sido arrebatada de la voz y la escritura por el doble nudo: lo adulto y lo masculino que ya hemos visto.

Joshua Lund (2012), en su imprescindible *The Mestizo State*, toma por un breve momento *Balún Canán* —su análisis magistral de la revolución descolocada lo hace con *Oficio de tinieblas*—, y cuestiona la lectura canónica de la novela que interpreta la relación entre la nana y la niña narradora como una narración de autodescubrimiento femenino —la central en la interpretación de Tarica— en donde la niña ladina debe moverse —desplazarse, hemos dicho nosotros—. De su dependencia de la nana india para asumir agencia plena (sin olvidar la homología entre ambas, las mujeres y los indios son igualmente oprimidos). Según esta lógica que Lund critica, la novela otorga poder a la mujer a expensas de los indios. Para contrarrestar esta lectura, Lund nos propone analizar la penúltima escena del libro, en la cual la narradora se encuentra en la calle a

---

[28] Rosario Castellanos, *Balún...*, p. 9.

la nana —quien ha sido castigada, ya lo dijimos, expulsada de la casa de los ladinos por traer la mala noticia del presagio de la muerte del hijo, y ha sido además golpeada con un peine por la madre de la narradora (el capítulo en cuestión para Lund obliga a releer toda la novela)— y esta no la reconoce —o aparenta no reconocerla, pues pese a los aspavientos de la niña ella no se inmuta—. «Nunca, aunque yo la encuentre, podré reconocer a mi nana. Hace tanto tiempo que nos separaron. Además todos los indios tienen la misma cara»,[29] responde la niña con cautela, pero también con contenida tristeza —son los otros, los adultos, quienes las separaron—. Lund nos advierte que la expresión: «todos los indios tienen la misma cara» no puede interpretarse como una nota racista, pues esto sería un grave error. «La narradora no le habla a lo civilizado contra lo bárbaro (en la obra de Castellanos todos son bárbaros), sino a un mundo investido de relaciones coloniales de poder».[30] La escena, para el crítico, degrada la complicidad posible hasta entonces entre la nana y la narradora. La *epistemología alternativa* —de la que la nana es dueña— ha sido aprendida por la narradora sin que esta le dé investidura alguna: todas las relaciones de poder coloniales han sido extendidas a la propia Castellanos. Esta escena es la que lleva a la narradora —y a la autora de esta autoetnografía— a tomar el poder de la palabra, la escritura misma que le ha sido arrebata por el poder masculino. «La transición —de la cosmovisión racista a la emergencia de la escritura— es puro Castellanos, la problematización del proyecto de escritura mismo, del sujeto que escribe, de aquel cuyos materiales literarios descansan en territorio ocupado».[31]

Esta última intuición es fundamental, puesto que Lund ya ha comprobado que toda guerra racial es, en última instancia, territorial.

> En la Chiapas de Rosario Castellanos, los campesinos indígenas siempre están a punto de (fallidos) levantamientos, los dueños de la tierra siempre están comandando sus fuerzas [guardias blancas, paramilitares, como en el levantamiento del EZLN de 1994] y ambos lados son provocados por absurdos rituales y pequeños actos de

---

[29] Joshua Lund, «The Mestizo State...», p. 285.
[30] *Ibid.*, p. 105.
[31] *Ibid.*, p. 106.

histeria. Esto no debe confundirse con falta de ley. De hecho representa un orden, el orden de *Balún Canán* y esta ley no es expresada por un emisario de Lázaro Cárdenas, ni por un funcionario estatal, tampoco por un caudillo terrateniente ni por un rebelde indígena. Esta ley es promulgada por la nana. Es la ley del rencor histórico: «Es malo querer a los que mandan, a los que poseen. Eso dice la ley». Al final de la historia los indios habrán quemado el rancho.[32]

¿Cómo pasa Castellanos de la ley del rencor como constante histórica a la toma de la escritura? He allí todo el sentido de *Balún Canán* y su fuerza intemporal. Si al principio de la novela, guiada por esa ley escuchada en boca de la nana, la narradora dice: «Yo salgo, triste por lo que acabo de saber. Mi padre despide a los indios con un ademán y se queda recostado en la hamaca, leyendo. Ahora lo miro por primera vez. Es el que manda, el que posee. Y no puedo soportar su rostro y corro a refugiarme en la cocina».[33] Ahora Castellanos, la persona, tendrá que asumir su culpa histórica y *retirarse* a la escritura, de la misma manera consciente en la que se retiró de la *propiedad* de la tierra al mostrar su verdadero ser y convertirse en mujer a los ojos del mundo masculino de Comitán. Dos virajes que lejos de disminuirla la liberan al fin. Es la escritura femenina la que —desplazamiento de desplazamientos— la retira al fin de la usurpación de los blancos. Ella no puede ser la dueña ni de esas tierras, ni de ese discurso.

Su liberación es un reconocimiento fundamental, el de su singularidad. En una posible interpretación lacaniana podemos decir que tal toma de postura es una sublimación que crea un espacio desde el cual es posible reasignar valores al propio orden simbólico impuesto. La constatación de que la realidad no se corresponde completamente a sí misma —que siempre está siendo intervenida por las crudas energías de lo real— otorga una posibilidad de libertad, la de la reinvención de los valores, los ideales y sistemas de representaciones personales o sociales, porque como afirma Mari Ruti: «Solo cuando algo de lo real es admitido en el espacio de lo simbólico es que es posible ir más allá del principio del placer».[34]

---

[32] *Idem*. Por esa misma razón, antes de irse de la casa la nana reclama con justicia e inaudita fuerza: «No tienes derecho sobre mí. Tú no me trajiste con tu dote. Yo no pertenezco a los Argüello. Yo soy de Chactajal» (p. 231).
[33] Rosario Castellanos, *Balún...*, p. 16.
[34] Mari Ruti, *The Singularity of...*, p. 152.

El principio de realidad no es el límite de lo posible, ni una dictadura absoluta de lo simbólico. Lo que Rosario Castellano reconoce en la falta de reconocimiento es una crisis de investidura y el hecho aún más liberador de que el principio de realidad es una ficción de la subjetividad. Para Rosario Castellanos es posible desatar el doble nudo, deshacer el género y deshacer el mestizaje en tanto reconoce la diferencia entre trauma estructural y trauma histórico. Que pese a la *aparente* dictadura de la realidad podemos intervenir en los sistemas simbólicos de significación. «No somos», sigue Ruti, «receptores pasivos de significados culturales, tenemos el poder de reformular activamente estos sentidos»,[35] producir como ha hecho Castellanos, sentidos contrahegemónicos.

La pregunta central de Castellanos —deshacer los nudos de la condición femenina impuesta y de la condición ladina/mestiza impuesta— es formulada en su poema más famoso en forma, también, de interrogante, pero contestada en su persona de forma afirmativa: *sí hay otra forma de ser humano y libre*. Hay una manera, si bien dolorosa y permanente, nunca conseguida del todo, de subvertir el discurso del poder. La singularidad es un proceso —como toda identidad— nunca completo, siempre en vías de hacerse, reconfigurado, volátil; el yo se compone y recompone, la subjetividad humana está siempre haciéndose. Al responder a esa pregunta de forma contundente en la tercera parte de *Balún Canán*, Castellanos nos descubrió desde dentro cómo deshacer el mestizaje, una de las preguntas centrales de este libro, porque si nuestras identidades están siempre en vilo, la «…singularidad no es nunca algo que el sujeto consigue de una vez y para siempre, sino una permanente, siempre renovada y siempre precaria exploración de posibilidades que se emprende en relación con las siempre veloces y cambiantes y caprichosas influencias externas así como con las igualmente impredecibles energías de la pulsión y el inconsciente que galvanizan el destino psíquico del sujeto».[36] Nunca provincia exclusiva de lo simbólico o lo real, sino *tumultuosa* lucha entre los dos.

Ya lo pensaba poéticamente Castellanos cuando con imperativa voz reclamaba «dejemos que los muertos entierren a sus muertos», pero aún más cuando en esa ya citada *Meditación en el*

---

[35] *Ibid.*, p. 8.
[36] *Ibid.*, p. 9.

umbral (1972) explicaba que la solución no es el suicidio —como último acto político, como única posible sublimación, como sigue pensando, por ejemplo, Žižek— ni el retiro extático del místico: *Debe haber otro modo que no se llame Safo ni Mesalina ni María Egipciaca ni Magdalena ni Clemencia Isaura*, enumera para decir que no es en Otro en quien se descubre el Ser, sino en la singularidad. Es ella misma —en la medida que pueda ser *interpelada sin la interpelación*, como dirá Eric Santner—,[37] si dijera en quien puede ocurrir ese *otro modo de ser humano y libre*.

---

[37] Eric L. Santner, *The Royal Remains: The People's Two Bodies and the Endgames of Sovereignty*, Chicago, University of Chicago Press, 2011.

Los caifanes, la ciudad mestiza y *La región más transparente*, la ciudad de la afrenta
Instrucciones para habitar la urbe

—PALOMA: ¡Qué bonito hablan, hasta parece otro idioma!
(Y en otro momento)
—CAPITÁN GATO: Caifán.
—PALOMA: ¿Qué es eso?
—JAIME: Pachuco.
—EL AZTECA (lo corrige): No, eso es papá grande. Caifán es el que las puede todas.

Asegura Carlos Monsiváis, quien aparece en la película vestido de Santa Claus, que *caifán* es una palabra de los pachucos de California, que viene de caer bien en *spanglish*, *cai fine*, caifán (1977). Comoquiera que sea, significa en el contexto de la película aquel que está al borde de la ley y que, como dice el Azteca, *las puede todas*, regresa al barrio y es respetado. En ese sentido el Jaibo, de *Los olvidados*, sería un *caifán*.

    Los caifanes (antes *Fuera del mundo*, 1966) es la contraparte fílmica de la novela de 1958, *La región más transparente*.[1] El guion es del propio Carlos Fuentes, y en muchos sentidos es la contraparte urbana de *Pedro Páramo*, novela contemporánea de la de Juan Rulfo. ¿Cómo entender la operación ideológica que el cambio del campo a la ciudad provocó en el imaginario mexicano? Lo que hemos estado haciendo hasta aquí no ha sido sino un intento de *hacer visible* la operación ideológica del Estado mexicano posrevolucionario a través del significante maestro que articula todas las prácticas culturales y el régimen de sentido en el que nos movemos. Pero la ideología no es solo el conjunto de ficciones simbólicas que regulan la realidad externa, ni tampoco es simplemente la fantasía que sostiene nuestra percepción de la realidad, aunque

---

[1] Carlos Fuentes, *La región más transparente. Obras completas*, vol. II, México, Fondo de Cultura Económica, 2008.

englobe ambas operaciones. La ideología, como hemos comprobado, ya se localiza *entre* lo simbólico y lo sublime (entendida como aspiración, tanto estética como social). O como sostiene Mathew Flisfeder, «tiene que ver con la relación entre el orden simbólico externo que regula la realidad social y el fondo obsceno de la fantasía (un fondo que permanece inconsciente) que nos ata aún más agresivamente a la realidad externa».[2] Si bien no podemos tolerar lo Real crudo, en el sentido lacaniano, por la mediación de la ideología *creemos* que la realidad es consistente.

Carlos Fuentes marca el tránsito de la narrativa rural a la ciudad en la historia literaria mexicana por *La región*... No deja de ser curioso que en su también importante actividad dentro del cine —particularmente como guionista, siempre de la mano de Manuel Barbachano Ponce—, *Los caifanes* ocupe un papel central, como si fuera un espejo fílmico de las ideas novelescas.

¿Cuál es el fondo obsceno de la fantasía de ambos textos? Creo entrever que se trata del sueño de la *igualdad*, la fantasía del intelectual blanco de que la utopía posible permitirá que el mestizaje nos haga a todos iguales. Que Ixca/el capitán Gato, o al menos el Estilos, se queden con la *güerita*, Paloma, en una suerte perversa de reverso de la Conquista. Reverso que es revancha, *afrenta*.

El espacio urbano en *Los olvidados* —la ciudad perdida— es un espacio *aislado*, que excluye por su propia naturaleza una especie de ciudad fuera de la ciudad. La integración es del todo imposible. Los olvidados son eso, invisibles, no pertenecen ni siquiera al recuerdo. En la ciudad democratizada de los años cincuenta las clases se *mezclan*, la movilidad social del avilacamachismo y del alemanismo han hecho lo suyo, o al menos eso creemos. Al punto de pensar que un grupo de mecánicos —para más señas de *fuera* de la ciudad— pueden comérsela en una sola madrugada al grito de «¡La noche es joven, caifanes!».

En la subcultura del barrio que los jóvenes burgueses —Jaime y Paloma— experimentan por una noche gracias a sus tres Virgilios mestizos, el espacio parece abrirse. Un espacio que produce porque permite, sugiere, aunque al hacerlo prohíba algunos comportamientos específicos. Sin embargo, los mundos de la pareja central del relato y de los mecánicos convertidos en guías nocturnos no

---

[2] Matthew Flisfeder, *The Symbolic, The Sublime, and Slavoj Žižek's Theory of Film*, Nueva York, Palgrave Macmillan, 2012, p. 2.

pueden tocarse. Los caifanes no solo *hablan* otro idioma, como bien apunta Paloma —suerte de lunfardo lumpenesco de la ciudad de México, según Fuentes—, sino que *habitan* dos patrias distintas. Jaime habla inglés, es arquitecto, en sus fiestas se discute a Sartre y el arte moderno (aunque el retrato de ese esnobismo quiera ser irónico, no basta el instante de la fiesta para producir la farsa). De hecho ellos, los burgueses, *regresan* a la ciudad después de la fiesta (en esa fiesta, por cierto, actúan como invitados los que Luis Guillermo Piazza llamará La mafia, él mismo está allí, y Alberto Dallal, Tito Novaro, Eduardo Fara, en una ironía para conocedores, claro). Los intelectuales abandonan a Jaime y Paloma, quien se ha dedicado a provocar a Jaime pero sin dejarlo *consumar* su amor, a pesar de haberse quedado solos en la casa (es solo un juego, pues ya lo han hecho antes, «Me acuesto contigo porque me gustas, le dice, no porque te ame»). La lluvia los obliga a meterse en un coche que no es suyo donde siguen con sus juegos eróticos hasta ser sorprendidos por el dueño del coche, el capitán Gato y por sus amigos, el Azteca, el Mazacote y el Estilos, los cuatro *caifanes*. Como los mosqueteros, con su D'Artagnan, suerte de *outsider*, el casi blanco Estilos (Óscar Chávez).

En la noche de los caifanes todo se vale con tal de probarse que las pueden todas (suerte de artistas involuntarios en su afán de desquiciar el orden burgués), pues se emborrachan, roban, perturban la paz de los sepulcros, o al menos la paz de la funeraria Gayosso, e incluso son capaces de colocarle ropa interior a la Diana Cazadora. En sus juegos y retos *desacralizan* la ciudad, penetran en los espacios del orden simbólico buscando trastocarlos, aunque sea temporalmente. Incluso su cabaret es un teatro de *burlesque*, una puesta en escena, una burla de la modernidad y sus sueños aerodinámicos. Y la noche es una continuación de ese espacio cerrado —la noche toda es un cabaret—, a juzgar por la presencia reiterada de la vieja prostituta, suerte de *Calavera Catrina* de Posada, novia además del capitán Gato, que por unos instantes es también su *padrote*.

Allí sí el filme de Juan Ibáñez alcanza su mejor momento, cuando logra que el tono fársico se apodere del falso realismo de ópera bufa de la película. Sin temor a la caricatura patética, la película profundiza en la absoluta incompatibilidad del blanco y el mestizo en el México de los años cincuenta. En el esplendor de la modernidad la ciudad tampoco es un espacio posible sino una serie de barrios que se excluyen mutuamente. El tono de farsa además es reiterado por la forma de filmación, en cinco episodios con subtítulos (*Los caifanes, Las variedades de los caifanes, Quien escoge su suerte y el tiempo para exprimirla, Las camas del amor eterno* y *Se le perdió la paloma al marrascapache*).

Juan Ibáñez en una entrevista precisaba el género de su filme: «El caifán [...] es en realidad un tipo de la picaresca [...] tratamos de poner en circulación la picaresca mexicana que durante tanto tiempo ha estado oculta detrás de máscaras, tonos y giros y palabras que no nos pertenecen [...] Y hemos querido desenterrar todo ese mundo riquísimo de formas de expresión».[3]

Sin embargo, los contrastes lingüísticos son muy limitados y las citas culteranas son compartidas por ambos grupos. Los caifanes son capaces, incluso, de recitar a santa Teresa o las *Coplas* de Jorge Manrique. La *afrenta* no llega tampoco a darse en ningún momento del filme a pesar de los celos de Jaime, quien no puede creer que Paloma coquetee con ese *greaser* (el Estilos) y termina por encararlos sin entenderlos: «[...] es muy fácil ser bravos cuando no se tiene nada que perder. Yo soy Jaime de Landa [...] ¿y qué tienen ustedes?».

El capitán Gato contestará: *Tenemos la suerte*. No necesariamente la *buena* suerte, sino el azar, la contingencia como posibilidad. Quien no es ni un nombre ni un apellido, que es solo un apodo, es nómada. Como ya dijimos antes, *está siendo*, es puro devenir. La despedida —el honesto Estilos le lleva su caballito de cartón a Paloma que aborda un taxi ya sin Jaime, el que es abandonado por *cobarde*, no por el mecánico que regresa con los otros caifanes a Querétaro—. La imposibilidad de reconciliación-relación entre la élite capitalista y el mestizo sería lo más visible del filme, pero el *fondo obsceno de la fantasía* ha quedado incumplido. La Paloma se le ha escapado al marrascapache, como si los dos nombres, Paloma (metonimia de *blanca*), y el mestizo vuelto indígena por el apodo: *marrascapache* (suerte de borrachín o teporocho), fueran los representates de los dos grupos sociales. Se le ha escapado el blanco al mestizo.

Juan Ibáñez reconoció tiempo después que la premisa en la que intenta sostenerse la película es del todo imposible. Podría ocurrir

---

[3] García Riera, *Historia documental...*, vol. 13, p. 145. García Riera refiere otra entrevista muy posterior del director. En ella Ibáñez reniega de su propia película, la piensa falsa y acartonada: «No es posible que cinco caifanes respeten a una joven solitaria».

que Paloma y Jaime aceptaran un *aventón* de los cinco caifanes, pero allí hubiera quedado la historia. Paloma es quien una y otra vez quiere demostrar que es *aventada* y no *apretada*, y sigue en sus aventuras a los *pelados*. La noche permite que dejen de ser espectros —fantasmas para el joven burgués y su novia que encarna la apertura sexual y el nuevo papel de la mujer—. Desde nuestra interpretación, la escena central del filme, para la que nos ha preparado el centro nocturno fellinesco (podría ser una escena de *Las noches de Cabiria*), es la llamada *Camas de amor eterno*, la escena en la funeraria Gayosso. Culminan en ella todos los juegos y actúan las dualidades que la película ha presentado en su inconsciente fantasmal —o espectral—, invisibilidad/visibilidad, vida/muerte. Por ello también se trata de uno de los momentos de mayor incomodidad para Jaime, quien ha sido testigo de las añagazas de los caifanes, sin participar, como por darle gusto a Paloma. Ahora no puede soportarlo más. La escena retira la ambigüedad o la duda: los caifanes parecen regresar de la muerte, del pasado prehispánico para cobrar la afrenta histórica. Son la parte sin parte, pero osan mostrarse (como la aparición renovada de la prostituta vieja, muerta viviente, obsceno fondo de la fantasía apuntando al ojo de Jaime, ¡en esto se convertirá Paloma si la dejas gozar!).

Para Jaime los caifanes no existen —aunque el público de clase media, el espectador del filme los *vea* y hasta empatice con ellos considerándolos graciosos— y no son gente. Mientras permanezcan invisibles, guardados, reprimidos, escondidos, pueden existir como fuerza de trabajo. Pero ahora, en esta noche no solo se han confundido con ellos, han decidido salir de su escondite y jugar al juego de aparecerse, aunque lo hagan para Jaime como apariciones espectrales, fantasmagóricas. Cuando Jaime golpea al Estilos y le hace sangrar el labio, no solo está vengando su orgullo de *macho* sino marcando un territorio y un espacio. Ha coqueteado con su novia (propiedad, capital social) y se ha ido con ella por un tiempo insoportable. Lo que hayan hecho los dos cuando él no los vio es lo que lo colma. La ofensa en su esfuerzo romántico (puesto que el Estilos corteja pequeñoburguesamente a Paloma, no la come con la mirada lasciva del Mazacote o el Azteca[4]).

---

[4] Y aquí vale la pena un comentario. Los dos nombres representan esa parte fantasmática del imaginario: el Azteca como el indígena, el Mazacote como parte sin totalidad, pura masa.

Lo Real ha intervenido en la realidad de Jaime y es demasiado para ser soportado. Sinécdoque del mestizo dentro de la ciudad modernizada del alemanismo (no puede mostrarse, hacerse visible, en el mundo de los funcionarios del Estado y sus profesiones liberales, como la arquitectura —los Maestros/dueños— porque es Mecánico/siervo de las élites.

Lo que la película pone de manifiesto en la nueva urbe americanizada —inyectada de capital extranjero— es que no solo el Estado revolucionario se había fundado en la misma violencia original del Antiguo Régimen y su sistema de exclusión feudal, sino que ahora existe una marcada estratificación del poder producto del dinero mismo entre los ricos/blancos/élites dentro del capitalismo, y el mestizo no puede mostrarse, es el garante de sentido pero carece en sí mismo de sentido, es justamente el Significante Maestro de este nuevo orden.

La *Paloma*, la mujer de Jaime, si bien ya no es un agujero (como en *Pedro Páramo*), se ha convertido en una mascota traviesa, en una *alivianada*. Jaime tiene que cuidarla especialmente porque coquetea con otros hombres, no le es fiel.

La Revolución implicaba la muerte del Padre. Abundio asesina a Pedro Páramo al tiempo que grita su relación filial. La matanza del padre es ritual —repetida— en la memoria, lo que reitera su importancia, aun en su ausencia. Es el gran Otro del que no se tiene noción de que no existe, que es un invento de la propia subjetividad. En *Los olvidados* el padre es ya pura ausencia. No puede sobrevivir ni siquiera como memoria en medio de la pobreza que es orfandad absoluta; ni siquiera el Estado puede asumir ese papel vicariamente puesto que será rechazado. En el imaginario —para decirlo con Lacan— el Estado tiene que existir para reiterar su poder, en la presencia del director de la Escuela-Granja, en lo Real no tiene ningún acceso a lo Imaginario (de hecho, no puede intervenir en los procesos de lo Real puesto que solo tiene sentido en el orden simbólico). El Estado está suspendido. El orden simbólico está organizado de tal forma que cubre lo Real, lo hace invisible, sin poder arreglarlo o intervenir. Queda el resto.

El indio es el resto —el *objeto pequeño*—, ya sea mediante el pasado o las intervenciones sucesivas en lo Real.

Para el momento en que Ibáñez filma *Los caifanes*, la Revolución ya no existe como significante. El mestizo cierra el hueco como proyecto de masculinidad excluyente. Las mujeres mestizas son siempre máscaras del pasado (Santa en su dialéctica entre la Virgen y la Malinche, la prostituta vieja, novia del capitán Gato, el sueño capitalista de Octavio inscrito en el cuerpo de Susana en *Amores perros*, como veremos más adelante). La masculinidad mestiza no puede satisfacerse sino en la fantasía obscena de acostarse con la *güerita*, como ya hemos comprobado.

¡No te rajes, manito! Saca tus pencas, afila tus cuchillos, niégate, no hables, no compadezcas, no mires. Deja que toda tu nostalgia emigre, todos tus cabos sueltos; comienza, todos los días en el parto. Y recobra la llama en el momento del rasgueo contenido, imperceptible, en el momento del organillo callejero, cuando parecería que todas tus memorias se hicieran más claras, se ciñeran. Recóbrala solo. Tus héroes no regresarán a ayudarte. Has venido a dar conmigo, sin saberlo, a esta meseta de joyas fúnebres. Aquí vivimos, en las calles se cruzan nuestros olores, de sudor y pachulí, de ladrillo nuevo y gas subterráneo, nuestras carnes ociosas y tensas, jamás nuestras miradas. Jamás nos hemos hincado juntos, tú y yo, a recibir la misma bestia; desgarrados juntos, creados juntos, solo morimos para nosotros, aislados. Aquí caímos. Qué le vamos a hacer. Aguantarnos, mano. A ver si algún día mis dedos tocan los tuyos. Ven, déjate caer conmigo en la cicatriz lunar de nuestra ciudad, ciudad puñado de alcantarillas, ciudad cristal de vahos y escarcha mineral, ciudad presencia de todos nuestros olvidos, ciudad de acantilados carnívoros, ciudad dolor inmóvil, ciudad de la brevedad inmensa, ciudad del sol detenido, ciudad de calcinaciones largas, ciudad a fuego lento, ciudad con el agua al cuello, ciudad del letargo pícaro, ciudad de los nervios negros, ciudad de los tres ombligos, ciudad de la risa gualda, ciudad del hedor torcido, ciudad rígida entre el aire y los gusanos, ciudad vieja en las luces, vieja ciudad en su cuna de aves agoreras, ciudad nueva junto al polvo esculpido, ciudad a la vela del cielo gigante, ciudad de barnices oscuros y pedrería, ciudad bajo el lodo esplendente, ciudad de víscera y cuerdas, ciudad de la derrota violada (la que no pudimos amamantar a la luz, la derrota secreta), ciudad del tianguis sumiso, carne de tinaja, ciudad reflexión de la furia, ciudad del fracaso ansiado, ciudad en tempestad de cúpulas, ciudad abrevadero de las fauces rígidas del hermano empapado de sed y costras, ciudad tejida en la amnesia, resurrección de infancias, encarnación de pluma, ciudad perro, ciudad famélica, suntuosa villa, ciudad lepra y cólera, hundida ciudad. Tuna incandescente. Águila sin alas. Serpiente de estrellas. Aquí nos tocó. Qué le vamos a hacer. En la región más transparente del aire.[5]

Ha sido Maarten van Delden[6] en su insuperable *Carlos Fuentes, Mexico and Modernity*, quien ha hecho el mejor retrato de conjunto del escritor. Al estudiar los años cincuenta aclara el tipo de expansión que la vida cultural y literaria de esos años sufrió para bien y el papel protagónico de Fuentes —de la mano todavía de Fernando Benítez y otros— en el propio desarrollo de un ambiente más cosmopolita y moderno. Es preciso entender ese momento para comprender por qué el libro fue una bomba, un artefacto particular (similar a cuando Fuentes y su amigo José Luis Cuevas prácticamente prenden fuego al Palacio de Bellas Artes en un *happening* a la usanza del momento). Van Delden, además, argumenta a favor de la idea de que son los verdaderos años de la profesionalización del escritor, el papel de la revista que Fuentes publicó con Emmanuel Carballo, la hoy ya mítica *Revista Mexicana de Literatura*. Gestualidades y textualidades que buscaban inyectar de aire fresco el aire enrarecido que estos jóvenes encontraban en un país que *quería* ser moderno y salía de dos décadas de férreo nacionalismo estatal. Por ello, afirma Van Delden, hay una constante ida y venida entre cosmopolitismo y nacionalismo en la propia obra de Fuentes, respuestas no contradictorias sino complementarias ante la necesidad de abrazar la modernidad u oponerse a ella, buscando integrar lo que el concepto de *nación* puede colaborar en esa modernidad tan buscada. Otra vez el crítico: «[…] un sentido de identidad nacional se encuentra comúnmente enraizado en prácticas premodernas (ya sea reales o inventadas) y frecuentemente sirve como instrumento con el que resistir el aplanamiento y la homogeneización como efectos de la modernidad».[7] Veamos la trayectoria del autor y sus operaciones estéticas.

Carlos Fuentes nació el 11 de noviembre de 1928; treinta años después publicó *La región más transparente* en el Fondo de

---

[5] Carlos Fuentes, *La región...*, p. 38.
[6] Maarten van Delden, *Carlos Fuentes, Mexico, and Modernity*, Nashville, Vanderbilt University Press, 1998.
[7] *Ibid.*, p. 10.

Cultura Económica, Colección Popular. Poco después aparece publicada en Nueva York, París, Oslo, Estocolmo, Praga y Varsovia. En 1958 Fuentes empieza a colaborar en el suplemento del diario *Novedades*, México en la Cultura, a invitación de Fernando Benítez. Ese año inicia fructífera amistad con Arnaldo Orfila Reynal, Joaquín Diez Canedo, José Luis Martínez, José Alvarado, Alí Chumacero y Abel Quezada.

Cuando salió a la luz pública *La región más transparente*, Fernando Benítez escribió en *México en la Cultura* que cualquiera que fuese el destino del libro mexicano ya no le esperaría el miserable y caduco ninguneo. Cardoza y Aragón calificó a este libro inconformista como uno de los de mayor significación de los últimos años. Elena Garro señaló que el libro hablaba de un espíritu confuso que no se daba más que en Hispanoamérica. García Ascot, Carballo, todos hablaban y escribían de la novela. ¿Quién tuvo el valor para escribir páginas tan dolorosas, tan enfebrecidas y tremendas? Allí estaba, en primer término, una creación literaria, con fervor por lo suyo, sin señoritismo, decía Cardoza y Aragón, sin hipocresía, con furia. Y como resultado de este barullo, de este hito en nuestra historia cultural que hacía significar socialmente al escritor por primera vez, que le daba al escritor un lugar indiscutible que no tenía o no había sabido ganarse en una sociedad básicamente anticultural.

Después de la aparición de *La región más transparente*, Carlos Fuentes se justificaría al decir que en su libro se podían notar fácilmente las influencias de Dos Passos, de Joyce, de Faulkner, y están subrayadas como homenaje a esos autores. «Pero quizá lo que más profundamente ha influido en mí —diría— es, en primer término, la lectura de la infancia; en mis sueños se siguen apareciendo Edmundo Dantés y el abate Faría en las mazmorras del castillo de If, el pirata Long John Silver con su pata de palo y su perico al hombro, Tom y Huck sobre una balsa en el Mississippi. Después el Siglo de Oro y por supuesto Shakespeare».[8]

«Un tropel de caballos desbocados»,[9] así definió, sucinta y certeramente Elena Poniatowska, alguien que conoce bien a Carlos

---

[8] Vicente Quirarte, «El nacimiento de Carlos Fuentes», en *Revista de la Universidad de México*, junio 2012, núm. 100, p. 36.
[9] Elena Poniatowska, «Carlos Fuentes: Un tropel de caballos desbocados» [Georgina García Gutiérrez, ed.], *Carlos Fuentes ante la crítica*, México, Taurus-UNAM, 2001, pp. 31-38.

Fuentes, a *La región más transparente*, una obra llena de colores diversos, brillantes hasta la estridencia, llamativos y seductores, en la cual el escritor maneja las ideas de progreso, cambio, actualidad, devenir, futuro, como si fueran otros tantos personajes.

Y, quizá, valga apuntar que los propios mexicanos hemos tenido una gran dificultad para leer a nuestro máximo novelista; ya sea por gazmoñería o por pura envidia no se ha podido valorar su excepcionalidad: *Aura* me sigue pareciendo una obra maestra; *Terra Nostra* en su propia megalomanía el gran fasto de nuestro barroco, y su gran peso como renovación de la novela mexicana toda: *La región...* y *La muerte de Artemio Cruz* no solo clausuran una forma de hacer narrativa, no son solo el signo de defunción del género —que Ibargüengoitia parodiará en *Los relámpagos de agosto*—; son antes bien las dos grandes novelas de nuestra modernidad literaria: el que no voltee a verlas perecerá, inevitablemente, por ceguera.

Fuentes vive en el presente nervioso e inestable, a la vez triunfador e inseguro, de todas las nuevas olas, las vanguardias, los movimientos literarios o políticos más novedosos; no solamente está al corriente de estos nuevos movimientos, sino que asiste a su creación, contribuye a darles forma y sentido, Fuentes impone inmediatamente su personalidad, sus ideas, su voz, su lenguaje —o los distintos lenguajes en que se desdobla a través de sus personajes—. Octavio Paz señaló al respecto: «El mundo no se presenta como realidad que hay que nombrar, sino como palabra que debemos descifrar. La divisa de Fuentes podría ser: dime cómo hablas y te diré quién eres. Los individuos, las clases sociales, las épocas históricas, las ciudades, los desiertos, son lenguajes: todas las lenguas que es la lengua hispanomexicana y otros idiomas más. Una enorme, gozosa, dolorosa, delirante materia verbal que podría hacer pensar en el barroquismo del *Paradiso* de José Lezama Lima, si es que el término barroco conviene a los escritores modernos».[10]

Cronológicamente, *La región más transparente* es la primera novela de Carlos Fuentes; en ella la ciudad de México ocupa el primer plano. El título es irónico, pero para reflejar la vida caótica, violenta y (a los ojos de Fuentes) absurda de la capital, el relato se rompe, se fragmenta, se vuelve un rompecabezas gigantesco

---

[10] Carlos Fuentes, «Epílogo», en *La región más transparente*, *Obras completas*, T. II, México, Fondo de Cultura Económica, 2008.

con miles de pedazos esparcidos, yuxtapuestos sin orden lógico ni cronológico. Novela-*collage* sin héroes, es la historia de un ser colectivo. El relato se hace picadillo, aquí puede estribar la influencia del Dos Passos de *Manhattan Transfer* o de la trilogía USA, para convertirse en un conjunto descabellado de canciones populares, de comunicados de prensa, de trozos de discursos, de anuncios luminosos, recreando las horas agitadas y violentas de la Revolución de 1910 o el falso brillo de la dictadura de Porfirio Díaz.

En este mundo donde el hombre solo existe aplastado, como dijera André Malraux acerca del universo faulkeriano, Fuentes distingue dos niveles de lectura: el primero, el más inmediatamente inteligible para el lector, es un vasto fresco crítico de la sociedad mexicana de los años cincuenta. Cierto número de personajes socialmente representativos —un banquero enriquecido por la Revolución, su mujer advenediza que disimula sus orígenes plebeyos, una heredera arruinada, etcétera— evolucionan en una ciudad donde, desmintiendo la leyenda (y el título del libro), la atmósfera está viciada y el sol ahogado. La pluma acerada de Fuentes penetra en la atmósfera sofocante de los barrios populares, en el mundo silencioso de los indios que vagan a los pies de los edificios ultramodernos, en la pajarera dicharachera y perfumada de la *dolce vita* de México, en los círculos de los negocios y la especulación.

En el centro de la novela y de las preocupaciones de los personajes: la Revolución de 1910. Pero la novela no es una novela de la Revolución, suplementaria. Es a la vez un balance y un libro para el futuro, que reacomodará la biblioteca novelística. Cuarenta años después, Fuentes formula la pregunta: «¿Ha sido traicionada la revolución?», y frente al desajuste entre el entusiasmo del pasado y la palidez del presente, cada personaje se siente más o menos culpable. Las palabras «compromiso, revelación, justificación, demostración, prueba» vuelven constantemente.

Se trata de una novela-búsqueda de las responsabilidades de cada cual. Todos, aun aquellos que han llegado a la cumbre de la gloria y del triunfo, están conscientes del fracaso y de la pérdida de una especie de pureza inicial. Aun Ixca Cienfuegos, el incorruptible, fiel a los mitos antiguos, enamorado del regreso a los orígenes, terminará por renunciar. En cuanto al pueblo, alimentado con las imágenes revolucionarias de Epinal, su vida se desliza ruidosa y vana entre la semana agotadora y la noche del sábado en que a veces termina con una cuchillada en el amanecer frío del domingo.

Nada de extraño que la capital tenga un lugar cada día más grande en la novela mexicana. Azuela abrió el camino con *La malhora*, en 1923, pero su perspectiva se limitaba a la descripción realista y sarcástica del ambiente crapuloso del mercado de Tepito. A partir de *La región más transparente* la visión se amplía y se profundiza simultáneamente: a través de la descripción de la vida urbana, es el alma, la personalidad, la identidad de México lo que se trata de encontrar y definir. Centrada en México, la novela es global. En varias ocasiones en la obra, los personajes diferentes plantean la interrogación esencial: ¿Quiénes somos? Y cada cual trata de dar su respuesta con más o menos convicción y satisfacción: el banquero Robles, los intelectuales Manuel Zamacona y Rodrigo Pola, el misterioso y omnipresente Ixca Cienfuegos, cuyo papel parece ser precisamente el de conducir a los personajes a «revelarse»; la masa de los *macehualli*, el pueblo, los eternos jodidos. En esa búsqueda de la identidad se ha planteado el dilema: ¿Debe México volver a los primeros tiempos de los grandes mitos precolombinos, debe de nuevo hacer sacrificios al culto de Quetzalcóatl y restaurar la herencia cultural y religiosa de los aztecas, a fin de resistir la ola de materialismo y arribismo que revienta en el país, debe proclamarse con Ixca Cienfuegos, que «México es algo fijado para siempre, incapaz de evolución»? ¿Se debe, por el contrario, como piensa otro de los personajes, Federico Robles, hacer tabla rasa en nombre del capitalismo triunfante y adorar a esa diosa moderna del consumo y de la alineación que Fuentes ha bautizado con todo el sarcasmo del que es capaz Pepsicóatl, y sobre la cual volvió en posteriores ensayos? «Los carcomidos muros de adobe de los jacales en el campo mexicano ostentan, con asombrosa regularidad, anuncios de la Pepsi-Cola. De Quetzalcóatl a Pepsicóatl; al tiempo mítico del indígena se sobrepone el tiempo del calendario occidental, tiempo del progreso, tiempo lineal».[11] El porvenir y la evolución del país se sitúan entre esos dos polos: «¿Qué es este país, Ixca, hacia dónde camina, qué se puede hacer con él?»,[12] pregunta Rodrigo Pola.

A esta cuestión Fuentes responde con otros interrogantes, con esa virulencia que lo distingue. Encuentra en la ocasión la

---

[11] Carlos Fuentes, *Tiempo mexicano*, México, Joaquín Mortiz, 1971, p. 26.
[12] Carlos Fuentes, *La región...*, p. 125.

verborrea satírica que no es solamente acción de los escritores, sino que pertenece asimismo a la tradición de los pintores y grabadores mexicanos. Esta violencia y esta virulencia traducen la alienación que es, a los ojos de los escritores y artistas, el sello del México actual. En esta novela se traslucen esencialmente en el lenguaje, a la vez brutal y tierno, plagado de norteamericanismos (de Gabriel y sus compañeros), desabrido y anquilosado por una acumulación de expresiones francesas y norteamericanas en el caso de la fauna intérlope que frecuenta los *cocktail parties*.

A propósito del lenguaje, Fuentes precisó en una conferencia que ofreció en 1965:

> El lenguaje popular es la máscara defensiva de las violencias sofocadas, un lenguaje de emboscadas permanentes, que quema la lengua, que exige su amortiguador, su diminutivo, su albur, para mantener un equilibrio entre el mutismo verbal y la violencia física, y el lenguaje culto es otra máscara, la de un medio tono, una elegancia pegada con saliva, un falso pudor y una expresión anémica que pretende, una vez más, disfrazar y ordenar la violencia circundante. (1966).

Además, Fuentes aborda en *La región más transparente* el problema de la cultura mexicana; se ve en la necesidad de hacer un balance y plantear la gran pregunta: la Revolución de 1910, a la cual el poder se refiere constantemente en los discursos oficiales, ¿no ha sido finalmente traicionada? En esta novela, donde confluyen las obsesiones prehispánicas y la angustia existencial contemporánea, Fuentes trata de hacer caer las máscaras con las cuales se cubren los mexicanos y que terminan por servirles de identidad. «Puede ser que el juego, el artificio a base de reiteraciones, llegue a ser lo auténtico —dice Rodrigo Pola— y que la personalidad original se pierda para siempre, atrofiada por la ausencia de función. No sé. Lo cierto es que, llevado por esta dialéctica personal, yo ya no sé cuál es mi verdadera máscara».[13]

Así, ha traspuesto al plan novelesco una serie de temas que estaban en el aire desde mucho antes de que escribiera la novela, y que los ensayos de Samuel Ramos, Leopoldo Zea y Octavio Paz habían poco a poco cercado y determinado: la tensión

---

[13] Carlos Fuentes, *La región...*, p. 383.

entre el mito y la historia, entre el tiempo subjetivo y objetivo, entre el pasado y el presente, entre la identidad personal y la colectividad, entre la vida interior y las relaciones sociales. Por eso no se puede verdaderamente hablar aquí de la psicología de los personajes; la perspectiva de Fuentes es ontológica, sobrepasa al individuo para expresar una realidad humana que tiene a la vez prolongaciones sociológicas y metafísicas. Pero esa novela de ideas, donde algunos personajes de intelectuales como Rodrigo Pola o Manuel Zamacona entregan aún por escrito sus reflexiones sobre la realidad mexicana, se apoya desde las primeras páginas en un deslumbrante virtuosismo técnico destinado a cercar la realidad. «Yo no creo —dice Fuentes— en la literatura o en el arte que, bajo el signo de lo que sea, se fundan en la asimilación sentimental, en la cosquilla emotiva. Creo, por el contrario, en la literatura y en el arte que se oponen a la realidad, que la agreden, la transforman y, al hacerlo, la revelan, la afirman».[14]

La región más transparente se abre y se cierra con dos grandes visiones líricas, de imágenes flameantes y distorsionadas. Tras el panorama crítico se dibuja la evocación extrahistórica de las grandes líneas de fuerza de México: omnipresencia de la muerte, conciencia de la culpa, necesidad del sacrificio, intemporalidad... «México es el país del instante —explica Carlos Fuentes—. El mañana es absolutamente improbable, peligroso: pueden matarlo a uno en un bar a la vuelta de la calle [...] El sentido permanente del sacrificio para mantener el orden del cosmos ha sido en México el triunfo final del mundo indígena».[15]

Esta es la novela de una ciudad y de una sociedad que penetran en la era industrial y neocapitalista arrastrando tras ellas su pasado mítico y tratando de conquistar su pasado histórico. Lo irracional de algunas situaciones solo puede explicarse por una especie de maldición que pesa sobre el país y que va hasta sus orígenes. Poco ha reparado la crítica con, en ese sentido, la respuesta que significa frente al *Acto Preparatorio* de *Al filo del Agua*, de Yáñez, y es que quizá *La región...* no es solo la gran novela de la ciudad, si no la épica del tránsito del campo a la ciudad, como construcción de la modernidad burguesa de López Mateos en términos políticos.

[14] *Ibid.*
[15] *Idem.*

En una entrevista al respecto de *La región más transparente*, que data de 1965, Fuentes comentaba que en su novela había simplemente un marco de referencia social cuyo sentido es revelar un fondo, una carga de otro tipo. Esta carga son los mitos eternos, intemporales, omnipresentes; es en un cuadro mítico donde es necesario ubicar esta derrota secreta que abruma a México y que hace que Robles, Rodrigo Pola, Manuel Zamacona, Gabriel, Ixca terminen por fracasar. México, nación en eternas vías de desarrollo, donde la Revolución de 1910 provocó un choque benéfico, pero que después se alejó de su camino, vive aún al ritmo de una serie de cataclismos cíclicos que han ensangrentado su pasado y comprometido su porvenir.

Sin embargo, no es en la novela el único lugar donde Fuentes explora al mestizo. Es en sus cuentos en donde mejor podemos ver la trayectoria que va de una concepción esencialista del mestizo y su papel en la historia a *Agua quemada*, en donde precisamente da cuenta —como lo hacía en el guion de *Los caifanes*— del fracaso del proyecto mestizófilo del Estado mexicano que hemos discutido. Veámoslo con cuidado.

Un nuevo escritor es una voz inaudible. Requiere la mediación de otras voces para resonar. Muchas veces esa ayuda proviene de la crítica que *modula* ese tono que por novedoso nadie escucha. Muchas otras, en cambio, tal obertura a la novedad tonal proviene del escritor mismo. Es él quien se encarga de hacerse oír. El primer libro de Carlos Fuentes, *Los días enmascarados* (1954), irrumpe en la literatura mexicana con fuerza pero produce un silencio atroz. No será sino con su novela *La región más transparente* (1958), publicada a los 29 años, cuando consiga ser escuchado, esta vez por propios y extraños.

Sin embargo, todo Fuentes está ya contenido en ese libro primigenio que fue saludado con espanto por la crítica, acusándolo injustamente de extranjerizante (no, curiosamente, por los temas sino por el género de algunos de sus cuentos, el fantástico), como le había ocurrido décadas antes a los autores del grupo Contemporáneos. Ahora, entre muchos otros, fue Alfredo Hurtado quien escribió: «Libro de prosa bien cuidada: literatura evasiva y, por tanto, nada americana, aunque bastante elogiada por sus amigos. El autor no da un paso si no pone sus ojos en la decrépita literatura inglesa».[16] De hecho fue tanta la polémica que el libro generó que el propio Fuentes le escribió una carta en 1955 a Elena Poniatowska:

> A mí me ha tocado el aguacero más estúpido, con una polémica en *El Nacional* que más bien parece lista de todos los adjetivos inimaginables. El joven McGregor, haciendo méritos para integrar algún Politburó totonaca, me declara «enemigo del pueblo», «tránsfuga de la vida», «plutócrata pseudo-intelectual aristocrático», «títere de Octavio Paz», «feroz subjetivo» y otras maravillas. La defensa (No lo hagas, compadre) personificada en el Dr. Montes i Bradley, me declara, por el contrario «friático», «gracioso *écuyère*» y «pareológico» (no te preocupes: no aparecen en el diccionario). Lo bueno de todo esto es que el libro ya se agotó, y al fin de mes sacaremos la segunda edición (solo tu tía Pita y yo).[17]

Los cuentos de *Los días enmascarados*, se ha dicho muchas veces, mezclan lo fantástico con las formas realistas de la representación. Están obsesionados con la historia de México pero de una forma que será la *marca* Fuentes, en el sentido de que para él en cada tiempo de México se encuentran, tensionados y tensionantes, todos los tiempos (el presente es pasado que chantajea y futuro que constriñe, utopía y memoria se dan la mano a cada instante, fracaso y anhelo jalonan uno a uno los pasos de sus personajes). Se juzga de no mexicano a un libro cuyo título mismo está enraizado en el mundo prehispánico (los días enmascarados son los *nemontemi*, esos cinco días particulares en los que lo mejor era no hacer nada, pues su carácter nefando podía propiciar toda suerte de reveses, como los que le ocurrirán a Filiberto, el protagonista del cuento *favorito* del propio Fuentes, *Chac Mool*). Pero no se trata solo de la presencia del pasado prehispánico, sino de un diálogo fecundo con la historia formante del México contemporáneo, como

---

[16] Alfredo Hurtado, «Los presentes», en *Estaciones*, vol. 3, otoño 1956, p. 396.
[17] El crítico al que se refiere Fuentes, Joaquín Sánchez McGregor, fue despiadado: «Los seis cuentos que componen *Los días enmascarados* revelan cierta ferocidad subjetiva, un alambicado afán de incomunicación claramente emparentados con la sensibilidad privativa de los círculos literarios 'elegantes'. Se trata, no cabe duda, de los tránsfugas de la vida [su imaginación se] preocupa por reflejar las vivencias de la 'secta' presidida por Octavio Paz. Por eso es una falsa imaginación, sectaria y esotérica. Sin embargo, su vacío intelectual es relativo. Tiene su mundo, a pesar de todo. Y este es el de una pseudoaristocracia intelectual, tradicionalmente insulsa y anodina». Joaquín Sánchez MacGregor, «En torno a un folleto», en *Revista Mexicana de Cultura*, suplemento de *El Nacional*, 19 de diciembre de 1954, p. 12.

ocurrirá en esa pieza enigmática e intensa que es *Tlalocatzine en el jardín de Flandes*, donde el siglo XIX y la intervención francesa —trasunto histórico que también ocupará *Aura*— son materia de especulación narrativa.

Volverá en *Cantar de ciegos* a ciertos temas recurrentes, como el doble y la mezcla de los tiempos y los espacios, e insistirá en fotografiar literariamente esa ciudad que aún parece compacta. De la representación de la ciudad formada por barrios, pero provinciana en *Muñeca reina*: «Recorro la calle de este suburbio chato y gris. Las casas de un piso se suceden monótonamente, con sus largas ventanas enrejadas y sus portones de pintura descascarada. Apenas el rumor de ciertos oficios rompe la uniformidad del conjunto. El chirreo de un afilador aquí, el martilleo de un zapatero allá. En las cerradas laterales, juegan los niños del barrio. La música de un organillo llega a mis oídos, mezclada con las voces de las rondas»,[18] a la franca descomposición de la ciudad, vuelta fragmento, ruina y despojo hay un paso. Pero la representación externa, arquitectónica —urbanística, incluso— cede el paso a la más importante a mi parecer, la de la psicología de los personajes que en este segundo libro de relatos adquirirá rasgos de madurez narrativa.

Entre ambos libros hay un lapso de diez años y los siguientes libros de Fuentes serán novelas. Seis para ser exactos, antes de volver al cuento o al relato. En 1981 Fuentes, sin embargo, intenta un procedimiento y un género distinto. Los relatos de *Agua quemada* (como después los de *Constancia y otras novelas para vírgenes*, 1989, y *El naranjo y los círculos del tiempo*, 1993) están íntimamente ligados. No se trata, como en los primeros dos libros a los que nos referíamos, de colecciones de cuentos, sino de libros concebidos como unidades.

En una entrevista a Silvia Fuentes explica su génesis: «En cierto modo [era] una elegía, una oración fúnebre»[19] a una novela, *La región más transparente*, y a la ciudad que es su principal personaje, el DF.

¿Qué le ha pasado a la ciudad que así requiere ser contada, en forma de epitafio? ¿Cómo se ha transformado la voz que enuncia, fundacional: «Soy Ixca Cienfuegos y nací en México. En México

---

[18] Carlos Fuentes, *Cuentos sobrenaturales*, México, Alfaguara, 2007, p. 46,
[19] Reina Roffé, ed., *Espejo de escritores*, Hanover, Ediciones del Norte, 1985, p. 91.

no hay tragedia, solo hay afrenta»?[20] En esa oración inicial (que tanto nos recuerda el *Llámame Ishmael* de su querido Melville) no solo hay un enunciado complejo e intenso sobre la realidad y el destino del país, Fuentes está estableciendo un proyecto literario. La novela de la afrenta, no de la tragedia. Se acabaron los destinos definidos de los personajes literarios, la violencia permea el discurso y los actos de forma insospechada. La afrenta es un esquema narrativo, no una ontología. Es el libro, debo decirlo desde ya, del *rencor del mestizo*. Pero aún no se puede expresar con todas las letras. Fuentes reconoce que el proyecto de unidad, de totalidades, es engullido por la voracidad capitalista de la ciudad y su modernización exógena. Se han acabado —él mismo lo afirma en su *Valiente mundo nuevo*— los *metarrelatos de liberación de la modernidad ilustrada*, como los llama Lyotard: «la incredulidad hacia las metanarrativas puede ser sustituida por la credulidad hacia las polinarrativas»,[21] afirma.

Fuentes se imaginó antes de darse cuenta de ese quiebre ineludible un espacio-tiempo que contuviera todos los Méxicos. Y decidió que la empresa, para entenderse, tenía que implicar el mestizaje de los tiempos y la orgía de los espacios. Inventó entonces un espacio-tiempo donde el presente es pasado y se dibuja como futuro y donde todos los lugares se cruzan: *Terra Nostra*. Proyecto elefantiásico que ya contiene su propia derrota. ¿No es *Terra Nostra* un espejo múltiple de *polinarrativas* sin centro?

En *La región más transparente* había esa ilusión de un centro encarnado en el mestizo, realidad biotipológica mexicana pero sobre todo proyecto de utopía en Vasconcelos y Reyes, dos de las figuras tutelares de la juventud de Fuentes. Ese *cronotopo* que es su México es caracterizado en su *Tiempo mexicano*: «El tiempo se vierte, indiferente a nosotros; nos defendemos de él invirtiéndolo, revirtiéndolo, divirtiéndolo, subvirtiéndolo, convirtiéndolo: la versión pura es atributo del tiempo puro, sin hombres; la reversión, la diversión, la inversión, la superversión y la conversión son respuesta humana, mácula del tiempo, corrupción de su limpia y fatal indiferencia. Escribir es combatir el tiempo a destiempo, a la intemperie cuando llueve, en un sótano cuando

---

[20] Carlos Fuentes, *La región...*, p. 25.
[21] Jean-François Lyotard, *The Postmodern Condition: A Report on Knowledge*, Mineápolis, University of Minnesota Press, 1984, p. 25.

brilla el sol. Escribir es un contratiempo».[22] Pero existe aún, al escribir esa novela primera, la ilusión de que hay un tiempo que contiene todos los tiempos, que es el presente, capaz de revelar incluso el futuro.

En *Agua quemada* esa ilusión —y las otras, las metanarrativas— ha sido disuelta por la realidad del paisaje, la dispersión urbana —la imposibilidad de un centro— y por el desvanecimiento del proyecto mestizófilo. Ixca Cienfuegos ha muerto del todo, o si permanece vivo lo hace como un espectro fantasmático, un remanente inexpugnable, reprimido, que amenaza con saltar a la yugular del país que se deshace entre la ruina, no en la región transparente sino en la palinodia del polvo que lo vuelve desierto.

Si en *La región...* la novela puede dividirse en familias —que son clases, o clanes o *calpullis*—, la familia es también ya un proyecto fracasado en *Agua quemada*. En *El día de las madres*, las protagonistas, violadas, muertas, asesinadas, expulsadas, Clotilde, Evangelina, Manuela son también *moiras* (pensemos en los nombres: las moiras son también tres, Cloto, Láquesis y Átropos, es decir, la que hila la trama de la vida, la que echa la suerte y la hace que la vida deje de girar, la que corta ese hilo sutil que es el destino). El anciano general Vicente Vergara ya no es Artemio Cruz, tampoco: «Ya nadie sabía hacerle su café de olla, sabor de barro y piloncillo, de veras nadie, ni la pareja de criados del ingenio azucarero de Morelos. Hasta ellos bebían Nescafé».[23] Ya no hay *grandeza mexicana*, sino vecindades, anillos de miseria, colonias no nombradas, «y lo que no tiene nombre», dirá Fuentes con frecuencia, «no tiene lugar». «Se quebraron los signos/*atl tlachinolli*/se rompió/agua quemada»,[24] escribe Paz en el segundo epígrafe elegido por Fuentes para su cuarteto narrativo. Y si siguiésemos leyendo, las líneas subsecuentes del poeta son reveladoras: «No hay centro/plaza de congregación y consagración/no hay eje/dispersión de los años/desbandada de horizontes».

Mi primera lectura, el año de su aparición, de *Agua quemada* fue telúrica. Fuentes, sentía yo desde entonces sin poder explicarme la causa, deconstruía el mismo edificio que había labrado con tanto esmero en su obra anterior. La presencia de Rulfo era constante en

---

[22] Carlos Fuentes, *Tiempo mexicano...*, p. 9.
[23] «El día de las madres», en Carlos Fuentes, *Agua quemada*, México, FCE, 1981, p. 43.
[24] Octavio Paz, *Vuelta*, Barcelona, Seix Barral, 1976, p. 24.

cada página, particularmente en *El hijo de Andrés Aparicio*. Lo que entonces no podía entender es que esa destrucción ya estaba anunciada desde *Los días enmascarados*. Que en *Por boca de los dioses* el protagonista es asesinado por las fuerzas que las moiras de *Agua quemada* anuncian después, pues sin las máscaras civilizatorias, «todos los trituraremos, todos quedarán desnudos, y no habrá más ropa que la piedra y la escama verde, la de pluma sangrante y ópalo de nervios».[25]

Es la misma violencia de la afrenta que no osa convertirse en tragedia en *La región...*, y que Porfirio Díaz anunciaba al decir que Madero había desatado al tigre. La ilusión del mestizo como piedra de toque de una nueva era es rota por el capitalismo que niega cualquier avance real. Si los aztecas míticos vinieron de Aztlán a la tierra prometida, ahora, en cambio, los habitantes de las ciudades perdidas carecen de agencia: «La gente vino aquí por distracción, medio atarantada, sin saber por qué, porque peor es nada, porque este llano de matorrales enanos, hierbas cenizas y gobernadoras fue la frontera siguiente, después del barrio anterior, que ese sí tuvo nombre. Aquí ni nombre ni desagüe y la luz eléctrica se la robaron de los postes, conectando los alambres de sus focos a la corriente pública. No le pusieron nombre porque se imaginaron que estaban allí de paso».[26]

En *Agua quemada* no hay esperanza alguna. Por eso el protagonista del cuento *El hijo de Andrés Aparicio* vive en la no ciudad, en el cinturón de miseria, y no solo carece de casa sino de lenguaje, de palabras. La afrenta ya no es lingüística, como con Ixca, está corporeizada. Es el cuerpo político sin espacio ni tiempo, desposeído. Pura rabia.

El lugar no tiene nombre y al protagonista las palabras siempre le han costado retearto. La palabra ya no nombra ni bautiza ni salva. No hay palabras, hay proyectos inconclusos de nación y de ciudad, de incorporación. Es el irreconciliable rencor del mestizo que cinematográficamente contará después *Amores perros*. Fuentes siempre es precursor. Son los hijos inexistentes del aristócrata Federico Silva que regresan a matarlo con una navaja, esos que él

---

[25] La cita es conspicua: México es «el monstruo de piedra labrada de un país inútil, impotente, bien mostrenco que solo subsiste mientras las fuerzas del éxito ajeno quieran respetarlo [...] Disfraces de galilea, disfraces de Keynes, disfraces de Comte, disfraces de Fath y Marx; todos los trituraremos». Carlos Fuentes, *Agua quemada...*, p. 69.
[26] *Ibid.*, p. 118.

no quiere ver pero que están sentados en las calles con sus «ojos de resentimiento, los tigres enjaulados dentro de los cuerpos nerviosos».[27] Es como si en este libro la presencia de Rulfo le diera lugar más bien a José Revueltas y su visión miserable, infrahumana, del hombre. La afrenta se ha vuelto inevitable rencor, sed de venganza como se ve en la arenga del militar a los gavilanes, trasunto de los Halcones de la masacre del 68:

> Pues hoy se vengan, mis gavilancitos, nomás piensen en eso: hoy la calle donde tanto los jodieron es de ustedes para joder a quien sea, no va a haber castigo, es como la conquista de México, el que ganó ganó y ya estuvo, hoy se me salen a la calle gavilancitos y se me vengan de cuanto jijo de su pelona los haya hecho sentirse gacho, de cuanto desprecio hayan sentido en sus pinches vidas, de cuanto insulto no pudieron contestar, de las cenas que no cenaron y de las viejas que no se cogieron, salen y se me desquitan del casero que les subió la renta y del buscapleitos que los desalojó de la vecindad y del matasanos que no quiso operar a su mamacita sin los cinco mil bolillos por delante, van a zurrarle a los hijos de sus explotadores, ¿ven?, los estudiantes son niños popis que también van a ser caseros, cagatintas y mediquillos como sus papis y ustedes nomás van a desquitarse, a pagar dolor con dolor, mi brigada de gavilanes [...] entren al humo, no le tengan miedo al humo, la ciudad está perdida en el humo. No tiene remedio.[28]

Del Pedregal de San Ángel al viejo centro de la ciudad y de la plaza del metro Insurgentes a las barriadas y los cinturones de miseria. El desplazamiento abre un hueco, produce una herida en la piel de la ciudad y mutila la falsa unidad mestiza de sus hijos. Es la violencia impune la única herencia de la Conquista y de la Revolución maltrechas. Es la venganza el único derrotero.

---

[27] *Ibid.*, p. 100.
[28] Y aún más, porque como aprende Bernabé, el de la brigada de los gavilanes, la afrenta se multiplica por doquier, la clase es destino y no hay mestizaje que salve ya, ni educación ni proyecto de nación. Pura venganza. «Lo que debes saber es que todos los días nace un millonario que va a querer que un día tú le protejas la vida, los escuincles, la laniza, las piedras. ¿Y sabes por qué Bernabé? Porque cada día también nacen mil cabrones como tú dispuestos a darle en la madre al rico que nació el mismo día que tú. Uno contra mil, Bernabé. No me digas que no es fácil escoger. Si nos quedamos donde nacimos, nos va a llevar la chingada. Más vale pasarnos con los que nos van a chingar, como que dos y dos son Dios, ¿no?». Carlos Fuentes, *Agua quemada...*, p. 133.

El castillo de la pureza, la naturaleza de las ratas y *Las batallas en el desierto*, el mestizo frente a la impureza de la modernidad

En julio de 1959 se descubre un caso de encierro familiar. Rafael Pérez Hernández es detenido por el secuestro de su mujer y sus seis hijos, de nombres un tanto alegóricos: Indómita, Libre, Soberano, Triunfador, Bien Vivir y Libre Pensamiento. Llevan más de 15 años encerrados, golpeados, zarandeados por regaños y sermones. La hija mayor, Indómita, tiene 17 años y la menor, Libre Pensamiento, 42 días de nacida. Durante 15 años, Pérez Hernández alimenta a su familia con una dieta de avena y frijoles, mientras los obliga a la elaboración agotadora de raticidas. Nadie los visita y solo abandonan la casa para que el padre les enseñe las perversiones de este mundo. De vez en cuando van a la Merced a observar a prostitutas y alcohólicos. Con el tiempo deciden rebelarse y piden auxilio. Y en julio de 1959 la policía detiene a Pérez que protesta: «Mis hijos solo tratan de apoderarse del capital que he logrado formar con muchos sacrificios».[1]

El suceso referido por los periódicos, ocurrido en 1959 y aquí recontado por Carlos Monsiváis, generó no solo un sinfín de comentarios periodísticos, sino algunas obras literarias, la fallida novela *La carcajada del gato* (1964), de Luis Spota, la obra de teatro *Los motivos del lobo* (1965), de Sergio Magaña, y el guion de José Emilio Pacheco y Arturo Ripstein para la película *El castillo de la pureza* (1973).

El título escogido por José Emilio Pacheco viene de Stéphane Mallarmé, un verso de su poema *Igitur* que ya había utilizado Octavio Paz en su ensayo sobre Duchamp. El guion nos presenta la casa ubicada en el número 99 de la calle Donceles, en la ciudad de México. Casa que es *castillo* como sugiere el título, o cárcel. La casa

[1] Carlos Monsiváis, *Los mil y un velorios. Crónica de la nota roja*, Asociación Nacional del Libro, México, 2009.

colonial como infierno autocontenido es un tema recurrente en la obra de Ripstein, obsesionado en general con la intolerancia y el encierro. El patio mismo es una especie de panóptico en el que todo puede ser visto (vigilado y castigado como sugiere Foucault); un patio además que no significa tampoco la libertad del sol porque la lluvia torrencial, permanente, se encarga de *cerrarlo* también simbólicamente. En la cárcel-casa-castillo el único libre, el Maestro de sus Esclavos, es Gabriel Lima (Claudio Brook), el padre. Es dueño de los tiempos y de los cuerpos. Determina el ritmo interno de la casa. Obliga a sus tres hijos al trabajo casi de esclavos —fabrican raticida, lo que representa el único ingreso monetario de la familia—, los somete a una rigurosa educación liberal e incluso controla el ocio y el ejercicio físico. Sus hijos carecen de voluntad, y al parecer también su esposa, Beatriz (Rita Macedo). Sin aparentes intenciones de salir, los hijos se someten al padre. La hija mayor, Utopía (Diana Bracho), llegará incluso a decir: «Afuera es feo».

Una cotidianidad cronometrada hasta el último segundo frente al autoritarismo del padre, que así *protege* a su familia del exterior y sus peligros, aunque él mismo no solo salga a vender su producto al menudeo, de farmacia en farmacia, sino que allí pueda *descargar* sus pulsiones, en ese mundo que él mismo les niega a los otros: come carne, mientras en casa solo pueden comer avena, se acuesta con una prostituta y le ofrece dinero a una dependienta para acostarse también con él (María Rojo). La madre, en cambio, está reducida al papel de amante pasiva de las infrecuentes descargas eróticas de Lima —recibe con beneplácito los cosméticos que el esposo le trae de afuera para *gustarle*—, también está infantilizada, juega con sus hijos a la gallina ciega, como en un aguafuerte de Goya, mientras los dos mayores empiezan a explorarse sexualmente (el hermano mayor, Porvenir (Arturo Beristáin), no es el único incestuoso, también Lima *desea* a su hija). Es como si la reclusión no solo fuera del espacio —la ciudad de México—, sino del tiempo —la corrompida urbe del alemanismo y su modernización *en serie*.

Una vez descubierto el incesto de los hermanos, los castigos se recrudecen —ya eran exagerados desde el inicio de la película cuando la hija menor, Voluntad (Gladys Bermejo), es recluida en un calabozo por atreverse a hablar durante el trabajo, distrayendo a los hermanos (la hija dejará escapar a propósito una rata, símbolo del posible contagio con lo abominable, que es aplastada de inmediato con un escobazo por Porvenir, su hermano mayor).

Pero la *rendija* verdadera empieza con la llegada de lo comercial, de los productos en serie, del capitalismo. Ese es el verdadero sujeto de la perversión en el filme, la fantasía reprimida del padre. Al inicio es solo un indicio, cuando se filtra un folleto de propaganda de ropa masculina, colmo de la frivolidad y la banalidad. Luego será cuando el propio producto fabricado a mano por Lima y sus hijos, el raticida, empiece a ser desplazado por productos industriales, más baratos y confiables, apoyados por sus propias campañas publicitarias. Este es el inicio del fin de 18 años de encierro y severas disciplinas físicas y psicológicas bajo el lema: «Las mujeres tienen la culpa de todo».

La rebeldía es imposible —ni Utopía logra que la lean, ya que escribe una carta de denuncia que arroja fuera de la casa pero la lluvia destruye, ni Porvenir logra imponerse al padre que lo golpea—; es la dependienta de la tienda quien denunciará a Lima con la policía por fabricar raticida sin permiso oficial. El castillo es abierto, sacrílegamente, por un inspector de Salubridad (David Silva) y la policía, quienes piensan que el crimen de Lima es otro, no el de haber recluido a su familia.

Desesperado, Gabriel Lima intenta incendiar la casa, grita a sus hijos que los va a matar. La familia finalmente queda huérfana, sin padre, como en todas las narrativas fundacionales que hemos estudiado hasta ahora.

García Riera[2] ha hecho hincapié en el tema de los espejos en la obra. Beatriz se ve en un espejo único, es unívoca; Gabriel lo hace en un espejo triple (Dios que se multiplica, Narciso que se contempla no como lo más bello sino como el único probo y limpio, por lo menos dentro de casa).

Al final, cuando regresan a casa solos Beatriz y sus hijos, la lluvia ya no los libera y moja, como hasta entonces, ahora los perturba; deben cubrirse de ella con los periódicos de *afuera*. Todo ha sido contaminado, destruido. Por vez primera temen mojarse y entrar a la casa, ya sin padre, entre las arcadas coloniales, evitando el agua.

La película, compleja y densa, opera en varios registros simbólicos. Uno, quizá el menos aparente pero que no puede dejar de explorarse, es el de ser *metonímica*: estar allí como microcosmos

---

[2] García Riera, *Historia documental...*, vol. 4, p. 86.

del Estado autoritario en el que se ha convertido el PRI después de la matanza del 2 de octubre de 1968. Si bien los *hechos reales* en los que está inspirada la película ocurrieron en 1959, aquí Pacheco y Ripstein en realidad alegorizan. El Estado autoritario no puede controlar a sus hijos, ni reprimiéndolos ni reduciéndolos a su papel de receptores pasivos de su biopolítica. Esta lectura no invalida algunas otras, como el hecho de que la familia representa a la clase media desplazada por la industrialización alemanista, y que el padre vuelve a ser el padre patriarcal de la narrativa central de nuestro imaginario, un padre que es la ley y está fuera de la ley (como Páramo), que controla y somete a su prole. Sin embargo, la familia aquí es una familia menos mestiza, casi blanca, incorporada —de origen rancio y clerical, con la madre de Guadalajara y Lima como librepensador y anarquista, es cierto— a las bondades del Estado posrevolucionario.

Otra lectura más, superpuesta pero posible, nos haría concebir la casa colonial —el castillo puro— corrompida y en decadencia, negándose a dar el salto a la modernidad capitalista, hipótesis que corroboraremos con facilidad al comparar, más adelante en este capítulo, el texto fílmico con la novela de José Emilio Pacheco. La preservación de la pureza burguesa es imposible, diríamos. Lo invisible —subterráneo, subalterno— cobra visibilidad, son las ratas, son los otros. Es la ciudad mestiza la que amenaza con derrumbar los muros del castillo y *mancharlo* todo. La estructura represiva desde el inicio de la película, sin embargo, hace más complejo el relato, pues las ratas están también dentro del laboratorio pero debidamente enjauladas, son *especímenes* para probar la eficacia del veneno. Cuando la niña menor deja salir a la rata al inicio del filme es castigada con severidad porque abre la puerta a la contaminación *interna* del castillo, quizá más peligrosa aún que la exterior —como cuando el padre sorprende en el coche inservible a los hermanos mayores jugueteando sexualmente, quebrando desde dentro la lógica protectora del encierro—. No existe espacio puro, lo sucio vive dentro porque es inherente a la condición humana (de allí su misoginia: como alguien tiene que ser culpable, Lima asume que son las mujeres). Pero si seguimos la otra lectura, la de las ratas como metáfora de lo mestizo —el color de piel de Porvenir, el hermano mayor, lo hace también el más mestizo de la familia— que convive forzadamente dentro de los muros de la fortaleza, forma parte del *castillo de poder*, y es esencial para que el castillo mismo exista (la impureza es la razón misma de la reclusión, sin la cual no tendría sentido alguno). Las ratas son la condición misma de la existencia de Lima, en tanto origen de sus exiguas entradas económicas (es obsesivo también en la acumulación de capital) y en tanto *medio* no solo de subsistencia material sino simbólico. Las élites, en este sentido, que controlan la modernidad pequeñoburguesa del alemanismo y que se convertirán en represoras y autoritarias con Díaz Ordaz y Echeverría, necesitan al mestizo para poder seguir produciendo riqueza y acumulación, necesitan al sujeto nacional como garante de unidad y propósito. El mestizo *es* la rata encajada y enjaulada dentro de la familia (de la cual luego se abusa, pues la venta de veneno, su comercio, es la razón de su sobrevivencia capitalista). Es necesario, además, que el mestizo se quede *debajo* —encerrado en la cloaca o en la jaula—, *dentro* también, sin manifestarse plenamente como ciudadano. Como en *Los caifanes*, se puede ver pero no se puede ver, si se me permite el juego. La condición del monopolio de poder, sin embargo, puede desequilibrarse —como ocurrirá con la familia de Carlitos en *Las batallas...* por la llegada de capital extranjero y por la otra contaminación de *afuera*, el tipo de vida americano.

En su meditación sobre el filme, Dennis West[3] pondera especialmente el machismo —se trata de una de las primeras críticas de la película, por cierto— y la capacidad de Ripstein junto con la de otros jóvenes directores de entonces para controlar por primera vez la producción cinematográfica, y por ende explorar con autenticidad y profundidad los temas mexicanos. La opresión de los más débiles —la razón de la fuerza que ya estudiábamos en Pedro Páramo— como forma de ejercer la soberanía. La ciudad —el afuera de la cinta—, nos insiste West, se está modernizando, americanizando, volviendo cosmopolita, como puede verse en los *paneos* de la cámara por los enormes anuncios publicitarios, por las mujeres vestidas a la última moda, el tráfico incesante y las técnicas de *marketing* de las compañías extranjeras. El exterior es capaz de cambiar mientras que el interior —ejemplificado por el autoritario patriarcal— no puede hacerlo. Hasta ahora la razón de esta imposibilidad en los *padres* de las narrativas estudiadas se debía a

---

[3] Dennis West, «Castle of Machismo: A Meditation on Arturo Ripstein's Film *El castillo de la pureza*», en *Inti: Revista de literatura hispánica*, vol. 1, núm. 5, artículo 12, 1977.

que pertenecían al Antiguo Régimen, el porfirista, y la Revolución como tormenta los dejaba no solo perplejos sino incapacitados de adaptarse a los nuevos tiempos. El caso de Lima, en apariencia, es distinto, pues es un comerciante —vende de farmacia en farmacia— de la ciudad posrevolucionaria; sin embargo, son muchos los guiños a una *primera* incapacidad de cambio: Lima no puede ser de clase media, no puede dejar la mansión colonial, no puede incorporarse y ser verdaderamente un *intermediario*, vendiendo productos de otros; él tiene que ser el dueño de su casa y del origen de sus recursos, su medio de producción. Es él mismo quien —utilizando la fuerza de trabajo de su familia esclavizada y recluida— recibe los beneficios y la plusvalía de la venta de sus productos. Es, en realidad, un señor feudal —como Pedro Páramo, pero más trágico por la década en la que vive— cuyos únicos vasallos no son los habitantes de Comala sino su mujer y sus tres hijos. Los nombres llaman a engaño, pues a Lima en realidad no le interesa otra Utopía que la protección de su tambaleante seguridad personal; no cree en el Porvenir pues este no es otro que la contaminación y la ruina, la destrucción de su precario feudo y no puede permitir la Voluntad de los otros puesto que son sus súbditos y él el único soberano del castillo (aquí adquiere aún más sentido el título de la película).

El hecho mismo de que Gabriel Lima transporte a pie, personalmente, su producto contradice el sistema capitalista mismo, la circulación de los bienes, convirtiéndolo en un curioso *resto* del régimen pasado, del siglo XIX (de hecho, cobra en efectivo y no deposita su dinero en ningún banco, lo guarda en su escritorio, temeroso de perderlo). Recordemos la cita de Monsiváis al principio del capítulo. El gran temor de Rafael Pérez —el verdadero origen del relato— era ser robado por sus hijos, quienes buscaban solo *aprovecharse de él*. Al querer controlar todo el proceso de producción es incapaz de adaptarse a la modernidad burguesa del México moderno (como sí lo hace, a su manera, el vendedor de tacos callejero donde este hombre de *doble moral* burguesa consume carne pese a sostener un estricto vegetarianismo en casa, como ya dijimos). Para West, por eso, la verdadera pregunta, lo enigmático de la película ocurre al final, con la mirada de Beatriz, contenida, nuevamente resignada. «¿Cómo puede una mujer funcionar con sentido y definirse a sí misma en un mundo regido por el machismo? ¿Puede el machismo disminuirse sin la destrucción del ego masculino?

¿Cómo puede una mujer sola criar a sus hijos ya condicionados a la autoridad masculina?».[4] Si estas son las preguntas que plantea West sin tomar en cuenta la historicidad del suceso y de la cinta, nosotros podemos reformularlas —no hemos estado haciendo otra cosa— en términos del Estado protector, paternalista, que no confía en la madurez de sus hijos, no les permite ser ciudadanos y los controla primero impolíticamente —en su educación, en su salud, en su ocio, en su cultura física, en su consumo— y luego de manera mucho más autoritaria si pretenden liberarse, salirse del control autoritario del soberano. La metáfora central de la película tiene que ver con la ausencia de democratización de la sociedad mexicana del momento, y su sumisión frente al teatro autoritario y el ejercicio soberano del poder por parte del partido gobernante, una especie política en nada lejana al aborrecible Lima.

La fantasía oculta en realidad es la propia obsesión del padre con la impureza. La monstruosidad de su experimento es lo que produce el incesto, la monstruosidad de sus hijos, mestizos, impuros. El propio Ripstein ve así a Gabriel Lima: «Este hombre, en apariencia es un padre ejemplar, un marido muy probo y vertical, hasta que se le quiebra el mundo. Un hombre al que se le quiebra el mundo con tanta frecuencia como a este personaje siempre pretende crear otro».[5]

La familia patriarcal no podrá recuperarse jamás —eso ya lo sabíamos incluso en los *melodramas* de Ismael Rodríguez o en la falsa redención por la educación en casi toda la filmografía del Indio Fernández—. La tragedia ahora estriba en que la intervención estatal es también una forma de violencia destructora que impide que la familia nuclear coexista con la modernidad. La familia no se ha modernizado como lo han hecho las instituciones sociales, aunque precariamente, bajo la égida autoritaria del PRI. El inspector de sanidad *interrumpe* la sacralidad del castillo no por su apego a la ley sino porque Lima, en su aparente rectitud, se niega a pagarle una *mordida*. El Estado interviene no para aplicar la ley y la justicia sino porque el ciudadano ejemplar no ha pagado *por abajo del agua* su contribución a la corrupción y el sistema.

Y, sin embargo, la lectura que queda, la más literal, es que Lima representa el viejo México, el que no quiere modernizarse y al que

---

[4] Dennis West, «Castle of Machismo...», p. 6.
[5] García Riera, *Historia documental...*, vol. 16, p. 99.

a todas luces hay que dejar atrás. En la versión real, Rafael Pérez Hernández sí sacaba a sus hijos en raras ocasiones para enseñarles la sociedad enferma de la cual los estaba salvando: drogadictos y prostitutas eran el eje de su discurso higienista. Al retirar esa *motivación* del guion, José Emilio Pacheco y Arturo Ripstein produjeron un personaje más patético pero carente de historicidad. La primera *Santa*, la de Federico Gamboa, pretendía ser lo mismo: una lección de moral pública a través del retrato de la enfermedad social, la prostituta. La segunda —o tercera, si se quiere— *Santa* está convertida en *melodrama* y deja de ser radiografía médica o relato criminal. Ese es el género sobre el que ha trabajado, subvirtiéndolo, Arturo Ripstein en toda su carrera (de *El lugar sin límites* a *Profundo carmesí*). Incluso, en esa famosa entrevista a Emilio García Riera le confirma el tono. Afirma que al leerles, él y Pacheco, a sus respectivas esposas el guion, ambos se desternillaban de risa, pretendían haber escrito una, en sus palabras, *comedia ligera*. El filme resultó denso, poco paródico, pero finalmente melodramático.

En su ya clásico libro, Peter Brooks[6] distingue entre lo melodramático (como adjetivo) y el melodrama (como sustantivo). Lo melodramático, entonces, puede encontrarse en cualquier género artístico, pero el melodrama es una forma de la imaginación moderna que comenzó en Francia a inicios del siglo XIX y cuyo objetivo es desacralizar la sociedad del Antiguo Régimen y la llegada al poder de la burguesía. En ese sentido *El castillo de la pureza* es un melodrama cuyo centro es la moral oculta, los valores espirituales que están siendo a la vez que escondidos revelados en la superficie de lo Real. Por ello, en el melodrama clásico —al que se refiere Brooks— hay una confrontación entre antagonistas y la expulsión de uno de ellos, en este caso Gabriel Lima, frente a los valores de la modernidad que aparenta rechazar con el encierro de su familia. No hay un valor trascendente que pueda reconciliar los opuestos. El nuevo orden termina por imponerse del todo aunque implica la aniquilación final del antiguo patriarca.

---

[6] Peter Brooks, *The Melodramatic Imagination: Balzac, Henry James. Melodrama and the Mode of Excess*, New Haven, Yale University Press, 1976.

Fue el año de la poliomielitis: escuelas llenas de niños con aparatos ortopédicos; de la fiebre aftosa: en todo el país fusilaban por decenas de miles reses enfermas; de las inundaciones: el centro de la ciudad se convertía otra vez en laguna, la gente iba por las calles en lancha. Dicen que con la próxima tormenta estallará el Canal del Desagüe y anegará la capital. «Qué importa, contestaba mi hermano, si bajo el régimen de Miguel Alemán ya vivimos hundidos en la mierda».

La cara del Señor presidente en dondequiera: dibujos inmensos, retratos idealizados, fotos ubicuas, alegorías del progreso con Miguel Alemán como Dios Padre, caricaturas laudatorias, monumentos. Adulación pública, insaciable maledicencia privada. Escribíamos mil veces en el cuaderno de castigos: «Debo ser obediente, debo ser obediente, debo ser obediente con mis padres y con mis maestros». Nos enseñaban historia patria, lengua nacional, geografía del DF: los ríos (aún quedaban ríos), las montañas (se veían las montañas). Era el mundo antiguo. Los mayores se quejaban de la inflación, los cambios, el tránsito, la inmoralidad, el ruido, la delincuencia, el exceso de gente, la mendicidad, los extranjeros, la corrupción, el enriquecimiento sin límite de unos cuantos y la miseria de casi todos.[7]

Así inicia la novela de José Emilio Pacheco (ciudad de México, 1939) *Las batallas en el desierto*, su segunda y última novela pues en apariencia abandonó el género. En conversaciones privadas con él, sin embargo, discutimos su inacabado proyecto narrativo, una imposible novela sobre la guerra cristera que creció elefantiásicamente hasta perder, en palabras de Pacheco, el centro, el eje rector. La novela corta que nos ocupa —y que en muchos sentidos es una hermana gemela de su guion con Ripstein— es de una aparente sencillez, cosa que también contrasta con *Morirás lejos* (1967), la primera, suerte de rompecabezas entre la *Guerra de los judíos* de Flavio Josefo y un posible Méngüele (*M* por todo nombre en la narración), quien es visto en la ciudad de México. En *Las batallas...*, en cambio, Pacheco ha optado por una voz narrativa en primera persona, que suena muy similar a la de su cuento *El principio del placer*, aunque desdoblada. Carlos —adulto— cuenta la historia de Carlitos y su enamoramiento de la madre de su mejor amigo. Las voces se superponen —la del recuerdo, casi sin nostalgia— y la del púber cuya sensibilidad no se ve mediada por la temporalidad. Esas

---

[7] José Emilio Pacheco, *Las batallas en el desierto*, México, Era, 1981, p. 9.

voces vienen y van, se trenzan y producen parte del encanto particular del texto que se sigue editando y leyendo en nuestros días. Carlitos parece introducirse en las palabras de Carlos, asumiendo un papel directo en la memoria. Como cuando Mariana, la madre del amigo de la que se ha enamorado, lo introduce al mundo del *American way of life* al ofrecerle sándwiches calientes.

> No sabía qué hacer: no probar bocado o devorarlo todo para halagarla. Si como, pensará que estoy hambriento; si no como, creerá que no me gusta lo que hizo. Mastica más despacio. No hables con la boca llena. ¿De qué podemos conversar? Por fortuna Mariana rompió el silencio. «¿Qué te parecen? Les dicen *Flying Saucers*: platos voladores, sándwiches asados en este aparato». «Me encantan, señora, nunca había comido algo tan delicioso».[8]

Se está transformando para siempre la economía mexicana, tan dependiente de la extranjera gracias al dinero norteamericano. La crítica social será introducida por la voz de Carlos, quien se da cuenta de la década crucial que le tocó vivir. ¿Me acuerdo, no me acuerdo?, esa primera pregunta es esencial para entender el papel de la memoria en la reconstrucción, pero también posible ficcionalización de los hechos, como verá el lector al llegar al final del relato. Cuando Carlos narra tiene ya 41 años, y no entiende el México en el que vive, por eso regresa al sexenio de Miguel Alemán (1946-1952), a la escuela primaria, a los nueve años cuando se enamora de Mariana. Para el narrador el tiempo rememorado es *el mundo antiguo*, de allí el título de la primera parte del relato. Esa ciudad de México en la que aún quedaban ríos (la corrupción de la ciudad es un tema también recurrente en la poesía de Pacheco) y se veían las montañas, es decir, en esa ciudad que aún era, para decirlo con el Reyes de la *Palinodia del polvo* que utiliza Fuentes en su novela *La región más transparente del aire*, sutil referencia, si se quiere, a la tradición literaria de la que forma parte. Pero lo que en Carlos Fuentes procede por acumulación en Pacheco procede por destilación. El recuerdo, en todo caso, no existe sin el olvido (aunque utilice una y otra vez el mismo procedimiento retórico, la enumeración: de comerciales, programas radiofónicos, historietas, la música popular, con *Obsesión*, el bolero, marcas de refrescos, cigarros o enfermedades).

---

[8] *Ibid.*, p. 29.

Detrás de este aparente *collage* está, sin embargo, preciso, el tiempo en el que México recibe la bonanza del capitalismo posterior a la Segunda Guerra Mundial. No es gratuito que el segundo capítulo se llame, precisamente, *Los desastres de la guerra*, aunque las batallas del patio de recreo que dan título al libro se refieran, más bien, al conflicto árabe-israelí. No obstante, la verdadera batalla —de la que esa guerra lejana e ininteligible es símbolo— es la de las clases sociales. La paz solo existe en la mente de su maestro, el profesor Mondragón. En el patio de recreo, microcosmos del país, el odio y la falta de entendimiento son la verdadera moneda. Afuera del colegio, claro, la corrupción es el único valor, lo que permite el enriquecimiento de algunos a manos llenas (Harry Atherton), o la pobreza de otros (Rosales) y la propia duda de la familia del narrador entre seguir siendo dueños —como el Gabriel Lima de *El castillo...*— o vender al capital extranjero y aceptar la modernización. Es claro Bolívar Echeverría cuando afirma que: «La sociedad que se moderniza desde afuera justo al defender su identidad, no puede hacer otra cosa que dividirla: una mitad de ella, la más confiada, se transforma en el esfuerzo de integrar 'la parte aprovechable' de la identidad ajena en la propia, mientras la otra, la desconfiada, lo hace en un esfuerzo de signo contrario: el de vencer a la ajena desde adentro al dejarse integrar por ella».[9] Tal el caso del México que narra Pacheco en su libro. De hecho, la familia de Carlitos es el retrato de la clase media mestiza que la posrevolución creó. Modélicos, son defensores de las *buenas costumbres*, moralizan mientras educan, representan a ese Estado modélico que les permitió a ellos mismos la movilidad social. En alguna de las peleas Carlitos, siguiendo a sus compañeros, llama a alguno indio y pelado, para recibir la lección: «Gracias a la pelea mi padre me enseñó a no despreciar [...] Mi padre dijo que en México *todos éramos indios aun sin saberlo ni quererlo*, y si los indios no fueran al mismo tiempo los pobres nadie usaría esa palabra a modo de insulto [...] Mi padre señaló que nadie tiene la culpa de estar en la miseria».[10]

---

[9] Bolívar Echeverría, *Modernidad, mestizaje cultural, ethos barroco*, México, UNAM, 1994, p. 183. El diagnóstico de Bolívar Echeverría —aunque aplicable a toda modernización desde fuera— es equivalente al que hace Octavio Paz: «La porción desarrollada de México impone su modelo a la otra mitad, sin advertir que ese modelo no corresponde a nuestra verdadera realidad histórica, psíquica y cultural sino que es una mera copia (y copia degradada) del arquetipo norteamericano». Octavio Paz, *Postdata*, México, Siglo XXI Editores, 1970, p. 107.
[10] José Emilio Pacheco, *Las batallas...*, p. 24.

Es el mismo personaje que el director de la Escuela-Granja; sus elocuciones, si bien adecuadas, están vaciadas por completo de sentido. Por un lado su madre podría haber salido de *Al filo del agua*. Viene de Guadalajara, representa la aceptación propia de su rol sexual en ese contexto de México. El enunciado es claro: *Mujeres* devotas (religión), *Esposas* abnegadas (reproducción), *Madres* ejemplares (educación). El padre termina, como el país, vendiéndose al capital extranjero para sobrevivir. Pero cuando Carlitos usa el término *pelado* lo toma de su propia madre que detesta la escuela a la que va su hijo y rechaza la condición económica del marido. Nadie es suficientemente bueno para su hijo (Jim por ser *hijo de una cualquiera*; Jorge, por ser hijo de un general revolucionario que luchó contra cristeros; Arturo, por tener padres divorciados, y Alberto porque su madre trabaja). Si algo aprende Carlitos es la hipocresía de la clase media que debe quedar bien, cuidarse del *qué dirán*, mantener una moral de dientes para afuera. Carlitos describe a su propia familia así: «puritito mediopelo, típica familia venida a menos de la colonia Roma: la esencial clase media mexicana».[11]

Como la doble vida de Gabriel Lima en *El castillo...*, el padre de Carlitos tiene una amante, hijas con ella y lleva una doble contabilidad en su fábrica, curiosamente, de jabones. Ambos, el raticida y el jabón, símbolos de la limpieza, ya sea de las plagas o de la suciedad misma.[12]

Aquí también se aplica la distinción de Brooks. La novela es una novela de amor, de la imposibilidad del amor, si se quiere, y es un melodrama. Afirma con tino Hugo Verani que «La ironía trágica de la novela es que el amor puro e ingenuo de Carlitos es destruido por la rigidez de sus padres y la intransigencia de la sociedad. La única persona que comprende su dilema y no lo juzga es la juzgada, Mariana, repudiada por inmoral, por ser la amante de un político corrupto, 'amigo íntimo' de Miguel Alemán, quien termina suicidándose, víctima de la hipocresía. Pero la ironía final es que el amor de Carlitos persiste, incurable, el amor es una enfermedad en un mundo en que lo único natural es el odio»,[13] concluye.

---

[11] *Ibid.*, p. 48.
[12] Y el hermano, Héctor —como el Bobby de *Un mundo para Julius*, de Bryce Echenique, con el que guarda no pocas similitudes—, viola a sus sirvientas, padece gonorrea y se droga.
[13] Hugo J. Verani, «Disonancia y desmitificación en *Las batallas en el desierto*, de José Emilio Pacheco», en *Hispamérica*, vol. 14, núm. 42, diciembre 1985, p. 35.

Ese amor es enjuiciado por la familia, la escuela y la religión, la triada antes descrita. El amor tiene que silenciarse en un México que en lugar de desmoronarse se modifica al mejor postor, el capital extranjero, solo para inventar un futuro mejor:

> Sin embargo, había esperanza. Nuestros libros de texto afirmaban: visto en el mapa México tiene forma de cornucopia o cuerno de la abundancia. Para el impensable 1980 se auguraba —sin especificar cómo íbamos a lograrlo— un porvenir de plenitud y bienestar universales. Ciudades limpias, sin injusticia, sin pobres, sin violencia, sin congestiones, sin basura. Para cada familia una casa ultramoderna y aerodinámica (palabras de la época). A nadie le faltaría nada. Las máquinas harían todo el trabajo. Calles repletas de árboles y fuentes, cruzadas por vehículos sin humo ni estruendo ni posibilidades de colisiones. El paraíso en la tierra. La utopía al fin conquistada.[14]

Las promesas de progreso, precisamente, del alemanismo, que en el momento en que la novela se publica son ya irónicas por incumplidas. Si el *impensable* año 1980 ha sido incluso superado en el momento en que el lector da con el libro y sabe que no solo no vivimos en esas ciudades ni en esas casas sino, sobre todo, que no somos iguales. No llegamos a la Última Thule del mestizo.

José Emilio Pacheco es un desencantado y la ironía es su recurso fundamental. Saúl Jiménez-Sandoval ha estudiado la novela desde la perspectiva antiedípica de Deleuze y Guattari en un ensayo esclarecedor. Carlitos, para Jiménez-Sandoval es la representación del origen de la modernización de la cultura y la sociedad mexicanas cuya existencia misma, cuyo *ser*, no solo ha dejado de ser una esencia sino que es ahora una carencia frente a la plenitud norteamericana que lo avasalla. No solo se *arrasan* los valores del mexicano sino que se transforman sus prácticas sociales, «[…] de gozar un renacimiento que se da con base en la toma de conciencia que trae consigo la Revolución mexicana, el país pasa a formar parte del mercado internacional, cuyo énfasis motriz es el consumo como el factor determinante del valor del individuo. Esta arqueología por parte de Pacheco es un intento por revivir un pasado que pueda recuperar el *ethos* del país que se perdió ante una modernización fallida».[15]

---

[14] José Emilio Pacheco, *Las batallas…*, p. 11.
[15] Saúl Jiménez-Sandoval, «Capitalismo, deseo y el anti-Edipo en *Las batallas en el desierto*», en

Es claro para nosotros que la modernización sería fallida pues era exógena, pero lo que se afirma ahora es el procedimiento de Pacheco definido como *arqueología*, lo que implica que el pasado inmediato —el contado por el relato— es una ruina. La ruina del mestizo frente a la modernización como promesa. Pero las piezas recuperadas son, curiosamente, no fragmentos de la memoria sino enumeraciones de objetos consumidos —lo mismo los programas de radio que los refrescos, las historietas que los electrodomésticos de Mariana—, como si esa modernización hubiese producido un perverso borramiento de la cultura misma. Carlitos es tan inocente como el país que abraza la llegada de capitales; la transición adolescente del personaje hacia la desencantada madurez es también la de un México que se *enamora* de la modernización vía el modelo americano. Pero el programa narrativo es claro desde la primera frase: «¿Me acuerdo, no me acuerdo?», el país ya no existe, Mariana es ilocalizable, como si tampoco hubiese existido nunca. «Se acabó esa ciudad. Terminó aquel país»,[16] será el epitafio final de Carlos narrador. Miguel Alemán ya es «Dios-Padre» —el presidencialismo del PRI es la otra cara del porfirismo— y su poder se recuerda en todas las calles. Es ahora el Padre-Estado que puede controlarlo todo —sus hijos mestizos siguen siendo sus súbditos, cuerpo político infantilizado en tanto no hay democracia pues su voto es una farsa—. Aunque su juicio es lapidario, Jiménez-Sandoval no deja de tocar la llaga al diagnosticar que «El sexenio de Alemán es importante porque fomentó una necesidad de modernidad que se estableció como una carencia en lo referente a la cultura y la sociedad mexicanas [...] estaba implícita una inferioridad cultural basada en la producción y consumo de productos mexicanos que atrasaban al país».[17]

Son las prácticas culturales las que degradan el *ser* del mexicano. El mestizo, entonces, no es tan *universal* como pretendían los discursos. En su localidad —localismo— lleva la pena de su inadecuación frente a la modernidad. No deja de ser alarmante, en ese sentido, cómo la clase media mestiza mexicana abraza desde entonces no solo un modo de vida americano sino el consumo como modo de realización, por ende siempre pospuesto, siempre irrealizable.

Mexican Studies/Estudios Mexicanos, vol. 27, núm. 2, verano 2011, p. 431.
[16] José Emilio Pacheco, *Las batallas*..., pp. 67-68.
[17] Saúl Jiménez-Sandoval, «Capitalismo, deseo y...», p. 436.

> Mi padre no salía de su fábrica de jabones que se ahogaba ante la competencia y la publicidad de las marcas norteamericanas. Anunciaban por radio los nuevos detergentes: Ace, Fab, Vel y sentenciaban: El jabón pasó a la historia. Aquella espuma que para todos (aún ignorantes de sus daños) significaba limpieza, comodidad, bienestar y, para las mujeres, liberación de horas sin término ante el lavadero, para nosotros representaba la cresta de la ola que se llevaba nuestros privilegios.[18]

Como en el caso de *El castillo...*, otra vez aquí es la modernización exógena, el *marketing* norteamericano y la modificación de las prácticas de consumo, lo que produce el desplazamiento de la clase media producida con tanto esfuerzo por la posrevolución a través de sus mecanismos de urbanización y educación pública.

Si lo mexicano implica la *carencia* que es por definición una falta, el nuevo sujeto nacional será interpelado por la publicidad. No deja de ser curioso observar que aún hoy en un país eminentemente mestizo los modelos de los comerciales sean casi sin excepción blancos, como si la *idealización* del sujeto que consume implicara un *blanqueamiento* inmediato. La raza también se comodifica. Pero no hay que olvidarnos que la modernización es también un proyecto de Estado y que este moldea la subjetividad. Es el mismo nacionalismo de nopal y huarache —de paisaje y decoración— el que ahora se transforma para comerse el mundo, o al menos beneficiarse de la cornucopia anunciada por la geografía del país. En las nuevas condiciones de producción del capitalismo feroz todos, como el padre de Carlos, deben adaptarse o morir. Carlos mismo debe renunciar al amor de Mariana, reprimirlo. El amor es desplazado por el consumo que no sustituye la carencia inicial, la desplaza simplemente. El deseo de Mariana es sustituido por la pornografía, forma vicaria no de realización sino de consumo; por ello Carlitos «practicaba los malos tactos sin conseguir el derrame»,[19] órgano sin cuerpo, incapaz del orgasmo; el deseo es también una carencia, como la que la mercancía busca llenar sin lograrlo. La *carencia* —anunciaban Deleuze y Guattari— es creada, planeada y organizada a través de la producción social. El mestizo carente, producto del alemanismo, será a partir de ese momento un proyecto permanentemente aplazado.

---

[18] José Emilio Pacheco, *Las batallas...*, p. 23.
[19] *Ibid.*, p. 10.

El mestizo es ahora un cliente y el Estado un vendedor —de ideología— que aplaza inevitablemente el deseo, pues es imposible por definición llenar la carencia, como en la sustitución pornográfica del deseo en Carlitos. El padre venderá la fábrica —de dueño pasará a ser gerente al servicio de los norteamericanos—, y Carlos irá a estudiar a Virginia (ya sus dos hermanas están en Texas y Héctor en la Universidad de Chicago). En ese momento todos se han vendido al capital (el país, la familia y el narrador) para sobrevivir a los nuevos tiempos.

El encuentro con el viejo compañero de escuela, el pobre Rosales, el desplazado (todos somos indios, aun sin quererlo, le había dicho falsamente el padre, pero los indios pobres como Rosales no tienen lugar, son la parte sin parte), marca no solo el clímax del relato —después de esto irá a buscar a la desvanecida Mariana, todo habrá terminado en recuerdo, pesadilla o arqueología—, porque en realidad se trata ya de un franco desencuentro. Rosales sube al mismo autobús —Carlos viene de jugar tenis en el Junior Club y lee una novelita de Perry Mason— pero no como pasajero, sino a vender chicles Adams, símbolo mismo de la explotación y apropiación capitalista. La forma en que es descrita su pobreza: sufre *hambre atrasada*, pues su madre ha perdido el empleo en el hospital por organizar un sindicato. Rosales, huelga decirlo, es huérfano, y como afirma con tino Jiménez-Sandoval, «representa a las víctimas destituidas por un sistema económico que ha dejado de ser productor de su propio destino (de su propio deseo) y ahora sirve como mercado consumidor de una modernidad (in)cumplida».[20]

Carlos, que desea platicar con él luego de que Rosales ha huido presa de la vergüenza, le invita un helado, pero el antiguo condiscípulo prefiere una torta porque aún no ha desayunado. Entonces describe Pacheco con economía magistral: «Rosales puso la caja de chicles Adams sobre la mesa. Miró hacia Insurgentes: los Packards, los Buicks, los Hudsons, los tranvías amarillos, los postes plateados, los autobuses de colores, los transeúntes todavía con sombrero: la escena y el momento que no iban a repetirse jamás».[21] La escena, sobre todo, puesto que la distancia entre la pobreza y la clase media, así sea pauperizada, sería ya un abismo. El propio Carlitos establece esa barrera infranqueable después de escuchar la canción *Riders*

---

[20] Saúl Jiménez-Sandoval, «Capitalismo, deseo y...», p. 443.
[21] José Emilio Pacheco, *Las batallas...*, p. 60.

in the Sky: «En Navidad nos vamos a reunir con mis hermanos en Nueva York. Tenemos reservaciones en el Plaza. ¿Sabes lo que es el Plaza?».[22] La degradación de toda posible amistad, de todo posible contacto es patente, ni siquiera hay una intención consciente de herir a Rosales, solo se está marcando la distancia. Pero Rosales es, en realidad, el portavoz de una noticia funesta: la muerte, el suicidio de Mariana. Carlos habrá de negarlo, otra vez insultándolo: «Lo viste en una pinche película mexicana de las que te gustan. Lo escuchaste en una radionovela cursi de la XEW».[23] De la negación pasa a la inmersión en la muerte misma, una toma de conciencia de que todo está por terminarse. «Vi la muerte por todas partes: en los pedazos de los animales a punto de convertirse en tortas y tacos entre la cebolla, los tomates, la lechuga [...] Animales vivos como los árboles que acababan de talarle a Insurgentes. Vi la muerte en los refrescos: Mission Orange, Spur, Ferroquina. En los cigarros: Belmont, Gratos, Elegantes, Casinos»,[24] y luego ya sobreviene, por supuesto, el franco insulto, la venganza frente a lo que *en realidad* representa Rosales, ese pasado que al haberse muerto Mariana dejará para siempre de existir. Pero sobreviene en forma de nueva negación. Si Rosales le ha dicho eso sobre Mariana es para vengarse de él, porque «[...] lo encontré muerto de hambre con su cajita de chicles y yo con mi raqueta de tenis, mi traje blanco, mi Perry Mason en inglés, mis reservaciones en el Plaza».[25]

No encontrará a Mariana, ni siquiera vestigios —piezas arqueológicas— que den cuenta de su antigua existencia. En el antiguo departamento de Mariana hay, en lugar del retrato de su amada por Semo, o de la foto de Jim en el *Golden Gate*, una *Última cena* en relieves de latón y un calendario con el cromo de *La leyenda de los volcanes*, manifestaciones directas de la pauperización del gusto —y por ende la ausencia de la *distinción* que analiza Bourdieu en la pequeñoburguesía clasemediera—, sustituidas por lo que Carlitos identifica con franco mal gusto. El narrador saldrá de México, estudiará en Estados Unidos, se reunirá con su familia en Navidad en el Plaza.

Pero, como Rosales, también lo habrá perdido todo.

---

[22] *Ibid.*, p. 61.
[23] *Ibid.*, p. 63.
[24] *Ibid.*, p. 64.
[25] *Ibid.*, pp. 64-65.

Amores perros, el rencor del mestizo
Lodo, la filosofía como crimen
Venturas y desventuras del mestizo neoliberal

—MIKE: ¡Cabrón, es la esposa de tu hermano!
—OCTAVIO: Sí, pero a mí me gustaba desde antes. Desde mucho antes que ese *güey* la conociera.
—MIKE: Pos sí, *güey*, pero ¡él se la amachinó, hijo!
—OCTAVIO: Ni madres, además a Ramiro ni le importa.
—MIKE: Pero a Susana sí.

La aparición de *Amores perros* (2000) supuso, de alguna forma, la llegada del cine mexicano al mercado moderno del cine luego de años en los que la antigua subvención de la industria cinematográfica en México había ido disminuyendo hasta ser prácticamente inexistente.

En el año de su aparición la película ganó el premio de la Semana de la Crítica en Cannes; estuvo 16 semanas en cartelera en de México, recaudó 95 millones de pesos y tuvo 3.5 millones de espectadores. Tal éxito de taquilla —y de crítica internacional— no corrió parejo con la descalificación casi inmediata de la cinta por diversas razones: su propensión a la violencia a la Tarantino para *vender*; su descalificación por tratarse de un cierto realismo sucio, o en el caso de críticos más serios, como Gustavo García, al juzgarla —pese a su ambición sociológica innegable— maniquea y degradante ya que en ella los *miserables* carecen de agencia, o en sus palabras, de «toda capacidad de discernimiento, de toda calidad moral para salir del hoyo».[1]

El resumen de la trama, que el crítico hace con cierta ironía, ya implica, además, la puesta en evidencia del recurso de la mera casualidad como *colisionador* de las historias, algo en lo que coincidirán la mayoría de los críticos, no solo de esta película sino de la productiva dupla González Iñárritu/Guillermo Arriaga que dio

---

[1] Gustavo García, «Toda la carne al asador», en *Letras Libres*, núm. 19, julio 2000, pp. 107-109.

después, ya en un cine transnacional, *21 Gramos* (2003) y *Babel* (2006), lo que les permitió luego de su sonoro rompimiento seguir sus carreras internacionales con cierto éxito, aunque ya nunca con la misma aceptación de la crítica y los festivales.

Escribe García:

> *Amores perros* es la colisión de infortunios en la nada sutil forma de un accidente de tránsito donde vuelan trozos de auto, las llantas se incendian, la pista sonora es una explosión de vidrios y fierros. En un cruce de calles cualquiera de la Ciudad de México, el joven y mísero Octavio (Gael García Bernal) se pasa un alto para escapar de la pandilla que lo persigue por agredir a su abusivo líder; impacta su carro con el de la *top model* española Valeria (Goya Toledo), quien quedará lisiada de las piernas. Todo lo contempla el Chivo (Emilio Echevarría), pepenador amante de los perros. La película detallará la vida de cada uno hasta ese encuentro y después: Octavio, sin oficio definible, ama a su cuñada Susana (Vanessa Bauche), víctima sistemática de su esposo, el bestial Ramiro (Marco Pérez), cajero de supermercado, asaltante de farmacias y abusador de su mujer en sus ratos libres. Octavio descubre en el perro de la familia, *el Cofi*, atributos como perro de pelea y lo usa como su mina de oro para hacer dinero y fugarse con Susana, pero su hermano le gana la partida; el perro es invencible, hasta que el líder de una pandilla, harto de perder, pone remedio a la carrera de triunfos con un balazo. Huir de la pandilla y salvar al perro lo lleva al encontronazo con Valeria, quien convalecerá acompañada de su perrito faldero *Richi* en el departamento que le ha montado su amante Daniel (Álvaro Guerrero); este acaba de abandonar a su familia para vivir su utopía última con la modelo y ahora la tiene en silla de ruedas. *Richi* se mete en un hueco en la duela del departamento y no encuentra la salida ni la encontrará en varios días, mientras la relación entre Valeria y Daniel se vuelve una pesadilla. Y sobre ambas historias ha flotado la presencia del Chivo y su ejército de perros: un viejo y greñudo pepenador a quien vemos ajusticiar de un balazo y sobre una mesa de teppanyaki a un señor trajeado, pero también lo vemos seguir a una muchacha de clase media alta en quien de inmediato se adivina a su hija y, en consecuencia, el vacío existencial de su vida. El Chivo rescatará al *Cofi* del encontronazo vial y lo curará, pero todavía debe cumplir una última misión mercenaria: un judicial nos informa que fue profesor universitario, guerrillero y preso político hasta volverse, por un lado, un nihilista, por otro un benefactor de

los perros callejeros y, agrega el espectador, un añorante de su rol paterno.[2]

En esta apretada síntesis, que nos ahorra volver a contar la trama, el crítico da cuenta de las historias relacionadas que constituyen la narración fílmica, pero lo que le interesa hacer notar es la genealogía de Iñárritu, quien llama a Ripstein su maestro. Y aquí es lapidario ya que piensa que la historia de Octavio y *Cofi* no es sino una burda reescritura del guion de Rulfo *El gallo de oro*, que dio lugar a la película *El imperio de la fortuna* (1986), pero con un tono más miserabilista. La reseña de García apareció en julio, antes de que otros críticos, particularmente fuera de México, reconocieran en la *crash aesthetics* el supuesto valor de la cinta. La historia de Daniel y Valeria es simplemente rechazada por banal y estúpida, en sus palabras, aunque pone en imágenes a cierta clase media empresarial que «puede tener un destino paradójico, pero con la mirada en alto contra la adversidad que el viejo cine mexicano le reservaba a los pobres del arrabal, y al universitario guerrillero devenido en matón el México de la crisis le reserva la redención final tras tantas décadas viviendo en el error».[3] Sin embargo, la reacción de García no toma en cuenta las influencias externas del filme, pues la narración múltiple, y en particular las distintas variantes de la realidad, vienen a desplazar las formas lineales, unívocas de contar la experiencia de vida, como vio tempranamente Slavoj Žižek al cuestionar la emergencia de relatos cuyo transcurrir no solo es multiforme, sino que muestran la aleatoriedad de la vida.[4]

Tan temprana recensión crítica nos pone en aviso de la contradicción nada aparente de la película, el uso de técnicas modernas, de una estética novedosa e incluso renovadora para el cine mexicano con implicaciones, sin embargo, profundamente conservadoras. O como enjuiciará más tarde Ignacio Sánchez Prado, neoliberales. Y precisa que el filme se convierte en síntoma de la transgresión realizada por el crimen y la violencia en el contexto de la clase

---

[2] *Ibid.*, p. 108.
[3] *Idem.*
[4] «La explicación de nuestra realidad como uno de los posibles, y con frecuencia el más probable de los resultados de una situación 'abierta', la noción de que hay otras posibles soluciones no es simplemente cancelada, sino que obsesiona nuestra 'verdadera' realidad como espectro de lo que pudo haber ocurrido, confiriéndole una extrema contingencia, lo que implícitamente choca con las formas lineales del cine y la narrativa». Slavoj Žižek, *The Fright of Real Tears: Krzystof Kieslowski. Between Theory and Post-Theory*, Londres, British Film Institute, 2001, p. 79.

media urbana, cuyo sentido de seguridad —su *estabilidad*— se ha ido disolviendo al alimón del Estado priista. «Neoliberal y violenta, presa entre el imaginario nacionalista y el deseo de proyección transnacional, la cultura mexicana de fin de siglo se encontró con una ausencia de centro de gravedad como producto de la caída del Estado paternalista y las ideas asociadas al nacionalismo revolucionario».[5] De acuerdo con Sánchez Prado, la violencia en ese contexto de reformulación deja de ser manifestación marginal (y yo diría de los marginados, como en *Los olvidados* o *Los caifanes*) para pasar a ser el eje de una identidad emergente, identidad que, esto es crucial, empieza a definir nuevas formas de ciudadanía y nuevos imaginarios en la transición política mexicana.

Esta valorización de la violencia como categoría no es privativa de México, sino que se vuelve marca de agua de las transiciones democráticas de América Latina, marcadas la mayoría de ellas por lo que los teóricos han llamado *hegemonías mínimas*. Sin embargo, hay que situar la película —y si es cierto que es sintomática, las prácticas culturales en general— en su historicidad. México ha salido de los años que Octavio Paz definió como aquellos del *ogro filantrópico*, en donde el Estado de bienestar no dejaba de ser un monstruo autoritario, pese a su supuesta bonhomía. Pero la paulatina democratización del país es producto de una larga lucha social que si bien empieza con la revolución sufragista de Madero —al grito también de no reelección— es traicionada por la revolución institucional como sistema de partido único; tiene sus primeras grande grietas en los movimientos laborales de las décadas de 1940 y 1950, particularmente el movimiento ferrocarrilero; alcanza a la clase media y sobre todo a la joven generación con el movimiento estudiantil y posteriormente la masacre de Tlatelolco en 1968; la reinsurgencia obrera de los años setenta, el enamoramiento del nuevo modelo económico de importación-sustitución (ISI); las nuevas oposiciones políticas a causa de la Ley Federal de Organizaciones Políticas y Procesos Electorales en 1977; los retos de la guerrilla urbana y la coalición de izquierda en el Frente Democrático Nacional, que llevó a la creación del PRD y a la escisión del PRI, así como el fraude electoral de 1988 y la llamada *caída del sistema* que colocó a Carlos Salinas en el poder. La década de 1990

---

[5] Ignacio M. Sánchez Prado, «*Amores perros*: Exotic Violence and Neoliberal Fear», en *Journal of Latin American Cultural Studies*, vol. 15, núm. 1, marzo 2006, p. 39.

estuvo signada por ese robo en las urnas y la emergencia de las organizaciones civiles y, claro, por el levantamiento zapatista (EZLN) en 1994, que puso en la mesa el olvidado tema indígena. Este somero recuento es esencial para apreciar que el camino no fue fácil, ni mucho menos, como ha comprobado Adam David Morton en su excepcional estudio gramsciano *Revolution and State in Modern Mexico*. Estas *hegemonías mínimas* una y otra vez quisieron imponerse con políticas de Estado a un tiempo asistencialistas y populistas. La propaganda echeverrista, por ejemplo, de *apertura* cuando a la vez se seguía reprimiendo como en el Jueves de Corpus en 1971 que Fuentes tan bien describe en el último cuento de *Agua quemada*, «El hijo de Andrés Aparicio», del que hablamos en su momento. El análisis de Morton es claro para nuestros propósitos, la transición democrática en México no dejó de ser dolorosa; no se pasa de siete décadas de partido único a una democracia competitiva sin pagar cierto derecho de peaje. En nuestro caso la transición democrática amplió la escisión entre lo económico y lo político —a tal grado de que las diferencias de partido ya no son ideológicas, sino de manejo del presupuesto—, como ha ocurrido en el Estado capitalista del mercado que llevó a la globalización. «Como estrategia restauradora —afirma con sagacidad Morton— la transición democrática es un aspecto de la revolución pasiva, en la cual las relaciones de clase del capitalismo son reorganizadas en una nueva base dentro de las condiciones desiguales de desarrollo inscritas en el espacio estatal».[6]

¿Qué se elige y a quién se elige? dejan de ser las preguntas que son ocultas por el fin mismo de la transición democrática. Elegimos distinto solo en apariencia pues la democracia liberal se asegura que la nueva relación de los gobernados con el elegido —así no tenga una gran mayoría— esté basada en la creencia de que la democracia por sí misma hace a la nación, ignorando la relación de contingencia entre capitalismo y democracia y borrando la verdadera razón del cambio político, la modificación de las condiciones de vida de quien va a las urnas. Por ello una película como *Amores perros* es tan engañosa, porque mezcla de la misma manera los hechos. Lo que es un síntoma de la descomposición producida por la desigualdad económica, la falta de oportunidades, la marginalización extrema, la violencia, es retratado como forma nueva de

---

[6] Adam David Morton, *Revolution and State...*, p. 193.

expresión, como resultado de las luchas por terminar con la hegemonía estatal en el control de sus ciudadanos.

Sánchez Prado coincidiría con nosotros, seguramente, cuando colocamos a *Amores perros* en la misma línea de filmes que *Santa* o que *Los olvidados*, pues como bien afirma, su tropo central es la familia como unidad social y como centro moral de la sociedad, ya que pese a su vanguardismo formal, como dijimos, se muestra profundamente conservadora. El primer crítico en producir un libro entero sobre el filme, Paul Julian Smith, ya nos ponía en la pista de esa filiación de la genealogía fílmica que nosotros hemos venido llamando nuestras narraciones fundacionales, nada lejanas, por supuesto, de las novelas también fundamentales que hemos analizado: *la ausencia de padre*. Esa orfandad es también sintomática puesto que ahora representa ya no solo la incapacidad del Estado para administrar la vida del mestizo, su hijo, sino de controlarla, pues la violencia lo ha permeado todo y no hay centro de poder. Un Estado de *mínimas hegemonías* debe aceptar que sus hijos se le han ido de las manos, si seguimos la metáfora. Pero no solo se trata de la ausencia de padre sino que, como bien ha analizado Sánchez Prado, son todos los valores familiares los que resquebrajan el bello rostro de la familia revolucionaria (ya sea por infidelidad o abandono).

Aquí lo sigo: en una de las tramas Octavio se enamora de la esposa golpeada de su hermano Ramiro, y se justifica diciendo que él la conoció antes, aunque el amigo le replique que el hermano ganó, se la *amachinó*, con todas las implicaciones del verbo. Aunque existe una ulterior justificación, pues supuestamente liberará a Susana de la violencia doméstica. Daniel deja a su familia (mujer e hijas) para seguir a su amante, Valeria, que además es extranjera, y el Chivo también ha abandonado a su familia —particularmente le duele su hija Maru— para cambiar el mundo en su utopía revolucionaria, pero se ha vuelto asesino a sueldo. ¿Son estas solo historias casualmente reunidas por un accidente automovilístico, como piensa Gustavo García, o en realidad son alegorías o parábolas morales, como cree Sánchez Prado? Me inclino a pensar lo segundo. *Amores perros* no oculta su filiación en el imaginario nacionalista que la precede, antes bien cierra la trenza, o aprieta el nudo, en su variante neoliberal.

Sin embargo, no puede descartarse del todo la técnica cinematográfica —o reducirla a mera casualidad, digamos anticipado *deus ex machina* del guionista—, sino que tiene que ver con la estética del accidente automovilístico y su larga tradición en el cine que evolucionó de la simple gracejada a la complejidad narrativa misma. Después de la larga persecución, el accidente *detiene* momentáneamente el tiempo, como en aquellas imágenes fijas que el movimiento cinemático reprime, y que rompen la ilusión o, mejor, la ideología de la vida en movimiento.

De hecho, podríamos subtitular la película *El mestizo strikes back*, ya que en realidad deconstruye *El castillo de la pureza* en los tiempos del capitalismo feroz, no de la transición a la economía de importación. Si en las escenas finales de la película de Ripstein se nos muestran los efectos de la burguesía para separarse y elevarse del resto de la población —mestiza—, la contaminación —la universalidad de las ratas como simboliza incluso la caída del perro de Valeria en ese subsuelo violento y peligroso— ha hecho colapsar la vieja casa de Donceles quemada y destruida por el fuego. Es natural que existan distintas zonas o esferas de poder-no poder dentro de la ciudad de México: interactúan, y si se mezclan se destruyen. Octavio es el mestizo pobre que sueña con el porvenir capitalista —y el premio sexual, poseer a la esposa de su hermano—; Daniel es el director de clase media empresarial que utiliza su poder para relacionarse y poseer a Valeria, la supermodelo *extranjera*, intentando ver por encima del hombro a los otros, como Carlitos a Rosales en *Las batallas...* Y el ejército de perros del Chivo no es sino una compensación frente a la pérdida de la relación con su hija. El accidente de coche colisiona las historias, es cierto, pero también produce la estética del relato —su modernidad— mientras se nos describe visualmente (quizá es lo mejor de la película, la fotografía de Rodrigo Prieto) el fracaso del proyecto del mestizaje y el desarrollo de su subcultura, que deja de ser invisible y se muestra por vez primera en nuestra cinematografía con todo su rencor acumulado. El crimen —o la violencia aparentemente injustificada— es la única posibilidad de escape de su confinante pobreza.

Octavio necesita meterse al mundo de las peleas de perros —en sí mismo una cultura subalterna— para ganar algo de dinero y poder alcanzar a su cuñada, Susana. Pero toda subalternidad también es un poder y los que controlan el juego le disparan al perro y él mismo asesina a uno de los *jefes*. En la loca carrera por escapar causa el accidente en el que Valeria resultará gravemente herida.

Colisión del mestizo que, imposibilitado para escapar choca contra el mundo pequeñoburgués de la modelo. Valeria perderá la movilidad y Daniel verá convertirse en un infierno su vida basada en la *traición* a su familia. Como si fuese castigado —por el mestizo que lo detiene— por su pecado social. El mestizaje *explota* en la cara de la burguesía, la paraliza y destruye las ilusiones de bienestar y comodificación capitalista. Estas dos líneas claramente muestran el rencor y el fracaso del mestizo el Chivo —un antiguo profesor universitario que deja la enseñanza para destruir desde adentro el sistema como revolucionario—, que ahora asesina a sueldo. Es decir, no solo forma parte de ese mismo sistema de mercado, además ejerce sistemáticamente la violencia. No solo es un asesino como resultado de una *revolución fracasada*, sino que en ese viraje ha perdido su asidero social, la familia. Encarna la violencia mestiza misma pero también su falta de sentido, aunque muestre una leve humanidad en su trato con los perros. El destino no puede deshacerse, nos dice esta línea argumental de la película, acaso la más conservadora por sus implicaciones con el discurso político inmediato anterior, y las difíciles e incluso sangrientas décadas de lucha por la democracia en México que ya comentamos. Pensar lo contrario sería no solo borrar el pasado sino hacer creer que la democracia es hija directa del neoliberalismo y no precisamente su garante.

Al analizar el personaje del Chivo, Sánchez Prado es claro: a la vez que ha optado por una alternativa moralmente incorrecta, lo que pese a su aislamiento le produce una gran pena pues no puede acercarse a su hija quien lo cree muerto, también busca la redención mediante una decisión moral; en lugar de llevar a cabo su último trabajo asesinando al hermano de su cliente, quien es además adúltero, decide confrontarlos —en una puesta en escena del mito de Caín y Abel— y dejarlos decidir quién vive y quién muere. Pero si Daniel es un adúltero, el Chivo ha abandonado a su familia, y dentro de los códigos morales impuestos por la cinta son iguales, los dos dejaron a sus familias y los dos son castigados duramente por el destino (que no es un *crash aesthetics* sino una reconstrucción del destino de la tragedia griega, solo que ahora no por venganza o ira de los dioses sino por la estúpida coincidencia). Los dos buscan la misma redención: hablar con sus familias. Daniel con la esposa, aunque no se atreve finalmente, y el Chivo deja un recado en la contestadora. Sánchez Prado ha argumentado con claridad lo que ocurriría si una moral sin absolutismo remplazara ese código moral, pero la serie de posibles finales alternos que propone en su artículo no hacen sino acentuar lo que ya sabemos, el conservadurismo de la película que reitera la importancia de los valores familiares *sin importar las contingencias* de cada una de las historias porque, como afirma: «[...] la evolución del Chivo no es sorprendente, su trayectoria de revolucionario a prisionero a criminal debilita profundamente la calidad de disidente de su narrativa».[7] De hecho, es apresado por poner una bomba, con lo cual se *neutraliza* su aspecto revolucionario, o mejor, lo califica equiparándolo con un simple terrorista, entra en el mundo del crimen organizado guiado por la policía. El revolucionario —el disidente— y el criminal son la misma persona, por eso Sánchez Prado puede afirmar que se trata en realidad no de una película progresista sino de un *catálogo de miedos de la burguesía urbana*. Yo diría, del miedo del pequeñoburgués al mestizo que no pudo incorporar del todo. Y es que los nuevos ciudadanos de la transición democrática han construido sus ciudadanías a partir del miedo. En el mismo México en el que el lema de un candidato de representación popular —de una zona pudiente del Distrito Federal—fue «Honestidad valiente».

De hecho, los castigos sociales incluso son corporales, como ha demostrado Madalina Pierseca al analizar el género y lo que llama la *corporalidad* en la película, al sostener que las identidades —como hemos hecho nosotros a lo largo del libro— no pueden formarse fuera de la representación. En su deconstrucción de la película no solo confirma, desde otra perspectiva, nuestra intuición lectora: los interiores domésticos en la película se transforman en jaulas que impiden cualquier posibilidad de escape y clausuran cualquier posibilidad futura. «Sus cuerpos», escribe, «agonizan dentro de la presión del encierro claustrofóbico emanando pútridos aromas de violencia, sexualidad desplazada, histeria y decadencia, con independencia de su posición social»,[8] sino que, como prueba la historia de Valeria —cuyo cuerpo es su fuente de empleo y el origen de su relación con Daniel— sujeta al infierno de ver su imagen en el enorme anuncio publicitario enfrente de su ventana, en su

---

[7] Ignacio M. Sánchez Prado, «*Amores perros...*», p. 42.
[8] Madalina Pierseca, «Gender, Corporeality and Space in Alejandro González Iñarritu's *Amores perros*», en *Journal for Communication and Culture*, vol. 1, núm. 2, invierno 2011, p. 113.

apartamento cárcel, «Enfrentada a la amenaza de esta sensual presencia fálica, la narrativa avanza hacia la castración de la *femme fatale* como medio de restringir su amenazadora corporalidad».[9]

Si bien es cierto que es ya común asociar *Amores perros* con la representación de la violencia y el caos como el nuevo exotismo latinoamericano (que vende bien en taquilla y se convierte en tropo de cómo el imperio mira a sus subalternos), la autora yerra al pensar que hay una exquisitez en la forma en la cual González Iñárritu muestra que la amenaza no viene de fuera, sino de dentro del útero doméstico, para usar sus términos, como muestra el agujero en el suelo de Valeria —la invasión del exterior—, sinécdoque de la irrupción de lo abyecto en el mundo privado. Pero las ratas no son una amenaza desde dentro, actuando como desde la invisibilidad del subsuelo, sino una metáfora —con su genealogía que ya mostramos— de la amenaza de lo subalterno, aquí mestizo, que impide que al fin México logre el sueño de la aplazada modernidad. Si Octavio *choca* con Valeria y la inmoviliza es una muestra, precisamente, de la lectura conservadora del filme (de la misma manera en que la pequeñoburguesía mexicana ha tenido que vivir en *guetos* cerrados, electrificados, fuertemente vigilados por policías auxiliares para evitar el contacto, la contaminación y la violencia de los otros, que amenazan siempre con despertarlos de su sueño de prosperidad). Ante la pregunta sobre la violencia, González Iñárritu ha contestado no pocas veces que es una forma en la que los pobres se ganan la vida.

«La ciudad de México», afirma en otra entrevista, «es un experimento antropológico y yo me siento parte de ese experimento [...] Soy solo uno de los 21 millones que vivimos en la ciudad más grande del mundo. Ningún hombre en el pasado vivió, o más bien sobrevivió, en una ciudad con semejantes niveles de contaminación, violencia y corrupción. Y, sin embargo, increíble y paradójicamente, el DF es hermoso y fascinante. *Amores perros* es fruto de esa contradicción. Un pequeño reflejo del barroco y complejo mosaico de la ciudad de México».[10] Esta declaración no solo demuestra cierta ingenuidad sino que repite tropos de la intelectualidad de clase media, como el uso de *mosaico*, visión romántica de un todo

---

[9] *Ibid.*, p. 113.
[10] Pablo Brescia, «Review of *Amores Perros* by Alejandro González Iñárritu», en *Chasqui*, vol. 30, núm. 1, mayo 2001, p. 169.

compuesto de pequeños cuadros armónicamente relacionados, o el hecho de equiparar la violencia con el problema ambiental de la contaminación, lo que neutraliza ambos síntomas, pues vienen a ser solo manifestaciones del hacinamiento humano, de la cantidad de gente viviendo en la ciudad.

Las mujeres de la cinta, para continuar con mi argumentación, siempre están confinadas al espacio doméstico, dependen de los hombres que parecen ser los únicos capaces de agencia (aunque al final Susana decida dejar solo a Octavio). Y la masculinidad no está exenta, por supuesto, de críticas, como en la escena sexual en el baño en la que vemos a Octavio verse haciendo el amor con Susana y luego voltea a ver al espectador del filme, en lo que se ha dado en llamar la cuarta mirada (algo que ya preconizaba Buñuel cuando Pedro avienta el huevo a la cámara cuyo lente ensucia; pero en ese caso se trataba de la representación de una cierta ira ante la mirada del intruso, el cineasta. Aquí nos devuelve la mirada en un gesto típicamente macho, pidiendo que lo reconozcamos en su vicario triunfo, pues ha ganado a la mujer de su hermano).

Más sutil es cuando, siguiendo a la crítica Luce Irigaray, la autora cuestiona un conservadurismo menos aparente que los que hasta ahora hemos analizado, pero cuya consecuencia es similar en el trato de las protagonistas femeninas de todos los filmes que hemos analizado hasta aquí, al convertirlas en proyecciones o sublimaciones del deseo masculino. La prótesis de Susana la convierte en *cyborg*, pero anula su cuerpo, detiene su sensualidad —y su identidad, o su corporalidad, está basada en ese cuerpo y sus usos—. Afirma Irigaray, citada por Pierseca: «¿Acaso no la 'máquina deseante' al menos parcialmente toma el lugar de la mujer o de lo femenino? […] ¿No es el [cuerpo sin órganos] una condición histórica? […] Desde que antaño se le ha asignado a la mujer la tarea de preservar la 'materia corporal' […], ¿no es que el cuerpo [sin órganos] ha venido a ocupar el lugar de la evacuación del deseo de la mujer en el cuerpo de la mujer?».[11]

Dichos cuestionamientos abundan con precisión en nuestro diagnóstico, al transformar a Valeria en una máquina o en un *cuerpo híbrido* la convierte en proyección masculina.[12]

---

[11] Madalina Pierseca, «Gender, Corporeality…», p. 120.
[12] Otro tanto ha hecho para el caso de *Y tu mamá también* Hester Baer (2004), poniendo en evidencia el carácter neoliberal de la autoritaria voz en *off* del filme. La crítica Fernanda Solórzano

Explica Loïc Wacquant[13] que el triángulo entre cuerpo, poder y creencia es lo que produce la *magia estatal*. O la *ilussio* que veíamos en Bourdieu desde la introducción de este libro. Los triángulos de *Amores perros* no hacen sino ejercer diversas formas de violencia simbólica sobre los cuerpos mestizos, ejercicios múltiples de la biopolítica para producir la creencia repetida hasta el cansancio por la propia estética del filme de que lo mestizo es una amenaza y de que no hay salida posible —lo marginal no tiene agencia y la pequeñoburguesía se verá amenazada en su seguridad (personal y familiar) por las ratas que todo lo contaminan y manchan, que todo lo corroen y corrompen, como hacen con el símbolo de la felicidad doméstica, el fiel perro de Verónica que ha caído en sus fauces.

Y, sin embargo, la película se queda corta en su posibilidad de ofrecer una lectura general de los triángulos sociales que plantea, puesto que no hay posibilidad de cambio social —muchas veces ni de *agencia*— y no obstante existe una redención moral, ya sea mediante el abandono (Susana), o el *estar a punto* (que analizamos en Revueltas), el detenerse antes de matar de nuevo (el Chivo). Así se reinsertan ambos de alguna manera en la sociedad de la que salieron, no por ser máquinas deseantes —como piensa Pierseca— sino por volver a aceptar la interpelación. En ese sentido, la escena más decepcionante de la película consiste en ver a Emilio Echevarría cortarse el pelo y las barbas, no solo en una literal castración de su animalidad —extraterritorialidad— sino de su iconicidad (de ser una representación de lo revolucionario por su parecido con Marx termina siendo uno más de los desclasados que la ciudad se engulle, un mestizo que ha perdido el rencor, que no sabe por qué

---

ha hecho una brillante reflexión sobre los públicos del cine mexicano que no solo sobrecoge sino que llama a detenerse antes de hacer juicios a la ligera. En 2006, el año en que apareció el texto de Solórzano, los datos nos dicen que un promedio de 165 millones de espectadores van al cine en México anualmente, pero solo ocho millones de ellos paga un boleto para ver una película mexicana, y aún así el cine comercial para la clase media —ese que inauguró *Solo con tu pareja*— se lleva la mitad, cuatro millones. En 2006 la mitad de quienes vieron una película mexicana fue *Una película de huevos*, una animación alburera y simplona. A ver *Un mundo maravilloso*, la aguda crítica de Luis Estrada al neoliberalismo —que *Una película de huevos* pondera—, solo fueron 711 000 espectadores, quizá guiados por el éxito de la anterior cinta de Estrada, *La ley de Herodes*, pero salieron decepcionados pues la película los retrataba en sus aspiraciones: dejar de ser mestizos, al fin ser blancos y, si se puede, *gringos*. Fernanda Solórzano, «El lugar del espectador. ¿Para quién es el cine mexicano reciente?», en *Letras Libres*, núm. 100, abril 2007, pp. 62-66.

[13] Loïc Wacquant, «Symbolic Power in the Rule of the 'State Nobility'», en *Bourdieu and Democratic Politics* [Loïc Wacquant, ed.], Cambridge, Polity Press, 2005, pp. 133-149.

se salió del orden burgués (la familia, la universidad) ni cuál era el hombre nuevo. Niega la posibilidad de un acto político en tanto niega la posibilidad de un sujeto éxtimo (a decir de Lacan, donde la intimidad está exteriorizada), y la revolución, lejos de ser el *acto profundo* que pedía el *Hegel* de Revueltas, es una mercancía pequeñoburguesa que se compra en la calle: una camiseta con la imagen del Che o de Zapata. Una utopía absolutamente imposible. El mestizo se puede desgañitar en su dolor, nadie parece oírlo. (¡Por ahora!)

> *La vida da traspiés, pero siempre se endereza.* ¿Podría llamarse a eso filosofía? ¿Tenía derecho el vulgo a ella? Los filósofos no prestan demasiada importancia a la gente común, incluso se sienten mal a su lado. Tienen razón, cualquier pensador se alejaría despavorido al ver a esta mujer sentenciando con la boca llena de plátanos.[14]

Guillermo Fadanelli (ciudad de México, 1963) comenzó su carrera literaria fuera de los circuitos de circulación tradicionales. Fundó su propio fanzine, *Moho*, en 1989, bautizando su producción lo mismo que moho-literatura, literatura-basura. Con los años se fue desplazando de ese territorio —donde alcanzó la categoría de autor de culto— hasta ser parte integral del centro del canon editorial de finales de siglo XX al consagrarse primero en las editoriales comerciales y luego en la prestigiosa Anagrama de Jorge Herralde. Publicar allí, en Barcelona, no solo significó la circulación de su obra fuera de México sino el reconocimiento de sus pares, puesto que lo que algunos llaman la *anagramización* de la literatura latinoamericana, implica pertenecer al selecto grupo de los *happy few* que la *gauche divine* reconoce de vez en cuando de este lado del océano. En estos días Anagrama no dicta precisamente el gusto, pero el solo hecho de publicar allí parece separar al autor de calidad del autor comercial contratado por las otras editoriales transnacionales, puesto que antes de ser comprada por Feltrinelli (2011), la casa de Jorge Herralde era de las pocas editoriales independientes que quedaban en castellano. Cuando dicha editorial reimprimió *Lodo* (fue editada por Debate, parte del grupo Random House Mondadori, en

---

[14] Guillermo Fadanelli, *Lodo*, Barcelona, Anagrama, 2008.

México en 2002, y en 2004 fue finalista del consagrador premio Rómulo Gallegos), se operó la magia que convertía, o mejor, revertía a Fadanelli a su condición de autor de culto, aparentemente de minorías, aunque la crítica mexicana ya había saludado el libro con beneplácito.

La novela presupone ya la entrada de México a la globalización misma: en lugar de comprar y encontrar a Flor Eduarda en un *Oxxo*, la versión mexicana, por ejemplo, el protagonista, Benito Torrentera, lo hace en un Seven Eleven, marca indeleble de que no llegamos al banquete de la civilización pero sí a las postrimerías del consumo. Toda la fuerza de la novela proviene de la voz en primera persona, con el recurso de la picaresca, nuevamente, en el sentido de *confesión no pedida frente a un tribunal inexistente*, pues desde la cárcel Benito Torrentera nos narra sus aventuras a la Bonnie & Clyde con Flor Eduarda. Torrentera es profesor y filósofo y tiene 49 años y Flor Eduarda, de 21 años, dependienta de un Seven Eleven, lo busca en su casa después de haber matado a uno de sus compañeros de trabajo en el pequeño autoservicio. La novela es, de hecho, la narración de esa huida (propiciada gracias a la ayuda del hermano de Torrentera, Esteban, un político corrupto con muchas relaciones, que le consigue a Flor Eduarda documentos falsos para escapar con la nueva identidad, Magdalena Gutiérrez, nada gratuito el nombre, en una falsa credencial de elector). Los ecos de la *Lolita* de Nabokov son directos, por supuesto, más que evidentes (en la edición de Anagrama, incluso, la portada presenta a una adolescente vestida con uniforme escolar reclinada en un pupitre). En Michoacán, a donde han huido, Torrentera matará a dos campesinos narcotraficantes en un ataque de celos.

El México de Fadanelli no es muy distinto del de *Amores perros*; ambos están marcados por una corrupción endémica —cuya explicación social nunca se nos presenta—, por la pobreza extrema, la desconfianza y el rencor de los desposeídos, de los otros, de los que Torrentera llama el vulgo y nosotros el mestizo, ahora sí desplazado para siempre, incluso simbólicamente, de los centros de poder. La economía —o mejor, el cálculo egoísta— está en el centro de todos los intercambios, los personales, los familiares y los amorosos. «Todos en esta ciudad», dice en uno de sus aforismos Torrentera, «estamos haciendo cuentas la mayor parte del tiempo. Cada vez que compramos un chicle desencadenamos un kilómetro de sumas y restas que a su vez desembocan sin remedio en un cero dramático, en números rojos o en la necesidad de pedir prestado e incluso robar».[15] La vida es un juego de suma cero, en el que nadie ya gana nada. Una y otra vez el intercambio económico y el papel del dinero son mencionados en la novela —de hecho, la relación entre Torrentera y Eduarda es también capitalista, rubricada en un contrato y mediante dinero.

Sin embargo, en *Amores perros* no hay reflexión histórica, las cosas son como son porque, en última instancia, así *es el mexicano* y en *Lodo* hay una toma de conciencia sobre el hecho mismo de la identidad comodificada por el puro intercambio mercantil. Dice Torrentera al entrar al Seven Eleven: «Los empleados de estas tiendas son distintos de los viejos dependientes de estanquillo en que nunca permanecen muchos días detrás del mostrador: son mandiles, brazos que se mueven, dedos haciendo sumas, pero no rostros».[16] Órganos sin cuerpo, máquinas en el proceso de intercambio del que él mismo no está exento pese a ser profesor de filosofía, pues su propia escritura —está escribiendo un *tratado* sobre la diferencia entre ensayo y novela, guiño sobre la mezcla de géneros del propio libro que como lectores tenemos entre las manos—; lo hace por encargo porque le van a pagar 500 pesos por el artículo. Es un filósofo a sueldo, si se quiere, mal pagado a 50 pesos la clase.

Eduarda, en cambio, ha abandonado los estudios —garantía anterior de movilidad social hoy innecesaria pues la falta de oportunidades llena los Seven Eleven y los taxis de abogados o médicos incluso titulados—. A partir de la visita de Eduarda a su departamento y de su decisión de ayudarla a huir —es una homicida confesa, al menos con él—, la *razón*, el instrumento de trabajo (y por ende de retribución económica de la sociedad a la que sirve como profesor y articulista *freelance*), se le ha atrofiado. No solo es su cómplice —la esconde—, compra un coche, consigue un préstamo y una pistola y viaja hacia Tiripetío, en Michoacán, para más señas *cuna* de la filosofía mexicana (aunque a Flor Eduarda la prosapia del pueblo le tenga som cuidado), al que llegan acompañados de una pareja, Artemio, colega de Torrentera y su esposa Copelia, quienes no saben que Eduarda es prófuga, claro). En esa nueva ciudad que Torrentera no describe —«pues esta no es una

---

[15] *Ibid.*, p. 34.
[16] *Ibid.*, p. 42.

novela naturalista»—,[17] las complicaciones dramáticas de los prófugos alcanzarán el clímax, por supuesto. La provincia es *igual* que la capital, es parte del mundo global, lo que modifica las narrativas tradicionales, como ha probado Paul Goldberg, para quien, sin embargo, el cliché entre sofisticación urbana y barbarie campesina sí termina por estar presente en las «[...] impresiones de Benito de que la cultura rural e indígena son un producto de las primeras etapas del desarrollo de la novela latinoamericana. Pero al leer la novela según un tratado sobre la conciencia y el comportamiento en una época de cambio económico y social, el comportamiento animalístico [*sic*] se puede atribuir a la caracterización de una conciencia sujeta a condiciones culturales volubles».[18] De hecho, en Michoacán sabemos que la identidad de Benito está firmemente anclada aún en la mexicanidad, su gusto por la música de Revueltas, el champurrado y los tamales.

Cuando finalmente Benito Torrentera secuestra y mata a los narcotraficantes por encontrarse *acobardado* por los celos, se convierte «[...] en un animal que dirige todos sus sentidos hacia la posesión de la hembra».[19] Se hunde literalmente en el «lodo». Aunque la narración empieza para el lector cuando él ya está en la cárcel (el libro que leemos es su *confesión*, un género filosófico que mezcla recursos del ensayo y la novela en su propio andamiaje dramático). Es el mismo hombre instintivo que ha perdido la *razón* pequeñoburguesa frente a su mestiza asesina, aunque no deja de plantearlo con singular humor: «Reto a cualquiera a soportar el olor de los plátanos fritos mientras mira a una mujer semidesnuda de piernas lisas llevar la sartén de un lado a otro de su casa. Como un molusco me adherí a su espalda, pegando la nariz en su piel, aspirando su olor a hembra, a plátanos fritos».[20] La mujer, de nuevo sitiada/deseada en tanto está en *su* casa realizando labores domésticas y convertida en objeto: semidesnuda y con las piernas lisas, es decir, depilada, *civilizada* para los instintos animales del hombre (y no cualquier animal, un molusco cuya única agencia es adherirse a la espalda de Eduarda). Quizá la declaración más conspicua al respecto ocurra cuando, encolerizado por los celos, afirma: «En realidad no

---

[17] *Ibid.*, p. 151.
[18] Paul Goldberg, «La conciencia globalizada: comportamiento y consumo, en *Lodo* de Guillermo Fadanelli», en *Hispanic Journal*, vol. 26, 2005, p. 145.
[19] Guillermo Fadanelli, *Lodo*..., p. 177
[20] *Ibid.*, p. 98.

engañaba a nadie. Ninguna mujer engaña a nadie. Puede acostarse con diez, chupar mil vergas y jamás estará traicionando a nadie; en todo caso la infidelidad supondría lo contrario: negarse a pertenecer al mayor número de hombres».[21] Es claro cómo el código moral de *Lodo* y *Amores perros* coincide casi plenamente. La familia —a pesar de que Torrentera nunca se haya casado y haya abandonado la casa paterna— y la fidelidad de la pareja, pues Flor Eduarda y Benito no son cónyuges, sino producto de un contrato comercial que él parece desconocer. Cuando en esa misma escena ella le reprocha que use la palabra *coger*, pues le parece una vulgaridad viniendo de un profesor que escucha música clásica, él responde aún más malhumorado: «Consumo mi vida leyendo cientos de libros, pero cierto día se me ocurre decir *coger* y una empleada de supermercado que en su vida ha leído siquiera dos hojas seguidas me acusa de vulgar. Solo eso me faltaba. Dime entonces cuáles son las palabras correctas para referirse al *mete-saca*». La sabiduría popular de Eduarda es lacónica pero contundente: «Nada, hazlo, pero no le des un nombre».[22]

Es la época, sin embargo, de los intercambios rápidos y superficiales, en donde nadie asume una aventura como la de Torrentera —allí hay oculto un romántico, por supuesto—, donde todo se ha vuelto comercio puro. «¿Desde cuándo comenzaron a aparecer estos mini súper en las esquinas con las heladeras a reventar de yogurt y adolescentes majaderas tras los mostradores? Cuando era niño lo usual era una tienda con cajas de refrescos amontonadas y una amable mujer que solía llamarte por tu nombre»,[23] es una reflexión del filósofo que no puede llamarnos a engaño. Lo que no puede soportar es haber perdido la solidez de su posición social. Es ese régimen sensible de relaciones estables —incluso, obvio es decirlo, comerciales— del que tiene nostalgia, por eso se aventura a Tiripetío y termina en la cárcel; Torrentera se describe a sí mismo como un viejo, un viejo que no puede entender el México contemporáneo. Un viejo, podemos decirlo ya, francamente conservador (sus relaciones amorosas anteriores a Eduarda fueron con prostitutas, por cierto). Y más aún, desprovisto de agencia: «A pesar de no haber nada en mi existencia capaz de pasar como un acontecimiento

---

[21] *Ibid.*, p. 224.
[22] *Ibid.*, p. 225.
[23] *Ibid.*, p. 38.

extraordinario, tengo la impresión de que todo ha concluido sin que haya podido intervenir».[24] Los dueños de la nueva justicia, además, son los narcotraficantes que se han infiltrado en la procuración de justicia. De hecho, Benito *toma* la decisión de aceptar la cárcel en otro acto de pleno idealismo, al negarse al juego. Y allí, en la cárcel, las condiciones de intercambio capitalista son idénticas a afuera: «[...] al Amarillo, a quien pago una cuota de cien pesos semanales para obtener protección. Las peleas entre bandas son mucho más sangrientas. Siempre producen muertos. Los motivos de estas grescas son dos: se intenta sustituir o competir con el Amarillo en lo que respecta a la venta de protección, o se busca crear espacios independientes de poder, sea para traficar drogas o para ejercer la venta de servicios entre los presos. La policía interviene solo en contadas ocasiones, cuando no hay otro remedio. Por lo regular espera a que los conflictos se solucionen en el libre mercado de la violencia».[25]

Este es, quizá, el mejor resumen de la condición del mexicano que Fadanelli busca describir en su novela: el libre mercado de la violencia. El mismo libre mercado que lo ha hecho a él matar a dos hombres porque los estudios no matan las pasiones. Porque en el México de *Lodo*, lo ha dicho como motivo reiterado en la novela, todos son damnificados (el país es visto, entonces, como un desastre). La estrategia narrativa de la digresión —Torrentera es también Torrente, verborrea torrencial— oculta un miedo al relato mismo, por eso lo interrumpe, lo califica, lo juzga. El narrador no quiere dejar de tener control sobre lo narrado, lo que significa en este caso una obsesión perversa, pues él mismo es la voz narrativa. Pero a la misma vez asegura con ese procedimiento la lectura confesional de la obra, su carácter de verdad. Al sacar el libro del terreno de la ficción —el propio narrador llama a su obra *diario*, *tratado*, *memoria*— propone una lectura realista atreviéndose a citar en extenso a Kant, y sitúa la novela en coordenadas específicas de tiempo: el día en que conoce a Flor Eduarda, por ejemplo, el peso se ha devaluado 20%, lo que le permite hacer una larga digresión sobre los precios y la situación política y su gusto por el vino tinto a pesar de la carestía:

---

[24] *Ibid.*, p. 127.
[25] *Ibid.*, p. 146.

> La gente corriente le dedicaba gran parte de su conversación a la devaluación y a la inevitable alza de los precios. Mi experiencia no me ha engañado: en cuanto un político echa las campanas al vuelo afirmando que las finanzas de nuestro país se encuentran en inmejorables condiciones, hay que prepararse para ser más pobres. A cada anuncio de bienaventuranza sigue una cadena de catástrofes que nos vuelven aún más miserables. Por lo tanto, la devaluación no me tomó por sorpresa y dejé de preocuparme.[26]

Quizá por eso hace un rápido plan mental: comprar el periódico solo una vez cada tres días, no acompañar los alimentos con vino sino con agua fresca, y dejar de caminar grandes distancias para que no se gasten las suelas de sus zapatos. En realidad ese 20% a él solo lo pauperiza un poco. A Eduarda, en cambio, la obligará a otras cosas. Esto es constante en la novela, no solo la descalificación, vulgo, gente corriente, como un ejercicio de distancia conceptual sino como un *marcaje* de clase, un marcaje que, por cierto, la naturaleza misma de la ciudad neoliberal borra pues no es el espacio, sino el tiempo, el único territorio compartido del capitalismo feroz.

El valor que le otorgas al dinero, dice más adelante, te desnuda: la economía es el humor de una cultura. Defensa frente a la proposición de Eduarda de escapar, que venda sus libros a 10 pesos cada uno, *y nos hacemos millonarios*, a lo que él, en silencio, responde: «¿Vender mis libros? Qué fácil resultaba para una analfabeta decir estupidez semejante? A ver, ¿por qué no se paraba ella en una esquina?».[27] Mientras Torrentera insiste en que los libros solo tienen valor para quien los lee, Eduarda piensa que hay compradores para todo y que se puede vender, incluso, el chicle que se acaba de masticar.

En el México en el que los discursos del desarrollo han sido sustituidos por los de la democracia —cuyos resultados son palpables en la creciente desigualdad y la compra masiva de votos, como se denunció en las elecciones de 2012—; en el país donde las *hegemonías mínimas* han dejado pie a que las culturas subalternas solo puedan expresarse, aparentemente, de forma violenta o resistir pasivamente, en los años del capitalismo salvaje la novela de Fadanelli es también la radiografía del intelectual orgánico que se resiste a

---

[26] *Ibid.*, p. 27.
[27] *Ibid.*, p. 110.

dejar de ser ya sea quien le da voz a quienes no la tienen, en la visión post 68, o se niega a desaparecer de la esfera de lo público, que es otro espacio más del consumo y el comercio.

El conservadurismo de Benito Torrentera es la última carcajada, acaso cínica, del mestizo intelectual —aquel que acompañó a la bola en *Los de abajo*— desplazado del todo por la televisión. La modificación del Estado capitalista (el de la posrevolución) al capitalismo de Estado vuelve a las instituciones gubernamentales, particularmente a las de la democracia, las electorales, meros instrumentos de control hegemónico.

Al haber sustituido nuestra anhelada y nunca alcanzada democracia popular, basada en la modificación de las condiciones sociales por una mera democracia electoral (incluso muchas veces sospechosa), aun si se garantizan los derechos liberales del individuo, aquellos tan caros a Torrentera y que pueden parecernos tan banales fuera de contexto (leer el periódico todos los días, tomar vino con las comidas, o mejor, participar libremente en las votaciones periódicas con ciudadanías participativas), la extensión y alcance de los derechos socioeconómicos ha sido aplazada otra vez.

Torrentera es similar en eso a quienes cuando una manifestación se sale de cauce o se escandalizan por el EZLN, hablan del Estado de derecho sin comprender que en México esa vasta población variada y distinta que la Revolución unificó bajo el membrete de *mestiza* nunca ha alcanzado del todo el derecho al Estado, una forma más elemental pero más efectiva de ciudadanía. Los ciudadanos del miedo, espectadores anonadados de las peleas de perros en la película de González Iñárritu, son como el filósofo pauperizado, Torrentera, que se niega a aceptar que aun en el campo del poder —la universidad— forma parte de los oprimidos del campo mismo, al ser un subalterno del discurso del poderoso, del gobernante.

Que se niega, que es lo más grave, a ver lo que ya hace tiempo consideraba Schumpeter: «[…] la democracia no significa y no puede significar que la gente efectivamente gobierne en ningún sentido obvio de los términos pueblo y gobierno. La democracia significa solo que la gente tiene la oportunidad de aceptar o rechazar a quienes la gobiernan».[28]

Mínimo consuelo de las democracias electorales con el que ni siquiera contamos al no tener mecanismos de referendo o

---

[28] Adam David Morton, *Revolution and State…*, p. 170.

reelección y al estar incluso en tela de juicio nuestros organismos electorales *confiscados* por los partidos políticos, dueños únicos del balón, desideologizados, como ya dijimos, cuyas mínimas diferencias oscilan en la forma en que se ahorra o se gasta y se controla la macroeconomía. Torrentera llega a Tiripetío —un pueblucho de casas modestas, a ojos de los simples, dice— pero para él no solo es el primer lugar donde se impartió una clase de filosofía en América Latina, sino donde los agustinos comenzaron la evangelización de los indios, entre ellos Alonso de la Veracruz, ese primer profesor que tanto pondera. Eduarda, con todo el rencor acumulado de siglos, frente a la clase de Benito, reclama: «Nos vinieron a educar cuando nadie los necesitaba. Podíamos vivir perfectamente sin Aristóteles».[29] Cuando en esa misma escena se niega a darle un beso, Torrentera le exige: «Dame un beso, maldita puta». «Te lo doy si nos vamos de este pueblo», es la respuesta, y después se niega a acompañarlo a un convento de monjas, nueva manifestación del sojuzgamiento que ella rechaza. Se quedarán en ese pueblo sin hoteles, en la casa de una mujer que acepta fuereños a dormir de cuando en cuando y que les advierte que *ahora* está cobrando un poco caro, aunque ellos responden que pueden pagarle: «No lo dudo. Cualquiera de fuera tiene más dinero que nosotros», replica la posadera, doña Estela, para ofrecerles desayuno y cena si pagan por adelantado: «Cenar aquí sí no acostumbramos, pero un cafecito y un pan en la noche no se le niega a nadie».[30]

---

[29] Guillermo Fadanelli, *Lodo*..., p. 250
[30] *Ibid.*, p. 253

Japón y la postidentidad
Perros héroes, la fragmentación infinita de la utopía
Mestizo Land/No land

—EL HOMBRE: En realidad, lo que me gustaría es tener relaciones con usted.
—ASCEN: Usted lo que quiere es fornicarme ahora mismo [...]

Acaso la pregunta más importante para un artista, lo mismo un escritor que un cineasta inserto en la *modernidad* del actual sistema de circulación y mercado y harto de la incapacidad de expresar formas de lo trascendente, consista en imaginar nuevas formas de representación. Descentrar el realismo, hacerlo trascender mediante la inmanencia parece ser la respuesta de Carlos Reygadas (ciudad de México, 1971) desde *Japón* (2002), ópera prima que sorprendió a la crítica internacional. El título no se correspondía con lo contado en ella —mínimo, de hecho—, inaugurando, si se quiere, el llamado *cine de autor* en México. Se realizó con un grupo de actores no profesionales y además se filmó inusualmente con una cámara de 16 mm y luego se transfirió a 35 mm, lo que le permite juegos y movilidad particulares, como en la escena que cierra la película —dura siete minutos—, narrada con una obsesiva cámara circular: las genealogías fílmicas de Reygadas son evidentes (aquí *Sacrificio* de Andrei Tarkovski, mientras que en su tercera película, *Luz silenciosa*, el filme *Ordet* [La palabra] de Theodor Dreyer) y no necesita ocultarlas, pues se trata no solo de una estética particular, sino de una forma de concebir el cine mismo. De allí, incluso, el título, *Japón*, que es una provocación. No dice nada, desorienta al espectador para que intente interpretar (como en el título de una obra plástica, aparentemente caprichoso, o puramente arbitrario) sin estar guiado por la mano del director. De allí el preciosismo fotográfico —que tantas críticas le ha acarreado—, que oculta en realidad a un artista para quien la imagen es más esencial que la historia. Con su última película

Post Tenebras Lux (2012) consiguió al mismo tiempo el abucheo de la crítica y el premio al mejor director en Cannes, la codiciada Palma de Oro, contradicción solo aparente puesto que finalmente Reygadas no hace *cine* convencional (y aquí no solo me refiero a *comercial*, pues el circuito de festivales artísticos es una forma de circulación igualmente importante en el campo de la producción restringida que define Bourdieu, en este caso cine para otros cineastas), utiliza el cine como medio de expresión pero, sobre todo, como forma artística casi autónoma. Niels Niessen,[1] en su ensayo sobre *Luz silenciosa*, intenta definir esa estética como *realismo milagroso*. Quizá la taxonomía sea irrelevante, lo interesante del análisis estriba en la tesis central del estudio: *solo representando lo milagroso puede la imagen cinemática conseguir inmanencia verdadera* (es decir *hacerse* una con la representación misma, lo que es en sí mismo un milagro inmanente). La condición, pues, metafórica que ya pensaba Ricoeur para la poesía: escindir la referencialidad —la imagen poética se refiere no a *cosas* del exterior sino al universo mismo de la imagen, de manera recursiva, por lo que toda interpretación entraña una traición y una carencia—. Si bien el autor reconoce que tal idea —la del milagro inmanente— la toma del análisis que Alessia Ricciardi hace de Vittorio de Sica a través del lente de Antonio Negri cuando afirma que «Puede decirse que *Milagro en Milán* retrata alegóricamente, en el vuelo final de los pobres, la paradójica capacidad del cine neorrealista para convertir el pesimismo en un acto de fe inmanente, de la misma manera en que un milagro solo puede emerger de una perspectiva contingente e inmanente. Por eso muchos críticos afirman que *Milagro en Milán* es la última película neorrealista, una especie de apoteosis de la forma que hace explícitos los reclamos del neorrealismo no al realismo sino a la fe y a la creencia en el mundo»,[2] lo cierto es que en su análisis de la obra de Reygadas va más allá y nos permite introducirnos en el universo fílmico de un autor excéntrico. Pues este término paradójico, *milagro inmanente*, posibilita discutir las aspiraciones mágicas del cine en su voluntad de redimir la realidad. La pantalla, argumenta —siguiendo a Stanley Cavell y a Deleuze—, no es un soporte, en el sentido de un cuadro,

---

[1] Niels Niessen, «Miraculous Realism: Spinoza, Deleuze, and Carlos Reygadas's *«Stellet Light»*, *Discourse*, vol. 33, núm. 1, invierno 2011, pp. 27-54.
[2] *Ibid.*, p. 28.

ya que no hay nada que soportar puesto que se trata de un reflejo, de una proyección, una imagen-cristal.[3]

Niessen nos pone en la pista correcta para comprender la naturaleza del cine de Reygadas, no solo de *Luz silenciosa*, puesto que *Japón* opera de la misma manera en dos registros simultáneos, uno realista (diacrónico) y otro milagroso (sincrónico), provocando en los espectadores un particular *extrañamiento*, que además se ve acentuado por la mezcla entre elementos clásicos de la puesta en escena neorrealista (un grupo de actores no profesionales, filmada enteramente en locación, tomas extremadamente largas, escaso diálogo), con lo que alcanza una tensión casi lyncheana, como ocurre en *Japón* en los últimos siete minutos —pero también en el *interminable* desfile de niños que pasan a la escuela y que alteran la doble naturaleza del filme, su carácter de falso documental y su categoría casi metafísica, de milagro inmanente—. Su aspiración a la autonomía.

¿Cuál es esa mínima anécdota que *intenta* contar *Japón*? Un hombre (Alejandro Ferretis) —no será nombrado nunca, aunque sabremos pronto que es un artista sumido en una enorme melancolía— sale de la ciudad de México en taxi hacia el campo (Ayacatzintla, en el estado de Hidalgo); de los túneles al bosque, si apreciamos las imágenes, de lo hecho por el hombre a la naturaleza. Un autobús permitirá el resto del viaje hasta abandonarlo aparentemente en medio de la nada (la cámara de mano permite modificar la perspectiva y lo que vemos es lo que él mira). Acostumbrados a la descripción del *paisaje* mexicano —desde Figueroa y el Indio Fernández— la representación del maguey *decepciona al paisaje*, como quería Jorge Cuesta que hiciera todo verdadero arte *mexicano*. Se escuchan unos disparos y un niño pelirrojo rescata un paloma moribunda, sangrante. El hombre le pide que se la entregue, y sin motivo aparente la decapita y detiene así el sufrimiento del animal, pero vemos la cabeza aún con movimiento. El hombre despluma el ave y se la regresa al niño. Se encuentran así con el grupo de cazadores, el padre del niño y su *aventón* al pueblo. Ya en la camioneta que los traslada, mientras se escucha el *Miserere* de Arvo Pärt, el cazador le pregunta a qué va al pueblo: «A matarme», dice Ferretis. «Entendido», es la respuesta lacónica, como si tal enunciado pudiera *entenderse*.

---

[3] En el sentido *deleuziano*, que refleja el tiempo, porque es el tiempo lo que vemos reflejado en el cristal.

Antes de llegar al cañón donde se encuentra el pueblo —el hombre verdaderamente desciende al abismo—, se detiene en San Bartolo, y allí ocurre otra escena central para introducirnos en ese *milagro inmanente* dentro de la carnicería del lugar. Si antes vimos a la paloma decapitada dar sus últimas bocanadas de aire, aquí la carne está ya destazada, lista para ser comida, es puro *resto*. Si Hölderlin en su *Hyperion* tiene razón, y el momento de la belleza era conocido para los hombres cuando *en la vida y el pensamiento el infinito singular existía*, la búsqueda de Reygadas alcanza su verdadera dimensión: descubrirnos el Otro infinito como la verdadera materia Real de la vida misma que ha descrito Alenka Zupancic para la comedia, la *fuga* en la finitud humana que causa que toda finitud sea fallida: «La finitud humana tiene un agujero dentro, y es precisamente este agujero (y sus consecuencias) lo que moviliza los diferentes discursos religiosos como su fuerza motriz [...] si el ateísmo significa algo, significa que la única cosa ´moderna´ que el ser humano necesita aceptar e interiorizar no es (simplemente) la finitud, sino precisamente este 'agujero en la finitud'».[4] La *revelación*, si la hay en *Japón*, empieza aquí, en la carnicería; se repetirá en las imágenes de los caballos muertos y en el final mismo, siendo la película una compleja indagación en el amor, el enigma de la subjetividad del otro, la memoria, la repetición y la muerte permanente de todas las formas vivas.

Al llegar al pueblo pide alojamiento, pero necesita el permiso de la autoridad local para quedarse, el juez de paz (Rolando Hernández), quien *actúa* para la cámara como si fuera entrevistado por la televisión, ponderando las virtudes de los lugareños, su hospitalidad en contraste con la agresividad de las localidades vecinas, y lo dirige hacia quien será su casera, Ascen (Magdalena Flores), una viuda que vive en las afueras del lugar (es llevado allí por Sabina, la mujer del tendero, Yolanda Villa). Ascensión desde el principio le aclara la diferencia de su nombre: no es Asunción, pues la primera le ocurrió a Cristo al ascender a los cielos y la segunda a la virgen María, subida —asunta— por su propio hijo. Tal sutileza tendrá implicaciones importantes en las escenas sexuales y las finales del filme, como veremos. De hecho, aunque no se nos describen las razones por las cuales el hombre desea quitarse la vida, estas parecen banales frente al peso de la existencia para Ascensión, quien ha

---

[4] Alenka Zupancic, *The Odd One In: On Comedy*, Cambridge, MIT Press, 2008, p. 53.

soportado la viudez y la pobreza y ahora la avaricia de un sobrino —a quien ella, en su infinita bondad cristiana visitó en la cárcel— que quiere quitarle las piedras en las que se funda la casa. El hombre la increpa, por supuesto, por no oponerse a la adversidad que se cierne sobre ella por la desconsideración familiar, y Ascen solo responde: «Es que no soy aferrada», ligando su suerte a esa aparente resignación cristiana frente a los deseos de los otros.

Pero existe una escena que marca —o divide— el filme en dos: cuando el hombre mira el cadáver de un caballo castrado y la inmensidad del paisaje gracias a un *traveling* aéreo circular que magnífica la escena y le otorga una cierta calidad extática, celebratoria de lo que *queda* de la vida. Si antes había seguido coqueteando con la idea de morir y jugando con la pistola para después masturbarse, ahora, en cambio, buscará tener un encuentro carnal con su casera. Si es cierto que el deseo es mimético, como ha afirmado René Girard, y solo deseamos lo que otro desea, existe una escena anterior, un sueño, en el que el hombre ve a una mujer blanca y joven, el estereotipo de la representación fílmica de la belleza, que está en la playa y se acerca a Ascen para besarla. Solo aquí empieza a tener sentido después de la escena del caballo muerto seguida de un *fade* en blanco. La sangre de los cerdos en la carnicería continúa el proceso no de representación sino de presentación de la carne en todo su exceso y materialidad, la carne como resto. Después será el cadáver de un caballo aparentemente castrado, también sangrante, la cópula de otro con una yegua ante la mirada impertérrita de los niños, luego los insectos, la propia presentación del coito frustrado entre Ascen y el hombre, los cuerpos presentados como *vida desnuda*, desprovista de toda *representacionalidad*, igual que la carne o los animales en toda su visceralidad directa. En su lúcido libro *The Royal Remains*, Eric L. Santner[5] sostiene que las monarquías europeas no desaparecieron del espacio de la política una vez que el cuerpo del rey dejó de representar el principio y la función soberana, que tales estructuras de poder —y su teología política específica como estudió Carl Schmitt— se mudan de lugar a un nuevo espacio en el cual su antigua densidad semiótica concentrada en la presencia material y física del rey se vuelve turbulenta y desorientadora. Por ello, piensa, uno de los problemas centrales de la modernidad es aprender a seguir las vicisitudes de estos *restos*

---

[5] Eric L. Santner, *The Royal Remains*...

reales en sus nuevas locaciones secularizadas y desencantadas. Nosotros, a lo largo del libro hemos sostenido que ese ha sido, precisamente, el papel del Estado moderno posrevolucionario, muerta la figura del dictador y del Antiguo Régimen, pues Porfirio Díaz encarna esa materialidad ahora dispersa. Y hemos demostrado con el estudio de las películas y las novelas que han buscado, si bien inconscientemente, representar esa diseminación de los restos del patriarca, como Pedro Páramo, que a partir de la década de 1930 los discursos y prácticas que se han venido a llamar *biopolíticos* han sido los encargados de cumplir esos deberes antes asociados al orden patriarcal. Pero aún más, y aquí está, quizá, la clave de un filme como *Japón*, no solo han tenido que cuidar lo sublime —y sus manifestaciones en el ser del mexicano, el mestizo— sino la carne potencialmente abyecta del nuevo depositario del principio de soberanía, el pueblo y su cuerpo político. La dimensión de la carne de la que habla Santner bien asimilada al plano de la salud, el bienestar de los cuerpos y las poblaciones que son obsesivamente medidas y probadas, o en su extremo tanatopolítico, exterminadas. «La teología política y las biopolíticas son, en una palabra, dos modos de apariencia de la carne cuyo disfrute posibilitan a quienes las poseen gozar los derechos del espacio social que habitan».[6] Los dos cuerpos del rey son transformados en los de humano y hombre (*homo/humanitas*), que venían de la escolástica (*mortalis/subtilis*) y su tensión, sus relaciones han producido la reflexibilidad histórica de nuestras subjetividades, si se quiere poner en esos términos. Lo que *Japón* prueba es no solo el tránsito del *homo*, cuando el hombre, además diferenciado por el artículo determinado, abandona la ciudad dispuesto a la muerte, al reconocimiento de su *humanitas*, de su finitud, como ya dijimos, sino del agujero de esa finitud. Si en los cántaros de *Pedro Páramo* no podía ya beberse agua, en los huecos de *Japón* —en la *presentación* de la vida desnuda— el hombre encuentra no la salvación sino la reconciliación a través de la plena posesión de su dignidad. (En el entendido de Santner,[7] otra vez, de que hoy en día «la única forma digna de gozar la dignidad de ser humano consiste en aprender a vivir con

---

[6] Eric L. Santner, *The Royal Remains...*, p. 246. Véase también al respecto el extenso volumen coordinado por Carlos López Beltrán, *Genes & Mestizos, genómica y raza en la biomedicina mexicana*, 2011, p. 246.
[7] Eric L. Santner, *The Royal Remains...*, p. 247.

y a estar especialmente atento a la indignidad de tal incomodidad [se refiere a la incomodidad del vacío, el hueco de esa finitud] y, tal vez, experimentar su presión sin vencerse del todo».

La hipótesis de lectura de Craig Epplin[8] acerca del filme es lúcida: al *evitar* decir algo sobre México de manera directa —lo que ha ocurrido con buena parte de la filmografía nacional, acaso sea su centro semántico, la mexicanidad, o para nosotros la representación del mestizo— busca una inserción política más profunda. En lugar de fijarse en el contenido, Epplin propone tomar como eje de atención la *forma* del filme y cómo presenta su propio punto de vista en la organización de la vida común, y cómo tal *presentación*, para seguir usando nuestro término, por el sentido de milagro inmanente que aceptamos produce *Japón*, se relaciona con dos conceptos centrales del proceso estatal revolucionario, particularmente después de la crisis de 1982. Los conceptos que el crítico utiliza —sacrificio y reconocimiento, transformados por el neoliberalismo— son así utilizados para leer este filme un asaz complejo. Y es que justamente con esas dos categorías es como el Estado se ha apropiado de la vida y la muerte —en sus biopolíticas y tanatopolíticas, diríamos nosotros. Por *sacrificio*, Epplin entiende el proceso ritual por el que una configuración social dada (digamos la nación) sublima su propio exceso en su ser colectivo, y por *reconocimiento* entiende cómo los miembros de esa configuración son considerados parte de la colectividad, siendo ambos conceptos «centrales a la forma del Estado moderno, a través de su afirmación de la soberanía sobre la vida y la muerte, y ambos representan un terreno de combate en las formas como los individuos se relacionan con lo colectivo».[9] La respuesta de Reygadas es visual debido a su concepción particular del cine, no necesariamente narrativa como en los casos analizados hasta aquí. Si ambos conceptos pierden toda pretensión de trascendencia, su milagrosa inmanencia reduce la vida social al común denominador del capital, para seguir a Epplin.

Cuando el tractor se vuelca al final de la película no solo Ascen, sino todos los otros hombres mueren, afirmando la centralidad del sacrificio y la muerte en la película (de hecho, Ascen, como Cristo, no ha hecho sino *sacrificarse* por los otros, por su sobrino, por el

---

[8] Craig Epplin, «Sacrifice and Recognition in Carlos Reygadas's *Japon*», *Mexican Studies/Estudios Mexicanos*, vol. 28, núm. 2, verano 2012, pp. 287-305.
[9] *Ibid.*, p. 289.

propio hombre al aceptar *fornicar* con él, es decir, pecar, pues está puesto en los términos de su propia religiosidad). Los parangones con *Pedro Páramo*, por supuesto, no han dejado de ser notados pese a que sus similitudes quizá les vengan de sus propias genealogías estéticas (Rulfo por su gusto por la literatura escandinava con *Hamsum* a la cabeza y Reygadas con *Ordet*, la película de Dreyer como su utopía cinematográfica, la cima inalcanzable del arte fílmico). Sin embargo, en la obra de Rulfo la muerte es un castigo. Pedro Páramo la *impone* a Comala, es unidireccional, viene de su carácter patriarcal; en *Japón* la muerte es un sacrificio colectivo, una suerte de comunión ritual que todo lo mezcla. La muerte de Ascen es la salvación del hombre. Todo es sobra, resto, ruina, desperdicio como ha pensado correctamente Epplin, «su sobrevivencia no marca la productividad de la muerte, sino el gasto que ha quedado en su lugar».[10]

Y ese gasto, eso que se desperdicia, lo que *resta* es connatural a la propia idea de sacrificio, como ha demostrado Claudio Lomnitz[11] en su *Death and the Idea of Mexico*, obra que Epplin, por supuesto, utiliza como referente central de su interpretación y que para nosotros representa el único esfuerzo consistente para superar la mexicanidad o, si se quiere, deshacer el mestizaje desde la antropología. Lomnitz ha reflexionado a lo largo de su trayectoria sobre cómo salir del laberinto (lo mismo conceptual que real, pues si el individuo sigue solo reconociéndose en tal categoría colectiva y solo puede ser contado en cuanto tal, *mestizo*, la escapatoria es imposible).

Lo que el argumento vuelve a poner sobre la mesa es la *esterilidad* del sacrificio del nacionalismo —si el edificio se desmorona como *Pedro Páramo* todos mueren sin producir vida alguna— y sus subsecuentes infertilidades en el ciego abrazo de la modernidad en la cual la colectividad no estaba siendo particularmente incluida, lo que es claro en la decepción neoliberal de *Amores perros* o *Lodo* y sus respectivos conservadurismos. Después de 1968 México vivió siete crisis económicas prácticamente como destino. Lomnitz de nuevo argumenta que por ello «La condición de 'crisis' fue un severo impedimento para la producción de imágenes creíbles de un futuro deseable. En lugar de encontrarse a sí mismos en el

---

[10] *Ibid.*, p. 291.
[11] Claudio Lomnitz, *Death and the Idea...*

umbral de la modernidad, los mexicanos se encontraban frente a la catástrofe que minaba su historia entera de progreso. En este contexto, las dificultades de la vida no podían encontrar sentido en relación con los efectos propiciatorios del sacrificio azteca o católico, a pesar de los ardorosos intentos de enmarcarlos dentro de esos términos».[12]

Y Epplin agrega no solo la crisis como condición permanente, sino la incapacidad del gobierno de enfrentar la crisis del terremoto del 85, que tan críticamente retrató Carlos Monsiváis en su *Entrada libre. Crónicas de una sociedad que se organiza* (2001), la corrupción del salinato, el error de diciembre y la nueva devaluación de 1995, la cesión del territorio nacional a las narcomafias, limitando el poder del Estado —de por sí con pocas hegemonías efectivas— y su eliminación como garante de la unidad nacional y la cohesión social, lo que hace que la sublimación sacrificial de la muerte deje de tener relevancia (véase, de nuevo siguiendo de cerca la argumentación de Epplin, el caso de las muertas de Juárez o, diríamos nosotros, de las casi 70 000 muertes del sexenio de Felipe Calderón).

Lo esencial aquí es hacer notar que en el capitalismo tardío financiero y global, el proyecto colectivo nacional tiende a ser socavado por los intereses privados y el individuo pasa a ser un consumidor más. *No existe productividad alguna de la muerte* en Reygadas, sostiene Epplin, *es improductiva* y, además, *no puede ser colectivizada*. La muerte es puro desperdicio y solo puede ser utilizada como elemento operacional de la economía neoliberal, eliminando su ritualidad y su carácter común. Lo trágico de *Japón* es que el acto de comunión de Ascen, madre mestiza de todos los mexicanos, es el último, el postrero. Ahora sí estamos doblemente huérfanos, sin padre y sin madre. Su muerte no nos inmola. El hombre no asciende, se queda en la tierra, entre los escombros de la troje, en medio de la destrucción total. Masculinizada por la cristología de su nombre, Ascensión no puede redimirnos ya, su muerte es también estéril del todo, improductiva. Es el vacío de la muerte en la nueva economía política.

Pero, continúa Epplin, y nosotros aquí lo seguimos de nuevo, lo que es verdadero en la filmografía de Reygadas acerca de la muerte lo es también en términos de la vida. De allí el uso analítico del otro término, *reconocimiento*. La única manera de hacerle justicia

---

[12] Citado por Epplin, «Sacrifice and Recognition…», pp. 405-406.

a la interpretación simbólica de la modernidad consistiría en evaluar sus progresos en términos de sucesivas expansiones en los derechos de los sujetos subalternos, que poco a poco son reconocidos como miembros de la *polis*, ciudadanizados incluso por su capacidad de consumir. Esto ocurrió en el Estado mexicano posrevolucionario de forma indudable, aunque clientelar, con los indígenas.

Su incorporación al *tiempo* de la nación, como estudiamos en *Balún Canán* de Rosario Castellanos, fue una tarea ingente de antropólogos, educadores y políticos. Epplin por ello necesita utilizar el seminal trabajo de Horacio Legrás,[13] porque ha sido él quien con lucidez ha indicado que el reconocimiento siempre termina siendo reconocimiento de la propiedad, otra forma de sujeción: «El reconocimiento garantizado por el Estado [...] nunca es una dádiva, sino un préstamo que finalmente será cobrado en especie».[14]

Reconocimiento como representación —sobre todo en cine, pero también en artes visuales, como tanto se encargó de comprobar el Estado mexicano—, y expansión de los actores que pueden ser tomados en cuenta, contados como parte de la colectividad. De allí el uso de la forma, del manejo particular de la cámara en Reygadas que le retira la centralidad al ser humano en el relato fílmico que banaliza también la palabra humana, como en el discurso del representante del pueblo, el juez de paz, que ya hemos mencionado. El exceso de carne que analizamos es visto por Epplin como *zooproletariado* (para usar el término de Rosi Braidotti[15] que emplea el propio Epplin) el animal como cuerpo inservible, descartable.

Pero en Reygadas adquieren la misma dimensión que los humanos descentrados por la cámara, comodificados por la explotación capitalista; de allí quizá la obsesión del cineasta por los ambientes rurales, el aislamiento y el imposible retorno a la vida natural, a la vida desnuda. Sus películas parecen estar gritándonos: «¡No hay vida desnuda!». Geoffrey Kantaris lo resume así:

> La visión rulfiana de *Japón*, que concierne al artista urbano que busca salir hacia una cueva distante y desolada en el campo para

---

[13] Horacio Legrás, *Literature and Subjection: The Economy of Writing and Marginality in Latin America*, Pittsburgh, University of Pittsburgh Press, 2008.
[14] Citado por Epplin, «Sacrifice and Recognition...», pp. 21-22.
[15] Rosi Braidotti, «Animals, Anomalies, and Inorganic Others», *Publications of the Modern Language America*, 124.2, 2009, p. 529.

suicidarse, implica una visión de lo rural articulado desde lo urbano (a la que el cine está especialmente ligada) en la cual el campo se convierte, o fracasa en convertirse, en cifra de lo que hemos perdido en nuestras *urbanías* contemporáneas. La traslocalidad y la efimeralidad de estos espacios rurales fantasmagóricos (porque no son en realidad lugares) es quizá sugerida por el desconcertante título del filme [...] la identidad no puede ser pensada fuera de las fuerzas que continuamente la desestabilizan.[16]

Toda representación es falsa; sin embargo, en el cine de Reygadas esto es muchas veces olvidado por sus críticos más contumaces. Parece seguir la vieja idea de Siegfried Kracauer, según la cual la intención cinematográfica no tiende hacia arriba, hacia la *intención*, sino hacia abajo, para recuperar y obtener incluso los sedimentos. Se interesa en lo rehusado —dentro y fuera de lo humano—. *La cara nada significa en un filme si no incluye el rostro muerto debajo.* El cine es una danza macabra, finalizaba el gran crítico alemán, cuyo fin último es mostrar los restos.

Estos, aunque nos duelan, son nuestros despojos, nos dice Carlos Reygadas.

Cerca del aeropuerto de la ciudad vive un hombre que, aparte de ser un hombre inmóvil —en otras palabras un hombre impedido de moverse—, es considerado uno de los mejores entrenadores de pastor belga malinois del país. Comparte la casa con su madre, una hermana, su enfermero-entrenador y 30 pastor belga malinois adiestrados para matar a cualquiera de un solo mordisco en la yugular. No se conocen las razones por las que cuando se ingresa en la habitación donde aquel hombre pasa los días recluido, algunos visitantes intuyen una atmósfera que guarda relación con lo que podría considerarse el futuro de América Latina. Este hombre suele decir, en su casi incomprensible forma de hablar, que una cosa es ser un hombre inmóvil y otra un retardado mental.[17]

---

[16] Véase también la lectura rulfiana de *Japón* en el artículo de William Rowlandson, «The Journey into Text. Reading Rulfo in Carlos Reygadas' 2002 Film *Japon*», Modern Language Review, vol. 4, núm. 101, p. 1032.
[17] Mario Bellatín, *Perros héroes*, Buenos Aires, Interzona Latinoamericana, p. 7.

Mario Bellatín (ciudad de México, 1960) comparte con Carlos Reygadas ese mismo diagnóstico de que vivimos entre escombros, somos ruinas, aunque su obra narrativa tienda a la diseminación en múltiples textos y en los últimos años haya *travestido* los géneros mismos y las fronteras entre lo escrito y lo visual. Bellatín es de hecho un artista liminal. El sentido de su obra se halla en los márgenes, en las fronteras entre las materialidades sensibles. Muchas veces, incluso, el texto narrativo es solo un pretexto para la *representación*, o la instalación, sin aceptarse del todo como arte visual o arte conceptual. Viene y va y quizá se encuentre más cómodo en la idea de ser un *performer*, utilizando la voz y el cuerpo —incluso la prótesis de su brazo— como superficies y en ocasiones como órganos sin cuerpo. Su proyecto estético ha ido socavando las certezas y poniendo bombas, una tras otra, sobre las materialidades en las que trabaja. De allí la extrema brevedad o el carácter fragmentario de sus más recientes textos. *Perros héroes*[18] no está lejos de tales intenciones estéticas. El libro lleva el título *Tratado sobre el futuro de América Latina visto a través de un hombre inmóvil y sus treinta pastor belga malinois*. El texto, por supuesto, se encarga de echar por tierra las expectativas del lector. No hay aquí la *cualidad* ni la *cantidad* del tratado; América Latina existe en tanto ausencia y lo único real es el personaje central, el tetrapléjico y sus perros de tan específica raza. La cercanía con Reygadas no se limita a su uso de la imagen —Bellatín estudió cine en Cuba— o a la extrañeza que provoca en sus lectores, sino sobre todo en que no hay posibilidad de lectura representacional de sus textos sino desde la inmanencia.

Diana Palaversich[19] lo ha visto así con claridad.

> La actitud de los reseñadores y lectores coincide en cuanto los dos grupos se empeñan a toda costa en extraer un sentido, aunque sea alegórico, de los textos. De esta manera, siguiendo las pautas de una lectura realista que busca fijar el sentido de la escritura de Bellatín, se puede decir que *Salón de belleza* habla de la epidemia de sida; que *Poeta ciego* y *La escuela del dolor humano de Sechuán* ofrecen una crítica de las sociedades totalitarias que se podrían asociar con

---

[18] *Ibid.*
[19] Diana Palaversich, «Apuntes para una lectura de Mario Bellatín», *Chasqui: Revista de literatura latinoamericana*, vol. 32, núm. 1, mayo 2003, pp. 25-38.

la ex Unión Soviética y China, respectivamente; que *Flores* critica la arrogancia de la ciencia que en vez de curar produce seres mutantes o mutilados. Estas lecturas, recalcamos, son posibles y viables, pero también son limitadas porque reducen la complejidad y las aporías del texto, aplicando la lógica y las pautas del realismo a una obra esencialmente antimimética y autorreferencial.[20]

Y es que eso que ella llama *autorreferencialidad* o antimimesis es el centro mismo de la poética de Bellatín, su razón de ser. Hacerlo en prosa —los editores se empeñan en llamar a sus libros novelas— tiene sus grandes complejidades. En *Perros héroes*, en particular, sabemos que el personaje central es un hombre inmóvil —otra vez, como en el caso de Reygadas, no tendrá nombre propio—, cuyo oficio es entrenar perros de una raza en particular (lo que nos parece difícil, puesto que no puede moverse), con el padre ausente (solo sabemos de la existencia de su madre, su hermana y el enfermero-entrenador), y lo más perturbador, supuestamente el ambiente de su habitación. El hombre es *casi* incomprensible, lo que lo obliga a explicarle a los demás que no tiene retraso mental. Es casi imposible resumir sin repetir, *verbatim*, el primer fragmento de la obra para poder comprenderla. Y eso ocurrirá si se continúa intentando hacer así sea la más mínima sinopsis del libro. La narración se cierra sobre sí misma (lo mismo si un fragmento describe la fachada de la casa, la ira de los perros, el origen incognoscible del enfermero-entrenador o entrenador-enfermero que algunas veces comparte la cama con el hombre inmóvil, especialmente si hace frío); sabemos que el hombre inmóvil alguna vez pudo al menos mover el cuello de un lado a otro. Sabemos que tiene un ave de caza encerrada en una caja de madera, e incluso que la madre y la hermana se dedican a la obsesiva clasificación de bolsas de plástico vacías, lo que nos impele a *interpretar* la comodificación de la vida familiar, la vacuidad del intercambio comercial, la necesidad del encierro. Sabemos que tiene, entre los treinta, un perro favorito, *Annubis*, y que se deshace —o repone, mejor— de uno de los otros cada año pues se necesita *sangre nueva*. Y de nuevo: «En otra de las paredes hay un gran mapa de América Latina, donde con círculos rojos se encuentran marcadas las ciudades en las que está más desarrollada la crianza de pastor belga malinois. Solo a ciertos visitantes la presencia de este mapa los lleva a pensar

[20] *Ibid.*, p. 26.

en el futuro del continente».[21] El enigma del subtítulo permanece. Como permanecen o se acentúan algunos otros; por ejemplo, cómo pese a que se trata de la única relación contractual de la casa, el enfermero-entrenador permanece sin pago alguno, o cómo se obtiene el dinero para mantener a los perros y a los humanos del lugar.

Existe otro personaje, al menos en el recuerdo, un niño escritor que a los ocho años realizó un libro sobre perros de vidas heroicas y que el hombre inmóvil conoció treinta años atrás, cuando estaba recluido en una casa de asistencia. Poco más, eso es todo en las escasas 69 páginas del relato. Un texto, como todos los otros de Bellatín, que se resiste a ser comprendido. El escritor Alan Pauls afirma, por eso, que a pesar de estar leyendo durante tantos años a Bellatín le cuesta mucho trabajo imaginarlo como escritor puesto que algún día *colmará el vaso* de su propia impostura revelando qué clase de identidad era la suya más allá de su propia declaración —la de Bellatín— de que sus universos narrativos son propios, cerrados y que solo dan cuenta de la ficción que los sustentan. Por eso la pregunta de Pauls acerca de la imagen, pensando que en realidad para Bellatín escribir no es sino la antesala de una *pasión pictórica* con la que la literatura tiembla: «En *Perros héroes* compila una secuencia fotográfica que evoca, fragmentándolos hasta volverlos irreconocibles, los extraños ceremoniales a los que se entregan el amo tetrapléjico, el enfermero y la manada de perros belgas malinois [...]. Bellatín hace visible la relación entre la literatura y ese otro orden que la saca de quicio, esta vez encarnado en la imagen, y pone en escena —en una economía estética desconcertante— los mil equívocos que la amenazan».[22] Pauls nos pone en la pista: la literatura de Bellatín explota, desquicia, resquebraja todas las seguridades de la noción misma de lo literario, no solo la identidad del autor sino aún más importante, la identidad misma del texto.

¿Y si el tantas veces mencionado e incognoscible futuro de América Latina fuera no tener futuro? ¿No existir sino como cartografía de lugares donde se entrenan unos perros particulares? ¿Y si todo el libro fuera un simulacro? Simulacro de tratado del futuro de un continente sin futuro, simulacro de una familia normal

---

[21] Mario Bellatín, *Perros héroes*..., p. 21.
[22] Alan Pauls, «Mario Bellatín: El experimento infinito», en *El interpretador, literatura, arte y pensamiento*, núm. 20, noviembre 2005 <http://www.elcoloquiodelosperros.net/numerobellatin/b epau.html>

dentro de una casa normal en donde todo ha sido trastocado y cuya única realidad sería la intensidad de un momento —recuerdo— erótico, entre el hombre inmóvil y sus perros o el hombre inmóvil y su enfermero-entrenador porque como intuye Margo Glantz: «[...] alguien ha sido reconocido con tanta intensidad, y tan agudamente registrado que hay que escapar de ello».[23] ¿El deseo inicial de escapar es una forma de reconocimiento?

Una de las lecturas más arriesgadas, pero quizá más útiles para penetrar en esa ambigüedad, la ha encontrado Óscar Martínez Caballero,[24] aunque la etiqueta de *neobarroco* no sea lo esencial, sino porque la literatura *mutante* de Bellatín eleva al cuadrado la estética posmoderna aproximándose a los juegos barrocos de forma visceral, según el crítico. Es desde la doble realidad americana que se doblega, disgrega, desborda, fragmenta la conciencia occidental convirtiendo el exceso, el suplemento, en exclusiva materia del arte en una especie de metaforización al infinito en donde lo único real termina siendo el discurso mismo. Ni siquiera los personajes saben por qué actúan como actúan, generando aún más desconcierto en el lector. No existe amenaza externa más grave que la propia amenaza interna de destrucción producida —en *Perros héroes* como en muchas otras de sus obras— en casas asfixiantes, claustrofóbicas, en donde toda normalidad es trastocada y el reconocimiento produce la necesidad de huir.

Como Reygadas necesita el sistema de los festivales de cine para subsistir, o Fadanelli necesita reinsertarse en el canon cultural con estrategias editoriales, de la misma manera, pese a la diseminación aparente de su obra, Mario Bellatín necesita la nueva realidad editorial latinoamericana —su *autonomía* requiere igual la circulación mercantil y él mismo el *reconocimiento* y la sanción comerciales—. Años después de la preocupación lógica de Ángel Rama por la *intromisión* del mercado en las narrativas latinoamericanas, hoy editar en América Latina significa hacerlo en alguna de las transnacionales cuya sede central está en España (Planeta, Alfaguara, Random House Mondadori, puesto que Tusquets ha sido incorporada a Planeta y Anagrama vendida a Feltrinelli). Como

---

[23] Margo, Glantz, «Los perros héroes de Bellatín», *La Jornada* (5 de junio de 2003). Web. <http://www.jornada.unam.mx/2003/06/05/05aa1cul.php?origen=opinion.php&fly=1>
[24] Óscar Martínez Caballero, «La vertiente barroca de la literatura de Mario Bellatín, *El coloquio de los perros*, Web, 12 de febrero de 2013.

bien ve Pablo Sánchez,[25] lo curioso es que nadie parece percatarse de ese régimen de dependencia, con su sentido neocolonial, y antes bien goce «[...] de una aceptación insólita, hasta el punto de que poco se habla de ello, a ambos lados del océano; o al menos poco se habla de ello en los medios hegemónicos. Sin embargo, el hecho de que el sistema español controle y absorba un alto porcentaje de la nueva narrativa hispanoamericana no es solamente una asimetría demográfica y, por supuesto, económica: implica, en pocas palabras, un peligroso porvenir para la ignorancia. La capacidad española para producir hoy discursos sobre Hispanoamérica puede ponerse en cuestión sin demasiada dificultad».[26] Lo mismo que ocurre con el mercado internacional del cine que ha vuelto —ya lo analizamos en su momento— a la violencia en el nuevo exótico latinoamericano (o a la pobreza el nuevo exótico hindú, si a esas vamos), la toma de decisiones sobre la calidad de la obra literaria, y sobre todo su posible comercialización, se hace desde España con criterios dudosos y simplificadores producto del *marketing*.

El caso de Bellatín en este contexto es también paradigmático. En sus primeras obras publicadas fuera de Perú o México se trató de la *apuesta* central del escritor de culto, exquisito, para escritores. Tusquets, Sudamericana, Planeta, Alfaguara, Anagrama. Lo editaron todos. Y él mismo fue modificando la estrategia hasta ser editado, en gran parte por pequeñas casas locales (Eterna Cadencia en Argentina, Almadía y Sexto Piso en México, por ejemplo), en un viraje interesante y de doble filo pues es él —quien ha sido previamente reconocido por el mercado global— quien ahora *prestigia* a esas editoriales independientes. Más arriesgado aún es su último proyecto (una instalación itinerante) en la cual sus libros en formato pequeño, autoeditados, buscan multiplicarse como objetos, quizá siquiera sin ser leídos, solo expuestos. Lo hemos visto tirarse en un pasillo de la Feria Internacional del Libro de Guadalajara sobre una pequeña estera en la que muestra parte de esa instalación.

En su colaboración para el número monográfico que la revista electrónica *El coloquio de los perros* le dedicó a Bellatín, José

---

[25] Pablo Sánchez, «Un debate tal vez urgente: la industria literaria y el control de la literatura hispanoamericana», *Asociación Centro de Estudios y Cooperación para América Latina*, vol. 13, núm. 30, verano 2009, pp. 19-28.
[26] *Ibid.*, p. 23.

Eduardo Morales aventura una lectura arriesgada de *Perros héroes* que comienza con el subtítulo ya mencionado sobre el futuro de América Latina. «Así planteado, ese futuro latinoamericano sobre el que tanto se ha teorizado y ensayado no requiere mayores indagaciones, sino que queda planteado en algo tan simple como un hombre inmóvil y sus treinta perros: el escritor ha contemplado la realidad y ha elaborado una metáfora para que el lector tenga, como él, una visión de lo real».[27] Curiosa declaración pues si existe una visión es la de la imposibilidad de saber por qué somos quienes somos, e incluso por qué actuamos como actuamos. El sacrificio y el reconocimiento que reconocíamos en *Japón* han pasado a ser parte del pasado; ahora solo queda otra categoría, la *repetición*. Cíclica, ritual, pero igualmente improductiva y carente de sentido como la muerte en la película de Reygadas.

Morales, sin embargo, finalmente acierta al decir que si este es el *tratado* sobre el futuro, lejos de las Utopías americanas, con mayúsculas, «el futuro pasa por ser una repetición del presente y del pasado». El futuro es un estancamiento, la inmovilidad perpetua, inútil. Lo único que queda es la sonrisa inalterable y particular del hombre inmóvil. En un continente —o para el caso de este libro, un país, México— ilegible e inescribible: mera ilusión textual.

El resultado de vivir en el *capitalismo democrático* con las tres grandes fallas internas del sistema que ha estudiado Simon During,[28] la *distribucional*, pues el capitalismo democrático no ha sido capaz, antes ha aumentado las inequidades en términos de ingreso y acceso a bienes, servicios, educación, salud y finalmente oportunidades; la *administrativa*, pues los gobiernos emanados de la democracia capitalista han aumentado exponencialmente la vigilancia, cuantificación y control biopolítico de sus sujetos, incluidas sus medidas de exclusión, y la *experimental*, que ha sido una y otra vez presentada y representada en las obras analizadas en los últimos tres capítulos, por la incapacidad del capitalismo democrático para asegurar las condiciones sociales (*habitus*, en Bourdieu en el sentido de predisposiciones heredadas y adquiridas para participar en el juego social), incluso para aquellos que viven cobijados por el

---

[27] *El coloquio de los perros. Revista de Literatura*, número monográfico dedicado a Mario Bellatín, 2011, www.elcoloquidelosperros.net
[28] Simon During, *Against Democracy: Literary Experience in the Era of Emancipations*, Nueva York, Fordham University Press, 2012.

sistema para vivir existencias realmente plenas. O como pide During, la democracia debería ofrecer a la gente la capacidad de entender las determinaciones seculares y no seculares de sus vidas como justificadas y coherentes, incluso llenas de propósito, y en cambio no provee «las condiciones de igualdad, claridad y coherencia que permiten a las experiencias florecer porque omite reconocer la riqueza potencial de las experiencias particulares oscureciéndolas con procesos y estructuras designados solo para maximizar el intercambio, la utilidad, la productividad y la ganancia».[29]

La literatura y el cine representan a estos nuevos sujetos alienados por el capitalismo democrático pero también nos urgen a encontrar formas de participación, resistiendo la interpelación y la sujeción pura. El problema de las críticas a *Japón* que revisamos, por ejemplo, no está en su incapacidad para ver las relaciones sociales que la película nos presenta, antes bien radica en hacernos pensar que los sujetos sociales (sujetos, nunca mejor dicho, solo al sacrificio y al reconocimiento) no tienen salida posible, como en cambio sí la tenían en *Amores perros*.

Una lectura completa de *Japón*, en cambio, debería restaurar la experiencia estética, el milagro de su inmanencia, para vislumbrar estrategias individuales en las que la política se encuentre con la ética y, como ya dije, descubramos nuevas formas de participación. *Japón deshace* las pretensiones del discurso mestizófilo y las sepulta de una buena vez. ¿Pero qué hacer sin la interpelación identitaria de lo *mestizo*? ¿Cómo deshacerla efectivamente? Si el capitalismo democrático y sus ilusiones han separado por completo lo económico de lo político, es necesario reinsertarnos en lo político, *desneutralizando* las formas presentes de gobierno y sociabilidad e inventando nuevas formas de dignidad humana reconociendo, como ya hemos apuntado, la fuga de la finitud humana, el agujero que la forma.

Como bien afirma Eric Santner: «[...] para concebir siquiera cambios radicales de dirección en la vida —un auténtico éxodo de los patrones individuales y sociales profundos de servidumbre—, los seres humanos, tanto individual como colectivamente, necesitan el concepto de una interpelación más allá de la interpelación (ideológica)».[30] Lacan pensó que podía mediante el discurso

---

[29] Simon During, *Against Democracy...*, p. 15.
[30] Eric Santner, *The Royal Remains...*, p. 178.

del analista desconectar al paciente de las múltiples formas de servidumbre que habitan en sus órganos sin cuerpo. Walter Benjamin creyó que solo era posible tal ruptura mediante la violencia divina —la que llamó fuerza mesiánica débil—. Pero el solo hecho de poder imaginarnos ese lugar imposible, *una interpelación más allá de la interpelación*, da cuenta del carácter emergente de ese acto político impostergable que representa *des-hacer* el mestizaje. Molly Anne Rothenberg,[31] en su esencial libro nos urge a lo mismo, revisar los falsos determinismos que inmovilizan y sujetan a los actores sociales. ¿Es posible volver a pensarnos en México sin el mestizaje como centro? El acto crea sus propias posibilidades de existencia retroactivamente, la mera resistencia ya no es suficiente. Mientras México siga siendo solo ruina y nostalgia será también aplazamiento y vacío. Repetición obsesiva, como en los eternos murmullos de *Pedro Páramo*.

Acaso en la inmolación de Ascensión, con toda su fuerza —la muerte propiciatoria de la última madre mestiza, vehículo de la falsa continuidad histórica y mediadora del discurso patriarcal—, exista una respuesta. Rendija o hueco, pero rendija al fin. Si lo que le queda al hombre es el edificio en ruinas es, precisamente, porque se encuentra en el momento propicio, aquel en donde puede imaginar lo inimaginable, *interpelación más allá de la interpelación* y su finitud fallida. Ascensión nos salva a todos, al hombre y a lo humano, en tanto nos recuerda contingentes al fin. Su muerte nos dignifica a condición de que la dejemos morir del todo. Por eso *Japón* termina *resistiendo* toda interpretación rulfiana. Allí donde los muertos no pueden descansar —el limbo casi infernal, si se me permite, que es Comala— no puede irse nadie a vivir, ni siquiera Juan Preciado: «¡Dejen en paz a los muertos!», es el otro grito de Ascensión. Lo que muere con ella es, al fin, la voz moribunda del Maestro que nos esclavizaba. En ese sentido la película es un *milagro* por esa simple *revelación*.

Acto político por excelencia en un país sujetado por el vacío de lo mestizo —su fracaso y su rencor—, que nos permita aceptar la pérdida de trascendencia y abrazar la dignidad —y la historicidad plena— de nuestras vidas finitas en el reino de la inmanencia pura, en una nueva política de los afectos que sustituya a la biopolítica.

---

[31] Molly Ann Rothenberg, *The Excessive Subject. A New Theory of Social Change*, Cambridge, UK, Polity, 2012.

Miriam Hansen[32] ha explicado —siguiendo a Krakauer, claro— por qué es posible esa forma de experiencia gracias a la imagen cinematográfica (o visual, que en Bellatín es pura nostalgia): «Si todas las capacidades miméticas del filme se pusieran en marcha no solo llenarían una función crítica, sino redentora, registrando los sedimentos de la experiencia que ya no son reclamados o no son reclamados aún por la racionalidad económica y social siendo posible leerlos como emblemas de un *futuro olvidado*».[33]

En ese *futuro olvidado* se encuentra quizá la clave para deshacer el mestizaje, cuya trayectoria este libro ha buscado explorar como parte de esa lectura necesaria y de ese *posible imposible*.

---

[32] Miriam Hansen, «Benjamin, Cinema and Experience: 'The Blue Flower in the Land of Technology,'», *New German Critique*, vol. 40, 1987, pp. 179–224.
[33] *Ibid.*, p. 209.

Instrucciones para *des-hacer* al mestizo
(Coda)

La subjetividad humana implica un constante juego y rejuego de los tres registros del ser: lo simbólico, lo imaginario y lo real. En su interpretación del núcleo del pensamiento lacaniano, Mari Ruti[1] afirma que lo simbólico nos interpela con las reglamentaciones y las normas del orden social; lo imaginario funda y sostiene nuestra concepción de nosotros mismos en tanto individuos con personalidades únicas y posibles existencias excepcionales; lo real se introduce en nuestras vidas como un vórtice del goce sin regulación —*jouissance*—, con una ininteligibilidad que perturba la coherencia reconfortante, aunque siempre frágil, de nuestras configuraciones simbólicas e imaginarias. «El sujeto —escribe Ruti— llega a existir a través de la ley simbólica y la prohibición; la 'personalidad' nunca puede trascender del todo las fantasías narcisistas de integración, de sentirse extraordinario y concebirse completo; y la 'singularidad', en cambio, se relaciona con las energías de lo real que eluden el cierre simbólico e imaginario».

Esa es, para ella —y para Lacan, por supuesto— la *singularidad* del ser. La intromisión desestabilizadora de lo real que excede todas las clasificaciones y categorías sociales. El yo singular —aquello que hace persona a un ser humano— representa el núcleo íntimo, no negociable, de lo real más allá de todos los predicados sociales. Esta plusvalía de la *insistencia* sobre la *existencia*, esta *perseverancia* del ser implica una toma de conciencia sobre la realidad, permite su inteligibilidad, aun parcial, como vimos en el acto ético y político de José Revueltas (el *acto profundo*) como respuesta individual a, por un lado, las demandas sociales, y por otro, a la propia *imagen* de la persona con su entorno. O como pudimos entender al analizar la acción narrativa de la niña en *Balún Canán*, como doble liberación, de la demanda familiar y social —lo ladino— y de la nana —lo indígena

---

[1] Mari Ruti, *The Singularity of...*, p. 1.

fantasmático—, *interpelación sin interpelación*, que le permite, así sea solo en el instante de la escritura, aceptar la fuerza desestabilizadora de lo real. Y quizá, también, gracias al *milagro inmanente* de la película de Carlos Reygadas, *Japón*. Esa otra intromisión de lo real que desestabiliza toda interpretación unívoca de la vida o la muerte. Cuando *el hombre* sin nombre de la película desestima la posibilidad del suicidio incluso ante el desmoronamiento de lo simbólico —las piedras fundacionales de lo mestizo, la muerte de la madre mestiza, su inmolación por todos los hombres—, y lo imaginario, su extrapolación fantasmática en tanto mujer deseada y la impotencia sexual concomitante puede liberarse al fin. El hombre es *salvado* porque ha sido bienvenido en el *desierto de lo real*.

Ese es el *sujeto* del acto lacaniano, descentrado de las expectativas que norman lo social, lo que le permite ser *al*-guien y asumir un estatus curioso, el de singular universal (en el sentido de ser único e inimitable a la vez). Una subjetividad que se halla *atravesada* por una verdad que comparte con todos sin excepción. ¿Cómo lograr esta afirmación de la singularidad desde una política de la diferencia que no se convierta en política de la exclusión? ¿Cómo ser una instancia específica de una verdad universal más allá del principio de la realidad y el principio del placer? ¿Cómo *ser* más allá de las demandas de la tanatopolítica y más acá de las constricciones de las biopolítica estatales que se han desestimado en su obsesión por la unicidad de la raza y de la nación, suerte de repetición obsesiva y canto de sirenas que tanto perturbó a ese *Ulises criollo* que se sentía José Vasconcelos, el no mestizo que nos nombraba desde su atalaya griega y sus demandas mestizófilas? ¿Es posible salirse ya de la *racialización* como naturalización de las diferencias sociales y ser aún así sujeto político, ciudadano pleno?[2] Este libro intenta probar que sí, que es tiempo, para usar las palabras del antropólogo mexicano Claudio Lomnitz «[…] de pasar de una idea de colectividad naturalizada («la raza»), definida a partir de reacciones defensivas de orden primario, a propuestas más ambiciosamente libres». La pregunta, sin embargo, sigue siendo cómo.

¿Cómo deshacer el nudo de lo mestizo, mitad demanda simbólica y mitad proyección imaginaria, narcisista, de un lugar en la

---

[2] En el sentido en que se lo pregunta Claudio Lomnitz en «Los orígenes de nuestra supuesta homogeneidad. Breve arqueología de la unidad nacional en México», *Prismas. Revista de historia intelectual*, núm. 14, 2010, pp. 17-36.

totalidad, así sea la fantasía de totalidad de la nación y sus engaños? ¿Cómo hacerlo si reconocemos que la subjetividad humana es social y sobre todo intersubjetiva? ¿Cómo *dar cuenta* de mí mismo con un *re-cuento* que me deje solo, conmigo mismo, si ello supone esa desposesión simbólica que justifica mi supuesta pertenencia o define mi *identidad*, a la vez unicidad y comunidad? Sabiendo, por supuesto, que aunque nunca estaremos libres de las demandas y las normas sociales no estamos tampoco determinados del todo por ellas. La crisis de sentido —que es crisis de *esencia*, en cuanto se creía ser en tanto mestizo, como si hubiese algo ahistórico e ideal en ello— no puede ser crisis de *identidad* si a esta se la concibe como móvil, flexible, fragmentaria y contingente. Ya que es un *estado de código* que permite interpretar, simplemente. No una condición dada, sino un *estarse haciendo*. Se trata de reemplazar el individualismo de la identidad de cartón piedra del mestizo y sus monumentos por un *universalismo universalista*, lo que Giacomo Marramao ha llamado el *pluriversalismo* de lo universal.

En su provocadora obra, Marramao[3] se cuestiona sobre las posibilidades de un universalismo de lo múltiple en este mundo finito que es el presente, espacialmente comprimido y temporalmente acelerado, con los efectos desconcertantes de «una *bi-lógica* en la cual la estructura estandarizante de la tecnoeconomía y el mercado global se encuentra confrontada por una creciente diáspora de valores, identidades y formas de vida». Al analizar *Babel*, la segunda cinta del binomio González Iñárritu-Guillermo Arriaga, reconoce, por ejemplo, la gran virtud de la cinta al mostrar como en una radiografía del presente lo que llama paradójica topicalidad descriptiva, la enigmática interdependencia del mundo *glo-calizado* —en el cual la diferenciación se desdobla de la mano de la unificación y las tendencias centrífugas, independientes e idiosincráticas se hallan indefectiblemente atadas a la homogeneización de estilos de vida y patrones de consumo producto de la tecnoeconomía—. Pero también afirma que la película se queda corta, algo que compartimos, pues deja fuera el verdadero problema —que no consiste en que un cazador global japonés, al que se le ha suicidado la esposa y tiene una relación complicada, casi incestuosa, con su hija sordomuda, le deje un rifle a un pastor en Marruecos y que esta arma se dispare

---

[3] Giacomo Marramao, *The Passage West: Philosophy After the Age of Nation State*, Londres, Verso, 2012, p. 223.

y hiera a una turista norteamericana (Cate Blanchet) que viaja con su esposo (Brad Pitt), accidente de grandes repercusiones que igual tocará a la nana mexicana (Adriana Barraza) que cuida a los hijos de la pareja en California y es visitada por su sobrino (Gael García) para llevarla a la pobre ciudad fronteriza de donde partió a buscar suerte en el *sueño* americano—. Es cierto que si bien la película *topicaliza* la interdependencia caótica de esta llamada segunda modernidad, no problematiza la transición entre la modernidad de los estados-nación a la globalidad. Una transición que, como afirma Marramao, no puede ser reducida a las alternativas de liberalismo/ comunitarismo, o de individualismo liberal y holismo comunitario, ni tampoco resolverse en una síntesis de compromiso entre un universalismo redistributivo y una concepción finalmente identitaria de la diferenciación. La tarea (Marramao cita a Seyla Benhabib y su *The Claims of Culture*) consiste no solo en resolver el falso dilema entre universalismo y relativismo sino en cuestionar el *impasse* producido por una filosofía política que tiende a objetivar las *identidades culturales* y las *luchas por el reconocimiento*, tratándolas como hechos dados y no como problemas. Tarea que solo puede resolverse retando la ecuación entre cultura e identidad y liberando lo universal de la lógica de la unificación homogénea aplicándola en realidad a la multiplicidad y la diferencia. «Lo que equivale, concluye el filósofo italiano, a romper el espejo, quebrar la relación especular que tendemos a crear entre *nosotros* y los *otros*. Tal ruptura no puede consistir en un reverso de la perspectiva (entender cómo los otros nos ven en lugar de cómo vemos a los otros puede ser extremadamente instructivo, pero no es suficiente para desmantelar nuestras diversas formas de *orientalismo*[4]), sino

---

[4] Vale la pena aquí mencionar la pertinente crítica que Vivek Chibber ha hecho a los estudios poscoloniales y particularmente a los estudios subalternos en su *Postcolonial Theory and the Specter of Capital* (Londres, Verso, 2013), al acusar con justicia a esta moda académica de revivir precisamente los orientalismos que pretende extinguir al insistir de forma errónea en que los agentes orientales operan en una psicología política enteramente diferente a los occidentales, asignándole a la ciencia, la racionalidad, la objetividad y otros atributos el carácter de eurocéntricos y no universales compartidos por las dos culturas. Pero no solo así, sino celebrando lo local, lo particular, sea como fragmento o como versión escolar, justificando una *exotización* de lo no occidental. La teoría poscolonial, prueba Chibber, *esencializa* lo no occidental. Después de un detallado análisis prueba que: *1)* la *universalización* del capital es real y que las colonias o poscolonias no tuvieron una modernidad diferente que la alemana o la francesa; *2)* que el impulso universalizador del capital no homogeneizó las relaciones de poder o el espacio social. El capitalismo no solo permite la heterogeneidad sino que la *genera sistemáticamente*, con lo que se producen diversas y excluyentes formaciones políticas; *3)* asimismo, el impulso modernizador

la capacidad de descubrir una *perspectiva universalizante autónoma y original* en funcionamiento en nosotros mismos».[5] Porque lo importante en esta Babel cultural que la película no consigue atrapar no es cómo estos otros seres dispersos se ven unos a otros, conociéndose o desconociéndose, sino cómo cada uno piensa e imagina lo universal.

Se trata de pasar de la creencia de nuestra falsa homogeneidad a un desmantelamiento de las identidades excluyentes que tiende a ser despiadado, por ahora. No solo porque, como afirma el Bellatín de *Perros héroes*, el presente y el futuro de América Latina sea solo un mapa con puntos rojos en los cuales hay señalados lugares de entrenamiento de perros pastor belga malinois, reducida la identidad a mera cartografía de múltiples y frágiles *identificaciones* (todos los que, como el hombre inmóvil, sean entrenadores de dicha raza de perros), sino porque la tarea pendiente requiere cuestionar todos los bordes y los límites, como ha ocurrido ya con cierto posfeminismo que se ha preguntado cómo no solo liberarse del determinismo sexual mediante el género sino cómo des-hacer el género (*Undo Gender*). ¿Cómo liberar los confines del cuerpo y la biotipología, el *mestizo*, pero también, y antes, los confines culturales de la lógica de identidad misma? Si como han mostrado Judith Butler o Donna Haraway, esta última jugando con el concepto de *identidad posthumana*, de *cyborg*, las barreras orgánicas y los confines fronterizos han sido borrados, esto puede servirnos para cuestionar la misma lógica *esencialista* de la mexicanidad —lo nuestro— corporeizado en el *mestizo*. El cuerpo es un código en transformación perenne que disloca y rediseña permanentemente su propias barreras, sus confines, al tiempo que está

---

del capital choca contra ciertos factores universales de la psicología humana produciendo formas diversas de resistencia a la coerción, la exclusión política. No hay una excepcionalidad en la agencia poscolonial, y 4) las categorías universales de la Ilustración capturan las consecuencias de la universalización del capital y las dinámicas de la agencia política. Para Chibber, la única manera de *provincializar* Europa sin eurocentrismo consiste en demostrar que ambas partes del globo están sujetas a la mismas fuerzas básicas y son parte básicamente de la misma historia (p. 291). Una misma historia interpretable en los dos universalismos antes comentados: el de la lógica universal del capital y el del interés universal de los agentes en su bienestar, lo que los impele a rechazar el impulso expansionista del capital. Ese reconocimiento no debe crear ceguera frente a la diferencia. De hecho, Chibber demuestra cómo el marxismo, justamente, produjo en el siglo XX los mejores análisis de la especificidad oriental, si podemos llamarla así. Desplazar los estudios poscoloniales —o no dejarnos colonizar por ellos— es tan urgente como desmantelar el proceso de la creación ideológica del mestizaje y sus sujetos nacionales.

[5] Giacomo Marramao, *The Passage West*..., p. 223.

compuesto —piensa nuevamente Marramao— de tres aspectos: *signo*, *contexto* y *tiempo* (coordenadas del cuerpo y la identidad). Aún más: «Todo cuerpo es un sistema de signos, un 'poner-en-forma' contingente de signos que existe, situado, en determinados contextos o formas de vida y que es continuamente remodelado por el curso del tiempo».[6] Los *confines* de la identidad están sujetos a un proceso permanente de deconstrucción y reconstrucción. La identidad *nunca* está dada. El mapa es siempre precario y contingente, por lo que debemos ya dejar la ilusión de un yo estable (pre o posmetafísico, no importa). La cuestión de la subjetividad —la ética de lo real a la que dedicó Lacan sus últimos años— no es un mapa fijo, como el de Bellatín, que solo puede ver un ser inmóvil rodeado de la obsesión repetición de su madre y su hermana que solo cuentan y clasifican sin ton ni son bolsas de plástico. No. Es un mapa en proceso permanente de estarse haciendo, deconstruyendo y volviéndose a construir, mediante la constante transacción entre signo, contexto y tiempo a la que se refiere Marramao: sucesiva migración de yoes.

> Si la metafísica nos dijo que la continuidad no era sino una variable dependiente de la identidad, en contraste, debemos aprender a pensar sobre la continuidad como algo distinto a la identidad […] la continuidad (de contextos dinámicos, de formas-de-vida) puede ser dada desde la perspectiva de la diferencia […] No de la diferencia como negatividad dialéctica, no como lo meramente opuesto a la lógica de la identidad, sino la diferencia como la *cifra de la inidentificabilidad del ser*».[7]

Es claro entonces que estas diferencias *nunca* identifican, sino que solo *diferencian*. Es claro que el ser —o el estar siendo— no tolera las identificaciones, no posee carta de identidad. Este es el pasaje necesario para des-hacer la mexicanidad del mestizo como falso homogéneo, como naturalización de la raza y *racialización* de lo neutro. Un pasaje que permita explotar al mismo tiempo todo esencialismo y toda metafísica, todo dispositivo de poder, toda demanda del gran Otro y del orden simbólico. Sin olvidarnos, como dice Marramao, de la idea muy en boga en el mercado académico de que es

---

[6] *Ibid.*, p. 192.
[7] *Ibid.*, p. 196.

muy fácil sobrepasar la metafísica (cuando ella misma ha pensado con la misma obsesividad sobre la diferencia y sobre la identidad), porque de lo que se trata, lo más difícil, es invertir simbólicamente la lógica de la identidad dejando fuera toda idea de *unicidad*.

Se trata de afirmar la singularidad del ser, como dijimos antes, no la diferencia, porque la diferencia *nunca* identifica al ser (ni siquiera, concluye Marramao, el ser de la subjetividad, desde el cual toda diferencia emana).¿No es esto lo que preveía José Revueltas en su *Dialéctica de la conciencia* al hablar de los albañiles (que somos todos, peones del edificio estatal de la identidad nacional que nos *sujeta*):

> No obstante, lo ocurrido con ellos en el paso de un trabajo a otro tiene un sentido extraordinario. El «mundo de los hombres» los colocó socialmente como «peones antropológicos», en una situación en que estuvieron «a punto» de realizar un trabajo humano verdadero, «a punto» de convertirse en *hombres humanos* reales y no solamente por el hecho —que habrán comentado con burlón regocijo— de haberle servido por algunos días al «tipo loco» que los contrató para una extraña actividad incomprensible y los compensó, por añadidura, con una largueza desacostumbrada. Estuvieron «a punto» sí, pero ese «a punto» quedó allí en suspenso, sin resolverse, como una emanación fantasmal encima del trabajo antropológico *desaparecido*, del mismo modo en que flotan las vagarosas llamas del «fuego fatuo» sobre las tumbas de un cementerio. Sin embargo, tal estar «a punto» se repite y permanece en el trabajo de albañilería al que han vuelto los peones, porque en cierto sentido y bajo una forma nueva, pero esencial, siguen siendo «antropológicos» en su trabajo de constructores de un edificio.[8]

Tal lectura sobre el trabajo repetitivo del albañil y su *estar a punto* puede extrapolarse, perfectamente, como el propio José Revueltas hace para la toma de conciencia, o el acto profundo, para nuestra preocupación central, la singularidad del ser que es un estarse haciendo. ¿Cómo dejar el *estar a punto* y asumir la plena fluctuación permanente de la identidad? ¿Cómo adquirir conciencia, al fin, sin estar a punto, del hueco de nuestra finitud que el hombre reconoce después de la muerte de Ascen en *Japón*? ¿Y si ese *estar a punto* es precisamente la condición misma de la subjetividad humana?

---

[8] José Revueltas, *Dialéctica de la conciencia. Obras completas*, México, Era, 1982, p. 28.

Al tiempo de reconocer ese *milagro inmanente* que es la singularidad, le otorga al milagro mismo una secularidad profunda. Pero un milagro, nos recuerda Niessen al analizar otra película de Carlos Reygadas, *Luz silenciosa,* es más que lo imposible y menos que lo posible. No es solamente lo imposible volviéndose posible. Es el evento mismo que se conserva como imposible aunque su ocurrencia misma haya demostrado lo opuesto. Un milagro no *ocurre* en el tiempo presente, puesto que cambia el sentido mismo de lo que es estar presente. «Es ese evento que no puede ser imaginado antes de ocurrir ni creído después de haber pasado».[9] Desprovista de *sustancia* la identidad como *estado de código* es también ese milagro que se convierte en *otro* modo de ser humano y libre. Mientras *estamos a punto* van alojándose sedimentos de lo real que no son reclamados por el orden simbólico ni convertidos en espectros por el imaginario. Son fragmentos, cristales si se quiere, de lo real: emblemas de un futuro olvidado, de un *Teatro de los afectos* siempre en constante producción, construcción y destrucción. Ese *futuro olvidado* al que nos referíamos citando a Miriam Hansen en el capítulo anterior, es al menos una primera clave.

Quisiera terminar con una reflexión que en realidad es un nuevo comienzo. Si el primer paso es, como hemos pensado, deshacer la identidad, deshacer al mestizo, en el constante juego de la subjetividad humana el único modo posible es el gerundio: estarse deshaciendo y estarse haciendo son, en realidad, las únicas formas de *negociar* las demandas del orden simbólico, la desestabilizadora presencia de lo real y la proyección imaginaria. Elizabeth Grosz[10] reflexiona desde la biología en el mismo sentido en que lo hemos hecho aquí, estirando la idea de *diferencia* sin olvidar que en las ciencias sociales los conceptos no buscan resolver los problemas, se trata de un recurso de la teoría para *plantear* en toda su dimensión el problema e intentar dilucidarlo. La *diferencia* bien entendida implica que no puede haber más una posición del sujeto definida ni definitiva, por más específica que se la quiera: toda etiqueta no es sino una abstracción de las diferencias de un subgrupo, por lo que no puede haber una meta o un ideal o un interés, o un terreno de negociación entre *todas* las razas, clases o grupos (por ejemplo en la

---

[9] Niels Niessen, «Miraculous Realism…, p. 36.
[10] Elizabeth Grosz, *Becoming Undone: Darwinian Reflections on Life, Politics and Art*, Durham, Duke, 2011.

diferencia sexual). Solo el liberalismo puede hacernos creer, piensa Grosz, que puede pretenderse una unidad, la unidad de un sujeto autocentrado, idéntico a sí mismo quien *de antemano* conoce sus intereses y puede *representar* a otros en la misma *posición* o grupo de tal forma que la diferencia lejos de unir varias categorías de sujeto, varios tipos de identidad o humanidad en sí misma, reafirma las infinitas variaciones y diferencias que lo humano establece con lo inhumano. Configuración que libera: «...podremos ver no solo como los grupos socialmente marginados son discriminados, sino también la agencia, inventiva, la posibilidad productiva [...] Los actos que constituyen opresión forman también las condiciones para otra clase de invenciones y actos posibles. Tal vez solo haya diferencia, incalculables e interminables a las que dirigirnos —no sistemas, no identidades, no intersecciones: solo la fuerza multiplicadora de la diferencia misma».

Patrones inmanentes, milagro inmanente, acto profundo, interpelación que resiste la interpelación, acto político. No importa el nombre con el que se lo haya planteado. No somos sino lo que hacemos, lo que generamos y si esto nos otorga una identidad, esta será siempre parcial y pasajera, dirigida a nuestro siguiente acto, nuestra siguiente actividad. No hay categoría alguna que nos describa o nos contenga. Nos estamos haciendo y deshaciendo en la medida en que *actuamos*, y esa es quizá la única ontología posible. El sujeto, nos decía Revueltas en su Hegel, solo puede realizar un acto profundo, una *memoria de lo no ocurrido* si resiste la falsa interpelación de la identidad, si se sigue deshaciendo, siempre.